Volker Gäckle (Hrsg.)

Warum das Kreuz?

Die Frage nach der Bedeutung des Todes Jesu

R. BROCKHAUS VERLAG WUPPERTAL

TVG-ORIENTIERUNG

Herausgegeben von Helmut Burkhardt,
Reinhard Frische und Gerhard Maier

Begründet 1973 von Klaus Bockmühl (1931-1989)
unter dem Namen "Theologie und Dienst".

Die Theologische Verlagsgemeinschaft (TVG)
ist eine Arbeitsgemeinschaft der Verlage R. Brockhaus Wuppertal
und Brunnen Gießen.
Sie hat das Ziel, schriftgemäße theologische Arbeiten zu veröffentlichen.

Die Deutsche Bibliothek - CIP-Einheitsaufnahme

Warum das Kreuz? : die Frage nach der Bedeutung des Todes Jesu /
Volker Gäckle (Hrsg.). - Wuppertal : Brockhaus, 1998
(TVG : Orientierung)
ISBN 3-417-29080-5

Umschlaggestaltung: Dietmar Reichert, Dormagen
Druck: Breklumer Druckerei Manfred Siegel KG
ISBN 3-417-29080-5
Bestell-Nr. 229 080

Inhaltsverzeichnis

Vorwort

Kaum ein theologisches Thema hat die christliche Gemeinde in den vergangenen Jahren so bewegt, wie die Frage nach der Bedeutung des Todes Jesu. Fast schien es, als sei die christliche Öffentlichkeit nur noch mit ethischen Themen (wie z.B. der biblischen Bewertung der Homosexualität) oder ekklesiologischen Fragen (wie z.B. der Gestalt und Zukunft der Volkskirche) befaßt.

Mit der aktuellen Infragestellung der Deutung des Todes Jesu als sühnender Opfertod wird die biblisch-reformatorische Lehre vom Werk Christi im Zentrum getroffen. Es ist ein Lehrstreit entbrannt, der aus Sicht der Gemeinde als wirklichkeitsferne Theologendiskussion erscheinen mag. Tatsächlich aber berührt er die Grundlagen evangelischer Lehre in ihrem Kern.

Das Lehrerkollegium des Albrecht-Bengel-Hauses hat sich im Rahmen einer „Wissenschaftlichen Arbeitsgemeinschaft" dieses Themas angenommen. Durch alle Einzelbeiträge zieht sich dabei ein theologischer Grundton, der in der gegenwärtigen Diskussion kaum mehr Gehör findet.

Während in den neueren Veröffentlichungen zu diesem Thema nur noch selten von „Sühne" die Rede ist, hat sich der alttestamentliche Sühnebegriff für uns als die letztlich einzige Erklärung und Sinngebung für den Tod Jesu im Neuen Testament erwiesen. In der neueren wissenschaftlichen Diskussion ist fast nirgendwo mehr vom Tode Jesu als dem „(Zorn-)Gericht Gottes" und der „Strafe Gottes" die Rede, das bzw. die Jesus stellvertretend „für uns" auf sich nimmt. Demgegenüber wird in den folgenden Beiträgen deutlich, daß der Tod Jesu nur vor dem Hintergrund dieser Wirklichkeit angemessen verstanden werden kann.

Dabei zeigt sich, daß sich die Bedeutung des Todes Jesu nur dem erschließt, der das Geschehen von Golgatha als ein Handeln des lebendigen Gottes begreift. Gerade in seiner Offenbarung am Kreuz entzieht sich Gott allen Verkürzungen seines Wesens auf ein abstraktes „Prinzip Liebe". Vielmehr gibt er sich hier als ein Gott zu erkennen, der leidenschaftlich liebend an seinem heiligen Recht festhält und durch Gericht und Strafe unsere Erlösung schafft.

Natürlich konnte und sollte in diesem Band nicht das ganze der biblischen Versöhnungslehre behandelt werden. Viele Aspekte bleiben unberührt. Aufgrund der aktuellen Diskussion haben sich die Autoren auf die Frage der Sühne konzentriert.

Im Blick auf die formale Gestaltung der Artikel wurde versucht, eine weitgehende Verständlichkeit zu erzielen, die es interessierten Christen erleichtern soll, den Sachverhalt zu erschließen. In den Fußnoten finden sich darüber hinaus Hinweise für Theologen, die auf die gängige Forschungsdiskussion verweisen bzw. zur Weiterarbeit einladen.

Das Lehrerkollegium des Albrecht-Bengel-Hauses
Tübingen, im November 1997

Die Möglichkeit der Sühne nach dem Gesetz Moses

von Hartmut Schmid

1. Einleitung

Das Ringen um die Deutung des Todes Jesu ist keineswegs neu. Schon Jesu Jünger hatten nicht mit diesem Tod gerechnet und ihn dann, als er eintrat, zunächst nicht verstanden. Jesus selbst mußte ihnen seinen Tod deuten und zwar im Rückgriff auf das Alte Testament, das er den Emmausjüngern auslegte. „Und er fing an bei Mose und allen Propheten und legte ihnen aus, was in der ganzen Schrift von ihm gesagt war“ (Lk 24,27). Auch wenn hier keine einzelnen Stellen genannt werden, ist doch davon auszugehen, daß die im Alten Testament gegebene Möglichkeit der Sühne wesentlich ist für die Deutung des Todes Jesu.[1]

Zum Verständnis der Sühne im Alten Testament und besonders im mosaischen Gesetz, müssen wir das in der Regel mit „sühnen“ übersetzten hebr. Wort כִּפֶּר (*kippär*)[2] in seinen verschiedenen Bezügen untersuchen. In einem ersten Teil geht es um Herkunft und Grundbedeutung des hebr. Wortes. Im zweiten Teil werden die Stellen außerhalb der kultischen Gesetzgebung betrachtet. Der dritte Teil wendet sich der Sühne in der kultischen Gesetzgebung zu.

Im Zusammenhang mit der Sühne ist auf eine Reihe von Fragen einzugehen, die für das Verständnis der Sühne entscheidend sind. In welchem Verhältnis stehen Sühne und Vergebung? Welche Bedeutung hat der Tod im Sühnegeschehen? Hat Sühne auch mit Gottes Zorn zu tun? Ist Sühne als menschliches Opfer zu verstehen, das Gott gnädig stimmen soll?

---

1 Vgl. die neutestamentlichen Untersuchungen in diesem Buch.

2 G. von Rad (Theologie des Alten Testaments. Band 1, München [6]1968, 275) stellt fest: „Ohne Frage erleichtert es das Problem, daß sich die Frage auf die Auflichtung eines einzigen Begriffes zuspitzt, nämlich כִּפֶּר.“

2. Herkunft, Wortfeld und Vorkommen von „sühnen"

2.1. Möglichkeiten der Herleitung[3]

Von vorentscheidender Bedeutung ist schon die Herleitung des Begriffs. Drei Möglichkeiten bzw. sprachliche Beziehungen werden in der Forschung diskutiert.

2.1.1. Von arabisch *kafara* „bedecken, verhüllen"

Demnach wäre Sühne das Bedecken von Sünde. Lange Zeit wurde weithin von dieser Bedeutung und Herleitung ausgegangen.[4] Als Begründung wird besonders auf 1Mo 32,21 (siehe dazu unten) und Neh 3,37 verwiesen. Im letzten Beleg wird im Rahmen eines Zitates aus Jer 18,23 „sühnen" durch „bedecken" (hebr. כִּסָּה = *kisâ*) ersetzt.

2.1.2. Von akkadisch *kuppuru* „ausroden, abwischen" und besonders „kultisch reinigen"

Gestützt wird diese Herleitung durch die alttestamentlichen Texte, in denen Sühne mit Reinigung bzw. Weihe von Kultgegenständen zu tun hat (3Mo 14,19; 16,18ff; Hes 43,26). Obwohl der Unterschied des alttestamentlichen Gebrauchs zum mesopotamischen Kult deutlich gesehen wird,[5] wird diese sprachhistorische Beziehung vertreten.[6]

---

3 F. Maass, Art. „כִּפֶּר", THAT I, Sp. 842-857: 843f; B. Lang, Art. „כִּפֶּר", ThWAT IV, Sp. 303-318: 304f; B. Janowski, Sühne als Heilsgeschehen, Neukirchen-Vluyn 1986, 95-102.

4 Rad, a.a.O., 275; K. Elliger, Leviticus, HAT I/4, Tübingen 1966, 36; C. Westermann, Genesis. 2. Teilband Genesis 12-36, BK I/2, Neukirchen-Vluyn 1981, 613; H. Wildberger, Jesaja. 1. Teilband Jesaja 1-12, BK X/1, Neukirchen-Vluyn ²1980, 253; ders., Jesaja. 2. Teilband Jesaja, 13-27, BK X/2, Neukirchen-Vluyn ²1989, 829; H.-J. Bräumer, Das erste Buch Mose, 2. Teil Kapitel 12-36, Wuppertal/Zürich 1987, 350; H. Günther, Art. „Sühne, sühnen", GBL 3, 1497; Buber übersetzt an allen Stellen כִּפֶּר mit „bedecken"; Tur-Sinai mit „decken" oder „Sühne erwirken". H. Gese (Die Sühne, in: ders., Zur biblischen Theologie, 85-106: 91) lehnt diesen Zusammenhang dagegen ab: „Von einer Grundbedeutung 'bedecken' kann man nicht ausgehen, auch wenn zufällig כִּפֶּר in Jer 18,23 כִּסָּה ('zudecken') in Neh 3,37 entspricht."

5 Er kennt weder Sünd- noch Schuldopfer und das Blut hat keine besondere kultische Bedeutung (B. Lang, a.a.O, Sp. 305).

6 Gese, a.a.O., 91; Janowski, a.a.O., 100.

2.1.3. Von „Lösegeld" (hebr. כֹּפֶר= *kopaer*)

Vertreten wird sowohl die Ableitung von „sühnen" von „Lösegeld", als auch die umgekehrte. Eine letzte Sicherheit ist derzeit nicht zu gewinnen.[7]

2.1.4. Ergebnis

Angesichts dieser Ausgangssituation ist die Herleitung von „sühnen" unsicher und muß zunächst offen bleiben. Janowski ist zuzustimmen, daß „eine genaue Erfassung des im Alten Testament mit 'sühnen' und 'Sühne' gemeinten Sachverhalts methodisch auf die Analyse des Sprachgebrauchs von כִּפֶּר [sühnen] verwiesen" bleibt,[8] d.h. auf die Untersuchung der in Frage kommenden alttestamentlichen Texte.

2.2. Wortfeld

Aus derselben Wortwurzel wie „sühnen" (כִּפֶּר =*kippär*) sind auch die Begriffe „Lösegeld" (כֹּפֶר =*kopaer*), „Deckplatte" der Bundeslade (כַּפֹּרֶת =*kapporät*) sowie „Sühnung" (כִּפֻּרִם =*kippurîm*) gebildet.

2.3. Vorkommen[9]

Das unter 2.2. aufgeführte Wortfeld begegnet insgesamt 149 mal im AT, davon „sühnen" 101 mal; „Deckplatte" 27 mal; „Lösegeld" 13 mal und „Sühnung" 8 mal.

Die Verteilung auf die biblischen Bücher ist aufschlußreich. 31 Vorkommen sind in 2Mo zu verzeichnen, davon 18 mal „Deckplatte" bei den Anweisungen zum Bau der Stiftshütte. 59 mal begegnet das Wortfeld in 3Mo, davon „sühnen" 49 mal. In 4Mo kommt das Wortfeld 21 mal vor. D.h. von den insgesamt 149 Stellen entfallen 111 auf 2 - 4Mo. Den Schwerpunkt bilden die Gebote zur Sühne in 3Mo. „Sühnung" und „Deckplatte" begegnen mit einer Ausnahme nur in 2 - 4Mo, während „Lösegeld" nur 4 mal in 2 - 4Mo steht und damit nicht im Zusammenhang mit den Geboten zur Sühne.

---

7 Janowski, a.a.O., 22f.153f.174.

8 Janowski, a.a.O., 102; Rad, a.a.O., 275f.

9 Janowski, a.a.O., 106; Maass, a.a.O., Sp. 844f.

3. Sühne außerhalb der kultischen Gesetzgebung

3.1. Methodische Vorüberlegung

Ein Problem der kultischen Gesetzgebung besonders von 3Mo 4+5 ist, daß der Ablauf und äußere Vollzug des Sünd- und Schuldopfers ausführlich beschrieben, aber die Bedeutung der einzelnen Handlungen nicht erklärt wird.[10] „Dies hat zur Folge, daß die Interpretationen weitgehend von den religiösen, philosophischen und anthropologischen Voraussetzungen des jeweiligen Exegeten abhängen."[11] Diese ehrliche Folgerung Rendtorffs ist sehr ernst zu nehmen. Um der drohenden Eintragung fremder Vorstellungen zu entgehen, ist es nötig, daß

1. nicht zuerst die Fragen moderner Zeitgenossen oder systematischer Entwürfe an die Texte herangetragen werden, sondern daß
2. zunächst äußerst konzentriert und gewissenhaft auf die Texte des Alte Testament selbst zu hören ist und die exegetische Begründung aus dem Alten Testament selbst erfolgt.
3. Da die Deutung im Rahmen der Opfertexte eben nicht einfach ist, stellen wir die Texte außerhalb der kultischen Gesetzgebung an den Anfang der Untersuchung[12]. Es bleibt dann die Frage, ob die gewonnenen Ergebnisse auf den Bereich der kultischen Sühne übertragen werden können.

3.2. Sühne zwischen Menschen

3.2.1. 1Mo 32,21

„... und sollt sprechen: Da, auch dein Knecht Jaakob ist hinter uns. Denn er sprach zu sich: Bedecken[13] will ich sein Antlitz mit der Spende, die vor meinem Antlitz geht, danach will ich sein Antlitz sehn, vielleicht hebt er mein Antlitz empor." (nach Buber)

---

[10] Rad, a.a.O., 282; Janowski, a.a.O., 198. Für die Handaufstemmung: R. Rendtorff, Leviticus. BK III/1-3, Neukirchen-Vluyn 1985, 1989, 1992 (v.a. BK III/1, 40).

[11] Rendtorff, BK III/1, 40.

[12] Es handelt sich um 1Mo 32,21; 2Mo 32,30; 3Mo 19,20-22; 4Mo 17,6-15; 25,1-15; 35,33; 5Mo 21,8; 32,43; 1Sam 3,14; 2Sam 21,1-3; Jes 6,7; 22,14; 27,9; 28,18; 47,11; Jer 18,23; Hes 16,63; Dan 9,24; Ps 65,4; 78,38; 79,9; Spr 16,6.14.

[13] Buber übersetzt „sühnen" mit „bedecken" (s. I.1.).

Weil Jakob den Erstgeburtssegen mit List erschlichen hatte, war Esau zornig auf ihn (1Mo 27,45) und wollte ihn töten (1Mo 27,41). Jakob fürchtet sich bei seiner Rückkehr vor Esau und dessen Rache (1Mo 32,8.12), er kann Esau nicht frei begegnen. Zwischen ihnen steht die alte Geschichte.[14] Er kann ihm nicht in die Augen sehen.[15] Jakob schickt Esau in drei Abteilungen einen Großteil seines Besitzes als Geschenk entgegen. Dies ist in 1Mo 32,21 zusammengefaßt in der Aussage: „Sühnen will ich sein Angesicht mit der Spende."

Viele erklären oder übersetzten „sühnen" an dieser Stelle mit „versöhnen" oder auch „besänftigen".[16]

Die abschließende Wendung „vielleicht hebt er mein Antlitz empor" (Buber) bedeutet die Annahme der Spende zur Versöhnung, die Vergebung des Vorgefallenen. Esau vergibt Jakob, ist ihm gnädig.[17] Oder anschaulich und dem hebr. Original entsprechend ausgedrückt: sie können sich wieder ins Auge sehen, von Angesicht zu Angesicht begegnen.

Folgendes soll festgehalten werden: Schuld, Zorn, Rache steht zwischen Jakob und Esau und verhindert die Begegnung. Der schuldig Gewordene, also hier Jakob, möchte von sich aus die Sühne: „ich will sühnen". Die Sühne wird möglich durch eine Ersatzgabe.[18] Nun ist der zu Versöhnende gefragt, ob er das Sühnemittel annimmt und die Schuld vergibt, so daß die Begegnung wieder möglich ist.

Fragen wir mit aller gebotenen Vorsicht nach der Herkunft von „sühnen" von dieser Stelle her, so kommt doch eher „bedecken" in Frage. Sühnen heißt in diesem Zusammenhang also: durch eine Ersatzgabe, ein Sühnemittel (das die Schuld bedeckt?) zwei zerstrittene Personen versöhnen.

Ähnlich definiert Lang[19] die zwischenmenschliche Sühne: „Wenn ein positives oder neutrales Verhältnis zwischen zwei Gruppen oder Part-

---

14 Indem Buber לְפָנַי statt „vor mir" der hebr. Grundbedeutung entsprechend mit „Antlitz" übersetzt, kommt dies deutlicher zum Ausdruck.

15 Man beachte die Reaktion bei der ersten Sünde gegen Gott: „Und Adam versteckte sich mit seinem Weibe vor dem Angesicht Gottes des Herrn unter den Bäumen des Gartens" (1Mo 3,8). Und Kain sagt nach dem Brudermord zu Gott: „...ich muß mich vor deinem Angesicht verbergen" (1Mo 4,14).

16 Westermann, BK I/2, 613; Bräumer, a.a.O., 350; Janowski, a.a.O., 95-98; Maass, a.a.O., Sp. 853.

17 Westermann, BK I/2, 613; Janowski, a.a.O., 98.

18 כִּפֶּר hier mit בְּ konstruiert.

19 Lang, a.a.O., Sp. 307.

nern durch Verbrechen, Fehler oder Sünde gestört wird, entsteht eine Spannung; diese muß durch einen Sühneakt neutralisiert und aufgehoben werden, so daß die gewöhnliche Ordnung wiederhergestellt ist."

3.2.2. Spr 16,6

„Durch Güte und Treue wird Sünde gesühnt."

Gewiß kann diesem kurzen weisheitlichen Satz nicht zuviel entnommen werden. Aber soviel ist sicher:

1. Wie in 1Mo 32,21 wird durch ein Sühnemittel gesühnt. In diesem Fall allerdings kein materielles Sühnemittel.
2. Deutlicher wird der Grund für die Sühne genannt: „Sünde".

Ein durch Sünde gestörtes Verhältnis kommt durch Sühne in Ordnung.

3.2.3. Spr 16,14

„Der Zorn des Königs sind Boten des Todes, aber ein weiser Mann sühnt ihn (den Zorn)."

An dieser Stelle geht es um die Abwendung des Zorns und die möglichen tödlichen Folgen durch das sühnende Handeln des weisen Mannes. Ähnlich wie Jakob in 1Mo 32,21 ist dieser gegenüber dem König in der schwächeren Position und kann nur hoffen, daß seine Bemühung angenommen wird. Ein Sühnemittel ist nicht direkt genannt. Es ist an das aus der Weisheit hervorgehende Handeln des Mannes zu denken. „Ihn" bezieht sich auf den Zorn, nicht auf den König. Gesühnt wird, was zwischen den beiden steht.

3.2.4. Zusammenfassung

1. In der zwischenmenschlichen Beziehung geht die Sühne von dem aus, der die Beziehung zerstört hat.
2. Sühne geschieht durch ein Sühnemittel (materiell oder geistig-moralisch). M. E. ist dies so zu verstehen, daß durch das Sühnemittel das Trennende bedeckt und ungültig gemacht wird. Die zwei Personen sind wieder versöhnt. Eine Herleitung von „bedecken" scheint also für diese Stellen naheliegender zu sein.
3. Das zwischen den Personen Stehende, also der Grund für die notwendig gewordene Sühne, ist Zorn, Todesdrohung und Sünde.

3.3. Sühne bei Blutschuld und Totschlag

3.3.1. 4Mo 35,33

Von grundsätzlichem Charakter ist 4Mo 35,16-34, die „Gesetze über Mord und über Totschlag", wie dieser Abschnitt in der Lutherbibel überschrieben ist.

Zwei Fragen werden behandelt: Was ist zu tun bei beabsichtigtem und was bei unbeabsichtigtem Totschlag? Die Antwort ist eindeutig. Beabsichtigter Totschlag kann nur durch das Leben des Mörders gesühnt werden (V.16-21.33). Allein das Leben ist für Leben eine angemessene Ersatzgabe. Ein anderes Lösegeld steht nicht zur Verfügung (V.31).

Anders ist es bei unbeabsichtigtem Totschlag. Der Täter findet Schutz vor dem Bluträcher in einer Freistadt bis zum Tod des Priesters (V.22-29). Solange darf er die Freistadt auch nicht für ein Lösegeld verlassen (V.32).

Gemeinsam ist beiden Fällen, daß es kein anderes Sühnemittel gibt, als den Täter selbst. Bei beabsichtigtem Totschlag ist es das Leben des Täters. Bei Totschlag aus Versehen sühnt der Täter durch den Aufenthalt in der Freistadt und damit durch die Ausgrenzung aus seinen natürlichen Lebensbezügen.[20]

Auf V.33, die eigentliche Aussage zur Sühne, ist noch kurz einzugehen. „Dem Land wird nicht Sühne erwirkt im Blick auf das Blut [...] außer durch das Blut des Täters."[21] Fremd ist uns, daß „dem Land Sühne erwirkt" werden muß (vgl. 1Mo 4,10; 9,6). Das Land hat das Blut aufgenommen und ist deshalb unrein. Um diese Unreinheit aufzuheben, ist die Sühne für das Land notwendig. Diese Ordnung ist von Gott gegeben, für die Reinheit des von ihm an Israel gegebenen Landes.

---

[20] Ist dies eine Parallele zur Aussonderung aus dem Lager bei der kultischen Sühne? Beim Sündopfer wird der Rest des Tieres draußen verbrannt; am Versöhnungstag wird der Asaselbock in die Wüste geschickt; bei Reinigungsriten mit zwei Tauben soll eine ins freie Feld fliegen. Siehe dazu unten.
G. Maier (Das vierte Buch Mose, Wuppertal/Zürich 1989, (= 4.Mose) 473f) sieht in dieser Ordnung Strafe und Gnade verbunden.

[21] Auch in 5Mo 32,43 bezieht sich die Sühnehandlung auf das Land. Jahwe sühnt das Land, indem er das Blut seiner Knechte an seinen Feinden rächt.

3.3.2. 5Mo 21,8

Einen Sonderfall regelt 5Mo 21,1-8. Es geht um einen Mord von unbekannter Hand. Wie kann diese Tat gesühnt werden? Die nächstliegende Stadt soll bestimmt werden und die Vertreter dieser Stadt sollen an einem bestimmten Ort einer jungen Kuh das Genick brechen (V.3-4). Daraufhin sollen sie ihre Unschuld bekennen (V.6-7). Dann folgt die Bitte: „Sühne für dein Volk Israel, das du, Jahwe[22], erlöst hast. Und lege nicht unschuldiges Blut in die Mitte deines Volkes Israel. Und gesühnt wird für sie das Blut (die Blutschuld)."
Da also der Täter zur Sühne nicht zur Verfügung steht, wird ersatzweise ein Tier als Sühnemittel getötet.[23] Dann richtet sich die Bitte an Gott, daß er Sühne gewährt, damit das unschuldig vergossene Blut kein Unheil für die nächstliegende Stadt bringt. Bei der Bitte um Sühne ist gerade in diesem Sonderfall, in dem keine echte Ersatzgabe (nämlich das Blut des Täters) zur Verfügung steht, wichtig, daß Gott das „Ersatzsühnemittel" annimmt. Wird dieses Gebot angewendet, so wird die Sühne zugesagt.
Zwei sprachliche Beobachtungen sind noch erwähnenswert.

1. „Sühnen" ist zweimal mit „für" (hebr. לְ= *l*ᵉ) konstruiert: „Sühne für dein Volk Israel" und „und gesühnt wird für sie". Die Sühne kommt Israel zugute, bewahrt die Betroffenen vor Unheil.
2. Die Bitte „sühne" richtet sich an Gott. Er ist es allein, der in diesem Fall die Sühne gebietet, regelt und annimmt. Die zweite Aussage bezieht sich auf das Blut: „... und gesühnt wird ... das Blut." Wie schon mehrmals beobachtet, werden nicht die beiden Parteien gesühnt, sondern das zwischen ihnen stehende Unrecht. Ist dieses gesühnt, ist das Unheil abgewendet und Versöhnung möglich.

3.3.3. 2Sam 21,3

„David sprach zu den Gibeonitern: Was soll ich für euch tun und mit was soll ich Sühne schaffen?" (nach Luther)

Durch eine Hungersnot wird David auf Nachfrage an Jahwe von Jahwe auf eine Blutschuld aufmerksam, die unter Saul geschah, aber

---

22 Jahwe ist der Gottesname des Alten Testaments, den die Lutherbibel stets mit HERR wiedergibt. In der Literatur wird er bisweilen mit dem Tetragramm JHWH wiedergegeben.

23 Janowski, a.a.O., 178.

noch ungesühnt ist. Die Bitte in 5Mo 21,8 „... lege nicht unschuldiges Blut in die Mitte deines Volkes Israel ...“ hat genau dies zum Inhalt, daß die Blutschuld nicht bestehen bleibt und sich unheilvoll auswirkt. Die Anfrage an Jahwe nach dem Grund der Hungersnot und die Antwort Jahwes machen deutlich, daß es nicht nur um zwischenmenschliche Schuld geht, sondern daß Gott die Ordnung des notwendigen Ausgleichs durch Sühne gegeben hat. Die Gibeoniter fordern sieben Männer aus dem Hause Sauls, die dann öffentlich erhängt werden. Bemerkenswert ist zum einen, daß nicht gesühnte Schuld unheilvoll wirksam bleibt. Interessant ist weiter, daß die Frage nach der Sühne von David, dem Nachfolger des Schuldigen, ausgeht. David veranlaßt die Sühne. Schließlich ist auch festzuhalten, daß David nach einem Sühnemittel fragt: „Mit was soll ich Sühne schaffen?“

3.3.4. Zusammenfassung

1. In allen Fällen geht es um Blutschuld, die besonders schwer ist.
2. Erfolgt keine Sühne, wirkt sich die Blutschuld unheilvoll aus (z.B. als Hungersnot).
3. Ist der Täter bekannt, sühnt er mit seinem Leben.
4. Schwierig sind die Fälle, bei denen kein angemessenes Sühnemittel zur Verfügung steht. Hier geschieht Sühne durch einen Ersatz (Tier, Aufenthalt in einer Freistadt) verbunden mit der Bitte, daß Gott dieses Sühnemittel annimmt.
5. Die grammatische Konstruktion der Stellen ist unterschiedlich. Subjekt der Sühne ist in 5Mo 21 Gott, allerdings in dem Sinne, daß er um die Annahme der Sühnehandlung gebeten wird. In 2Sam 21 ist David Subjekt, weil er die Sühnehandlung vollzieht. Die Sühne selbst aber ist eindeutig auf das bezogen, was sie erst nötig macht: den Zorn, die Sünde, die Blutschuld.

3.4. Schuld sühnen

Wie schon in Spr 16,6 steht „sühnen“ häufig auch begrifflich im direkten Zusammenhang mit Sünde (2Mo 32,30; 1Sam 3,14; Jes, 6,7; 22,14; 27,9; Jer 18,23; Dan 9,24; Ps 65,4; 78,38; 79,9).[24] Allerdings geht es an diesen Stellen eindeutig um Sünde im Verhältnis zu Gott und um die Frage ob und wie Vergebung und Sühne möglich ist.

---

24 Hebr. meist עָוֹן, vereinzelt auch mit פֶּשַׁע und חַטָּאָה.

3.4.1. Keine Möglichkeit der Sühne (1Sam 3,14; Jes 22,14; 47,11; Jer 18,23)

Die Schuld des Hauses Eli kann nach 1Sam 3,14 nicht mehr gesühnt werden, weder mit Schlachtopfern noch mit Speisopfern. Die normalen Sühnemittel wären in diesem Fall bestimmte Opferarten als Ersatzgabe. Daß diese Opfer keine Sühne mehr bewirken, ist Jahwes Entscheidung. Es gibt keinen „Sühne-Automatismus". Jahwe bestimmt über Möglichkeit und Grenze der Sühne.
Jer 18,23 bittet Jeremia Jahwe, daß er die Sünde seiner Feinde nicht sühnt. Wieder ist Jahwe der souveräne Herr der Sühne.
Das Subjekt von „sühnen" ist auch an diesen Stellen nicht einheitlich. Entweder Jahwe (Jer 18,23) oder der Schuldige (Jes 47,11) oder es ist passivisch von einem „gesühnt werden der Schuld" die Rede, die das Subjekt offen läßt (1Sam 3,14; Jes 22,14).

3.4.2. Jes 6,7

In der Gegenwart Gottes wird Jesaja seine Schuld bewußt und zwar konkret, daß er unreiner Lippen ist und unter einem Volk mit unreinen Lippen wohnt. Konsequente Folge und Einsicht ist, daß er vergehen muß. Ein Seraph nimmt eine glühende Kohle und berührt damit seinen Mund. Dadurch ist seine Schuld gesühnt.
Eine konkrete Schuld macht die Sühne notwendig bzw. führt bei unterbliebener Sühne zum Vergehen. Die Berührung mit der glühenden Kohle geschieht an den Lippen, gerade mit ihnen hat sich Jesaja versündigt. Darin kommt eine symbolische Verbrennung, also Vernichtung zum Ausdruck.[25]

3.4.3. Die restlichen Belege

Gott wird gebeten, die Sünde zu sühnen (Ps 65,4; Ps 79,9). Die durch Gott gewährte Sühne der Sünde wird dankend bekannt, d.h. auch, daß Gott seinen Zorn abwandte (Ps 78,38). In Jes 27,9 wird wieder ein Sühnemittel genannt. Dan 9,24 macht deutlich, daß durch die Sühne der Neuanfang möglich ist.

3.4.4. Sühne und Vergebung

Besonders die zuletzt angeführten Stellen sprechen von „Sünde sühnen" ohne auf den Vorgang ausführlich einzugehen. Viele übersetzen

[25] Gese, a.a.O., 88f.

und deuten dann diese Formulierung mit „Sünde vergeben".[26] M.E. sollte diese Gleichsetzung nicht vorschnell vollzogen werden auch nicht an den Stellen (und um die geht es vorrangig hier) an denen Gott Subjekt der Sühne ist.
Aus den Stellen, die die Sühnehandlung ausführlicher darstellen, geht hervor, daß Sühne geschieht durch das Leben des Schuldigen selbst (bei Totschlag) oder durch eine Ersatzgabe. Dies schwingt m.E. bei der Sühne immer mit. Der Zusammenhang zwischen Vergebung und Sühne ist dann so zu sehen, daß durch die Sühne Vergebung möglich ist.

3.4.5. Sühne und Sünde

Der enge Zusammenhang zwischen Sühne und Sünde geht aus diesen Stellen hervor. Wobei alle Stellen, die ausführlich und nicht formelhaft den ganzen Vorgang beschreiben, deutlich machen, daß es jeweils um konkrete Sünde geht.

3.5. Sühne durch einen Mittler

3.5.1. 2Mo 32,30

„Mose sagt zum Volk: 'Ihr habt eine große Sünde getan. Und nun will ich hinaufsteigen zu Jahwe, vielleicht kann ich für eure Sünde sühnen.'"

Durch die Schuld Israels (goldenes Kalb) ist das Verhältnis zwischen Gott und Israel zerstört. Mose will versuchen, das Verhältnis wieder in Ordnung zu bringen.
Haben wir bisher festgestellt, daß Sühne durch ein Sühnemittel vollzogen wird, so stellt sich die Frage nach dem Sühnemittel auch hier. Es ist nach V.32 zunächst die Bitte um Vergebung.
Die Aussage Moses „Wenn nicht, dann tilge mich aus deinem Buch" ist nicht ganz eindeutig zu bestimmen. Sie ist zunächst so zu verstehen, daß Mose keine Sonderregelung möchte. Wenn Israel von Gott vernichtet wird, dann möchte Mose dieses Urteil teilen.[27] Andererseits ist nicht von der Hand zu weisen, daß die Solidarisierung des unschuldigen Mose mit dem schuldigen Volk seine Bitte um Vergebung

[26] Maass, a.a.O., Sp. 852; Janowski, a.a.O., 115.
[27] Janowski, a.a.O., 144.

als Sühnehandlung unterstreicht und bekräftigt. Der Unschuldige soll nicht mitgestraft werden. Folglich wird ganz Israel von Gott verschont (vgl. 1Mo 18,22-33). Eindeutig ist, daß sich Mose nicht aktiv direkt als Sühnemittel anbietet, sondern durch seine Solidarisierung diese Auswirkung entsteht.

Wir beobachten weiter, daß die Sühnehandlung zwar von Mose ausgeht, ihre Annahme aber ganz bei Gott steht[28].

Und eine letzte Beobachtung im Zusammenhang: Nach V.7-14 ist Jahwe auf Israel zornig und bereit, Israel in seinem Zorn zu vernichten. Und nach V.34 erfolgt keine absolute Sühne. Gott wird diese Sünde zu seiner Zeit heimsuchen. Fehlt also doch das angemessene Sühnemittel?

3.5.2. 4Mo 17,11-12 (6-15)

Wie in 2Mo 32,30 stehen in Mose und Aaron zwei Unschuldige dem durch Murren schuldig gewordenen Volk gegenüber. Jahwe will Israel vernichten, nicht aber Mose und Aaron (V.10).

Mose beauftragt Aaron: „Nimm die Pfanne und tu Feuer hinein vom Altar und lege Räucherwerk darauf und geh eilends zu der Gemeinde und schaffe für sie Sühne; denn der Zorn ist von dem Herrn ausgegangen, und die Plage hat angefangen“ (Luther). Aaron führt Moses Auftrag aus: „Da räucherte er und schaffte Sühne für das Volk und stand zwischen den Toten und den Lebenden. Da wurde der Plage gewehrt“ (Luther). Inzwischen hatten schon 14 700 den Tod gefunden.

Wie in 2Mo 32,30 geht die Sühnehandlung von Unschuldigen aus, die versuchen, die Vernichtung Israels abzuwenden. Subjekt von „sühnen“ ist Aaron, also der menschliche Mittler. Als Sühnemittel wird Räucherwerk[29] verwendet (vgl. Jes 6). Ganz eindeutig ist vom Zorn Gottes die Rede, der zur Vernichtung des Volkes führt. Bei der Sühne geht es hier um Leben oder Tod.

---

[28] Man beachte das „vielleicht“ in 1Mo 32,21; 2Mo 32,30.

[29] Aus Zeitgründen konnte ein anderes Opfer nicht gebracht werden.

3.5.3. 4Mo 25,13 (1-15)

Israel sündigt gegen Jahwe durch Götzendienst. Jahwes Zorn entbrennt. Mose soll die Oberen des Volkes öffentlich erhängen (vgl. 2Sam 21,1-9), damit sich Jahwes Zorn von Israel wendet.[30]
Dann wird berichtet, wie ein israelitischer Mann vor aller Augen zu einer Midianiterin eingeht. Pinhas ersticht beide mit einem Spieß. Da hörte die Plage auf, die schon 24 000 das Leben gekostet hatte.
Die Tat des Pinhas wird als sühnendes Handeln beschrieben. Er ist es, der die Sühnehandlung vollzieht, aber das Sühnemittel sind doch wohl die beiden Getöteten. Dadurch wird Jahwes Zorn abgewendet und Israel nicht ganz vernichtet.
Die Parallele zu 4Mo 17 ist offensichtlich.

3.5.4. Zusammenfassung

1. An keiner Stelle ist der menschliche Mittler selbst Sühnemittel.
2. Die Sühne wird durch das Eintreten von in dieser Situation Unschuldigen erwirkt. Die menschlichen Mittler sind Subjekt von „sühnen“. Dies dürfte der Unterscheidung von Priester und Sühnemittel (Opfertier) in der kultischen Sühne entsprechen.
3. Sühne wird hier ermöglicht durch Fürbitte und Solidarität (2Mo 32), Räucherwerk (4Mo 17) und Todesstrafe für die Sünder (4Mo 25).
4. An allen hier behandelten Stellen wird durch die Sühne Jahwes Zorn abgewendet und der Vernichtung durch Jahwe Einhalt geboten.

3.6. Fazit

1. Wir wollen abschließend eine Definition von „sühnen“ im Blick auf die behandelten Stellen versuchen: *Sühnen heißt: ein durch Sünde gestörtes Verhältnis durch ein Sühnemittel wieder in Ordnung bringen, versöhnen.*
2. Die Struktur der Sühneaussagen ist verschieden. Besonders im Blick auf das Subjekt von „sühnen“ ist kein einheitlicher Sprachgebrauch zu beobachten. Allerdings läßt sich im Blick auf das Subjekt eine inhaltliche Unterscheidung erkennen. Gott ermöglicht, ordnet durch entsprechende Gebote und gewährt aufgrund der Süh-

[30] Obwohl an dieser Stelle noch nicht von Sühne die Rede ist, ist die Frage, ob hier nicht das Wesen der Sühne genau zum Ausdruck kommt.

nehandlung und der Fürbitte die Sühne. Die Sühnehandlung wird durch den Schuldigen, einen unschuldigen Mittler oder einen Teil der Volksgemeinschaft vollzogen. Die Sühne selbst bezieht sich auf die Sünde auf Seiten des Menschen bzw. den Zorn auf Gottes Seite.[31] Ist die Sünde gesühnt, sind die beiden Seiten versöhnt.

3. Eine Herleitung von „weihen“ oder „kultisch reinigen“ ist unter inhaltlichen Gesichtspunkten an keiner dieser Stellen naheliegend. Aus inhaltlichen Gründen ist die Herleitung von „bedecken“ passender.
4. Auch wenn in neueren Publikationen der Zusammenhang von Sühne und Zorn Gottes eher als Randthema behandelt wird[32], ist die häufige Verbindung von Sühne und Zorn Gottes nicht zu übersehen.

4. Sühne in der kultischen Gesetzgebung

Zunächst ist daran zu erinnern, daß im Bereich der Gesetzgebung für den Kult das Wortfeld von „sühnen“ am häufigsten vorkommt, vor allem im 3.Buch Mose (siehe 2.3.). Am dichtesten begegnet die Sühne in 3Mo 4-5, den Gesetzen über die Sünd- und Schuldopfer sowie in 3Mo 16, den Ausführungen zum Versöhnungstag. Kontrovers werden vor allem die Bedeutung der Handauflegung und des Blutritus beim Sündopfer und am großen Versöhnungstag diskutiert. Darauf ist gesondert einzugehen.

4.1. Sünd- und Schuldopfer (3Mo 4-5)

Vor 3Mo 4 wird „sühnen“ in den Opfergesetzen in 3Mo 1-7 nur einmal verwendet und zwar in 3Mo 1,4 im Blick auf das Brandopfer. Dagegen ist das häufige Vorkommen in 3Mo 4,20.26.31.35; 5,6.10.13.16.18.26 auffallend. Sünd- und Schuld-opfer haben es im Besonderen mit Sühne zu tun.

---

31 Dasselbe gilt entsprechend von der zwischenmenschlichen Sühne.

32 Lang, a.a.O., Sp. 307: „... kommt die Vorstellung vom zürndenden und zu beschwichtigenden Gott in den Texten nicht unmittelbar zum Ausdruck [...] steht auch hier der göttliche Zorn nicht im Vordergrund, sondern wird nur in Sonderfällen erwähnt.“ Hier ist wohl der Wunsch der Vater des Gedankens. In zu vielen Texten ist eindeutig vom Zorn Gottes die Rede.

4.1.1. Sündopfer (3Mo 4,1-5,13)

Nach V.1 ist das Sündopfer und seine Ordnung von Jahwe geboten. Als Grund für das Sündopfer werden zunächst ganz allgemein Sünden „aus Versehen gegen irgendein Gebot Jahwes" angegeben. In 5,1-5 sind dann noch konkrete Fälle genannt. Wie bei der Blutschuld durch Totschlag wird wieder zwischen beabsichtigter und unbeabsichtigter Sünde unterschieden (s. 3.3.). Beabsichtigte Sünde kann nicht gesühnt werden.

Ganz eindeutig geht es wieder um konkrete Sünde gegen ein Gebot Jahwes und damit gegen Jahwe selbst. Nachdem die Sünde erkannt wurde, soll sie auch bekannt werden (5,5).[33] Geht es um Schuld gegen Gott, ist es nicht verwunderlich, daß das Sündopfer „für Jahwe" gebracht wird (4,3). Handauflegung, Schlachtung und Blutritus erfolgen „vor Jahwe" (4,4.6.7).

Anders als bei den vorausgehenden Opfergesetzen (3Mo 1-3) geht es zunächst um verschiedene Personengruppen (Kap 4): 1. Priester, 2. Gemeinde, 3. Fürst, 4. Irgendjemand. In 5,6-13 geht es dann um verschiedene Opfertiere für das Sündopfer je nach Vermögen. Für die Ärmsten ist sogar „Mehl" möglich (5,11f).[34]

Ausführlich wird der Vollzug des Sündopfers dargestellt. Er gliedert sich in:

1. Handauflegung auf das Opfertier durch den Opfernden (4,4.15.24.29.33). Die Bedeutung dieser Handlung wird an diesen Stellen nicht erklärt.
2. Das Schlachten des Opfertieres durch den Opfernden (4,4.15.24.29.33). Der Blutritus wird durch den Priester vollzogen.

---

[33] Der konkrete Sündenbezug gerade auch beim Sündopfer wird bei Janowski und Gese abgeschwächt zugunsten der Rede vom „gottfernen Sein des Menschen". Für Janowski, a.a.O., 254f, sind die Verfehlungen „aus Versehen" die Begründung, daß es um eine „anthropologische Grundsituation des verwirkten Lebens" geht. Gese, a.a.O., 101, schreibt gerade im Zusammenhang mit dem Sündopfer: „Unabhängig von einer bestimmten Verschuldung des Menschen, allein schon wegen des gottfernen Seins des Menschen..." Zu wenig berücksichtigt ist hier, daß 3Mo 4,1; 5,1-5 von konkreter Schuld gegen Gebote spricht. Auch bei der Sühne außerhalb der kultischen Gesetzgebung (II.) war der häufige Bezug zu ganz konkreter Sünde offensichtlich.

[34] Es ist zu fragen, ob in dieser Bestimmung allein eine soziale Komponente zu sehen ist, oder ob nicht die dem Blutritus häufig zugemessene zentrale Stellung auch durch die Verwendung von „Mehl" als Sündopfer zu hinterfragen ist.

Beim Sündopfer des Priesters und der Gemeinde wird das Opferblut an den Vorhang vor dem Allerheiligsten gesprengt. Die Hörner des Räucheraltars werden mit dem Blut bestrichen und das restliche Blut am Fuß des Brandopferaltars ausgegossen (4,5-7.16-17). Beim Sündopfer von Fürst und Einzelnem findet die Blutbesprengung des Vorhangs nicht statt (4,25.30.34). Die Bedeutung dieses Blutritus wird in 3Mo 4 nicht erklärt.

3. Die Verbrennung von Fetteilen und Nieren durch den Priester (4,8-10.19f.26.31.35).
4. Die Verbrennung von Fell, Kopf, Schenkeln, Eingeweide und Mist außerhalb des Lagers an einem reinen Ort (4,11f.21). Beim Opfer des Fürsten und des Einzelnen wird die Verbrennung draußen nicht genannt.

Auf drei Punkte ist noch besonders einzugehen (Handauflegung und Blutritus werden gesondert besprochen):

4.1.1.1. Die Verbrennung außerhalb des Lagers

Im Unterschied zum Brandopfer (3Mo 1,8f) wird beim Sündopfer ein Teil des Tieres außerhalb des Lagers verbrannt. Besonders auffallend ist, daß gerade der Kopf, auf den der Opfernde seine Hand legt, nicht zum Heiligen gebracht, sondern draußen verbrannt wird. Da vergleichbare Fälle häufiger begegnen[35], ist dieser Teil des Sündopfers von Bedeutung. Geht es bei der Handauflegung um Übertragung von Sünde (s.u. 4.3.), dann wird eben gerade der Kopf draußen vernichtet. Die Sünde kann nicht zum Heiligen gebracht werden.

An dieser Stelle sei ein Blick ins Neue Testament erlaubt: Starb Jesus nicht draußen[36] vor den Toren (vgl. Hebr 13,12) und von Gott verlassen (Mk 15,34), gerade weil er die Sünde der Welt trug? Ist dieser Tod unter der Sündenlast nicht umgekehrt die Ursache für das Zerreißen des Vorhangs drinnen im Tempel (Mk 15,37f.)? Dieser Zusammenhang darf nicht einseitig aufgelöst werden. Die Trennung von Gott als Gericht und Strafe und der neu ermöglichte Zugang zu Gott

---

35 3Mo 16: Asaselbock. 3Mo 13,45;14,3: der Aussätzige wohnt draußen vor dem Lager; auch die Reinheitskontrolle erfolgt draußen. 3Mo 14,4-7: Bei der Reinigung von Aussatz werden zwei Tauben gebracht. Die eine wird geschlachtet, die andere in das Blut getaucht und dann ins Freie entlassen.

36 G. Maier, Das dritte Buch Mose, Wuppertal/Zürich 1994 (= 3. Mose), 83f..

durch das stellvertretend getragene Gericht gehören unmittelbar zusammen. Beschreibt das Sündopfer und der Vorgang am Versöhnungstag insgesamt das Wesen der Sühne und ist die Sühne nicht auf einen Teil davon zu reduzieren, so ist nur in der Zusammenfassung von beidem, der Vernichtung draußen und der Hingabe an das Heiligste, die Sühne richtig verstanden.

4.1.1.2. Wurde vom Sündopfer gegessen?

Die Meinung der Ausleger hierzu geht auseinander. Während Maier mit Bezug auf 3Mo 6,23 davon ausgeht, daß der Priester vom Sündopfer nichts essen darf, da es eine „radikale Hingabe des Opfers an Gott ist“[37], geschieht nach von Rad gerade durch das „rituelle Verzehren des Fleisches der Sündopfer...die Austilgung des Bösen“ (3Mo 10,17).[38] Diese Sicht geht sicher zu weit, da der Verzehr, gerade wenn ein Blutritus im Heiligtum geschieht, verboten ist (6,23). Ansonsten ist den Priestern der Verzehr des Restes erlaubt (7,7; 5,13 bezieht sich wohl nur auf das Mehl). 10,17-20 zeigt aber die Schwierigkeit der Priester beim Verzehr vom Sündopfer.

4.1.1.3. Sühne beim Sündopfer

Die Aussage über die Sühne ist mit geringen Variationen jeweils dieselbe:
„Und der Priester sühnt für ihn/für sie (wegen seiner/ihrer Sünde) und ihm/ihnen wird vergeben“ (3Mo 4,20.26.31; 5,6.10.13).
Das heißt:
1. Subjekt von „sühnen“ ist der Priester, der den Opfernden und Jahwe durch die Sühnehandlung versöhnt. Deshalb fehlt konsequent diese Aussage bei dem Sündopfer, das der Priester für sich bringt. Eine wichtige Frage ist: Vertritt der Priester in diesem Geschehen Gott oder den opfernden Menschen oder tritt er als Vermittler zwischen beide, weil der Opfernde, der nicht Priester ist, nicht ins Heiligtum darf? M. E. ist ähnlich wie bei 3.5. letzteres der Fall.
2. Deutlich wird erneut der Zusammenhang zwischen Sühne, Sünde und Vergebung. Ausgangspunkt für die Sühne ist Sünde. Durch die

---

37 Maier, 3.Mose, 83.

38 Rad, a.a.O., 261; Rendtorff, Studien zur Geschichte des Opfers im Alten Israel, Neukirchen-Vluyn 1967 (= Studien), 226.

vollzogene Sühnehandlung, bei der die Sünde durch ein Sühnemittel getragen wird, geschieht Vergebung und Versöhnung.

4.1.2. Schuldopfer (5Mo 5,14-26)

Wie das Sündopfer ist auch das Schuldopfer für Sünden „aus Versehen“ vorgesehen (V.15). Im Unterschied zum Sündopfer soll aber der Schaden erstattet und der fünfte Teil hinzugefügt werden. Die Aussagen über die Sühne entsprechen denen beim Sündopfer.

4.2. Der große Versöhnungstag (3Mo 16)

Zunächst ist festzuhalten, daß sich auch der Priester an die genaue Weisung Jahwes zu halten hat. Er kann nicht immer ins Allerheiligste, sonst stirbt er (16,1f.34). Dies ist von 10,1f. her nur als Gericht zu verstehen.
Der eigentliche Ritus am Versöhnungstag besteht aus drei Teilen:

1. Die Sühne für Aaron und sein Haus (16,11-14.17)
Diese geschieht gemäß 3Mo 4 mit einem Stier. Der Unterschied zum gewöhnlichen Sündopfer besteht darin, daß Aaron ins Allerheiligste geht. Durch Räucherwerk soll die Deckplatte bedeckt, also Jahwes Gegenwart verhüllt werden, damit Aaron nicht stirbt. Das Blut wird gegen die Deckplatte gesprengt.

2. Die Sühne für das Volk (16,15-17)
Sie geschieht mit einem der beiden Böcke entsprechend dem Sündopfer für Aaron. Diese Sühne gilt auch dem Heiligtum (16,16). Der Ort, an dem Gott dem Volk begegnet, muß von Sünde frei sein.

3. Der Bock für Asasel (16,10.21f)[39]
Über dem zweiten Bock wird Sühne vollzogen. Gemeint ist damit wohl das in 16,21f Geschilderte.[40] Aaron soll die Hände auf den

---

[39] Auf den Asaselbock kann nicht ausführlicher eingegangen werden. Die genaue Bedeutung ist umstritten. Vgl. dazu Maier, 3.Mose, 295-297; Janowski, Azazel und der Sündenbock. Zur Religionsgeschichte von Leviticus 16, 10.21f., in: Ders., Gottes Gegenwart in Israel, Neukirchen-Vluyn 1993, 285-302. Für uns sind die Vermutungen über Asasel in diesem Zusammenhang unwichtig. Bedeutend ist, daß das Tier, das die Sünde trägt, weggeführt wird.

[40] Maier, 3.Mose, 287.

Kopf des Tieres legen, die Sünde Israels bekennen und sie dem Bock auf den Kopf legen. Dann trägt der Bock die Sünden in die Wüste.
Der Mann, der den Bock in die Wüste führte, muß sich und seine Kleider außerhalb des Lagers reinigen. Die Reste der Sündopfer (Stier und Bock) müssen gemäß 3Mo 4,11f.21 außerhalb des Lagers verbrannt werden.

Die Parallele zwischen Versöhnungstag und Sünd- und Schuldopfer ist offensichtlich. Man kann sagen: Der Versöhnungstag ist ein gesteigertes Sündopfer und zwar in umfassendem, beide Teile des Sühnevorgangs betreffendem Sinn. Einerseits wird die Begegnung mit Jahwe gesteigert durch den Vollzug des Blutritus im Allerheiligsten; andererseits wird der Bock, der die Sünde trägt, in die Wüste geschickt. Die Sünde kommt nicht in Kontakt mit dem Heiligen.
Somit bestätigen sich unsere bisherigen Beobachtungen. Versöhnung mit Gott ist nur möglich, wenn die Sünde, die das Verhältnis zerstört hat, stellvertretend weggetragen wird und zwar nicht zum Heiligtum, sondern in die Gottesferne.
Erneut wird hier die enge Beziehung zwischen Sünde und Sühne deutlich. 3Mo 16,34 wird abschließend festgestellt: der Versöhnungstag soll einmal im Jahr gehalten werden, um alle Sünden zu sühnen.
Ein weiterer Aspekt dieses Kapitels ist in einem eigenen Abschnitt zu entfalten: Nach 3Mo 16,21f wird durch die Handauflegung Sünde übertragen und der Bock trägt diese Sünde. Welche Bedeutung hat diese Geste?

4.3. Die Bedeutung der Handauflegung beim Sündopfer und am Versöhnungstag

Die Bedeutung der Handauflegung ist unter den Auslegern umstritten. Der Grund ist, daß die Texte selbst fast keine Erklärung geben.[41] Zu-

[41] Rendtorff, BK III/1, 40; ders., BK III/3, 162: „Gewiß müssen wir uns darüber im klaren sein, daß die Interpretation solcher alttestamentlichen Riten stets nur ein Versuch bleibt, die Zusammenhänge zu verstehen, vor allem dann, wenn ihre Bedeutung in den biblischen Texten selbst nicht ausdrücklich erklärt wird."

sammenfassend sollen drei Erklärungsmodelle kurz dargestellt werden.[42]

1. Übertragung[43]

Zwei alttestamentliche Beispiele lassen sich anführen. Durch Handauflegung wird Moses Autorität auf seinen Nachfolger Josua übertragen (4Mo 27,18.23; 5Mo 34,9). Ebenso durch Handauflegung wird am großen Versöhnungstag die Sünde Israels auf den Asaselbock gelegt (3Mo 16,21f). Die letztgenannte Stelle ist die einzige, von der diese Auslegung abgeleitet werden kann. Zugleich ist diese Stelle ganz eindeutig.

2. Identifikation[44]

Durch die Handauflegung identifiziert sich der Opfernde mit dem Opfertier. Es geht nicht um die Abladung von Schuld wie bei der Übertragung, nicht um Objektabladung, sondern um Subjektübertragung. Durch die Handauflegung geschieht „in der Lebenshingabe des Opfertieres eine den Opferer einschließende Stellvertretung“[45]. D.h. der Opfernde hat durch die symbolische Geste am Tod des Tieres wirklichen Anteil.

3. Deklaration[46]

Der Opfernde bringt durch die Handauflegung zum Ausdruck, daß das Opfertier sein Eigentum ist, das er Gott zum Opfer bringt.

Gegen die Übertragung wird vor allem angeführt, daß 3Mo 16,21f ja gerade kein Opfer ist, da der Asaselbock in die Wüste gejagt wird. Die Deutung von 3Mo 16,21f lasse sich deshalb nicht auf das Sündopfer übertragen. Außerdem findet sich die Handauflegung bei allen Tieropfern.[47]

Die Schwäche der Identifikation ist, daß sich deren Vertreter auf keine eindeutigen Textstellen berufen können und daß sich diese ganz

---

[42] D.P. Wright/J. Milgrom/H.J. Fabry, Art. „סמך“, ThWAT V, Sp. 880-889: 883f; Lang, a.a.O., Sp. 311f; Rendtorff, BK III/1, 40-44.

[43] Maier, 3.Mose, 80; K. Koch, Sühne und Sündenvergebung um die Wende von der exilischen und nachexilischen Zeit, EvTh 26, 1966, 217-239: 217; Rendtorff, Studien, 215f. Neuerdings ist Rendtdorff von dieser Deutung abgerückt (BK III/1, 34f.38.41).

[44] Gese, a.a.O., 97; Janowski, a.a.O., 218-221; Elliger, a.a.O., 34.

[45] Gese, ebd.

[46] Wright/Milgrom/Fabry, a.a.O., Sp. 886.

[47] Rendtorff, BK III/1, 32.

unsicher bleibende Deutung ebensowenig auf alle Tieropfer anwenden läßt.[48]

Folgende Erklärung schlagen wir vor:

1. Da die Handauflegung in unterschiedlichen Zusammenhängen vorkommt, ist nicht von einer einzigen Erklärung auszugehen.[49] Für die Handauflegung bei allen Tieropfern ist gültig, daß der Besitzer, nicht der Priester, seinem Opfertier die Hand auflegt, was für die grundsätzliche Gültigkeit der Deklaration für die Tieropfer spricht.
2. Fragen wir nach der besonderen Bedeutung der Handauflegung im Zusammenhang mit der Sühne, also speziell beim Sünd- und Schuldopfer und beim großen Versöhnungstag, so können wir von der einzig klaren Stelle 3Mo 16,21f nicht absehen. Im Zusammenhang mit dem Sündopfer und damit mit der Sühne spielt die Handauflegung eine besondere Rolle. Von den 23 Vorkommen im Alten Testament beziehen sich neun auf das Sündopfer und eine Stelle auf den Asaselbock, vier auf das Brandopfer, drei auf das Gemeinschaftsopfer und fünf auf Menschen.[50] Ist der große Versöhnungstag ein gesteigertes Sündopfer, dann ist sehr wahrscheinlich für die Handauflegung beim Sündopfer die gleiche Bedeutung vorauszusetzen, wie beim Asaselbock.
3. Dies wird durch eine weitere Beobachtung gestützt. Beim großen Versöhnungstag werden die Sünden Israels bekannt und dann auf den Asaselbock gelegt. Um konkrete Sünden geht es auch beim Sünd- und Schuldopfer (3Mo 4,1; 5,1-6; 19,20-22; 4Mo 5,5-7; 6,1-12; vgl. die Betonung der Sünde beim großen Versöhnungstag 3Mo 16,30.34).
4. Bei der Einsetzung Josuas als Nachfolger Moses ist ebenso am ehesten von Übertragung auszugehen. Josua erhält Anteil an Moses Hoheit (4Mo 27,18-20).[51] In der Grundstruktur gleichen sich die Aussagen bei der Einsetzung Josuas und bei der Handauflegung

48 Rendtorff, BK III/1, 41.43; ders., BK III/3, 170.

49 Man vergleiche nur 4Mo 27,18, die Einsetzung Josuas durch Mose, mit 3Mo 24,14, die Handauflegung der Augenzeugen vor der Steinigung eines Gotteslästerers.

50 Janowski, a.a.O., 200.

51 Hier wie Gese (a.a.O., 96) und Janowski (a.a.O., 202.219) von einer Subjektübertragung zu sprechen und damit diese für die Sühne zu fordern ist u. E. nicht haltbar.

beim Versöhnungstag, auch wenn das Objekt jeweils verschieden ist.[52]

5. Zwei Wendungen sind noch zu nennen, die häufig vorkommen und die hier vorgetragene Erklärung unterstreichen. „Sünde tragen“ bedeutet, sowohl eine konkrete Schuld auf sich zu laden als dann auch die Straffolgen tragen zu müssen.[53] Die Folge der Schuld ist ganz unterschiedlich. Mehrmals ist vom sofortigen Tod als Strafe die Rede (3Mo 24,15f; 4Mo 18,22; vgl. auch 2Sam 6,7).[54] Die Verbindung von „Sünde tragen“ und Straffolge bis zum Tod ist deutlich.
   Schuld wird immer wieder mit dem „Haupt“ in Verbindung gebracht (1Sam 25,39; 1Kö 8,32; Neh 3,36; Hes 16,43; Joel 4,4.7; vgl. 1Kö 2,32-34), wie ja auch die Handauflegung bei der Übertragung auf das „Haupt“ erfolgt. Die Schuld wird auf das Haupt gelegt, weil das Haupt für den ganzen Menschen besonders im Blick auf die Verantwortung seines Tuns und seiner Haftbarkeit steht.[55]

Zusammenfassend ist damit zum einen festzuhalten, daß die Handauflegung beim Sündopfer und beim Asaselbock die Übertragung konkreter Sünde zum Ausdruck bringt.
Damit geht es bei der Sühne um Stellvertretung. Das Tier trägt stellvertretend die Schuld des Opfernden und stirbt stellvertretend dessen Tod, der als Strafe für die Sünde zu verstehen ist. Eine Subjektübertragung ist allerdings den Texten nicht zu entnehmen.
Du rch die Sühne wird der Opfernde mit Gott versöhnt. Das Strafgericht ist abgewendet, die Gemeinschaft mit Gott neu möglich.

52

4Mo 27,18-20:	3Mo 16,21f.:
Handauflegung (סמך)	Handauflegung (סמך)
Beauftragung (Wort)	Sündenbekenntnis (Wort)
Übertragung (נתן על)	Übertragung (נתן על)

53 F. Stolz, Art. „*nasa*‘“, THAT II, Sp. 113.

54 W. Zimmerli, Die Eigenart der prophetischen Rede des Ezechiel, in: Gottes Offenbarung. Gesammelte Aufsätze zum Alten Testament, München ²1969, 148-177: 160f.

55 W. Beuken/ U. Dahmen, Art. „ראש“, ThWAT VII, Sp. 271-284: 275.

4.4. Der Blutritus

Noch schwieriger ist die Deutung des Blutritus zu bestimmen, da sich die biblischen Aussagen in der Beschreibung des Vorgangs erschöpfen.[56]

Der Blutritus begegnet wie die Handauflegung bei allen Tieropfern, allerdings mit Unterschieden[57], außerdem bei der Priesterweihe (2Mo 29,20; 3Mo 8,23) und dem Reinigungsopfer für Aussätzige (3Mo 14,14). Auch die Entsühnung von Heiligtum und Altar ist mit dem Blutritus verbunden.

4.4.1. Die rituelle Versorgung des Blutes am Altar[58]

Blut darf im Alten Testament grundsätzlich nicht gegessen werden (1Mo 9,4; 3Mo 7,26f; 17,10.12.14; 5Mo 12,23), während bei verschiedenen Opfern ein Teil des Opfers verzehrt werden kann. Außerdem kann Blut, da es Träger des Lebens ist (siehe 4.4.3.), auch nicht einfach weggeschüttet werden. Nach 3Mo 17,1-6 mußte jede Schlachtung am Eingang der Stiftshütte erfolgen[59], sonst galt es als Blutschuld.[60] Erst in späterer Zeit im Land durfte bei der Schlachtung Blut wie Wasser auf die Erde gegossen werden (5Mo 12,16.24; 15,23). Es ist beeindruckend, wie ehrfürchtig mit menschlichem und tierischem Leben umgegangen wird. Im Ausgießen des tierischen Blutes an den Altar könnte zum Ausdruck kommen, daß das Leben an Gott, den Schöpfer, zurückgegeben wird.

4.4.2. Der Blutritus beim Sündopfer und am Versöhnungstag

Er unterscheidet sich von den andern Opfern, da zusätzlich die Hörner des Altars mit Blut bestrichen werden, und beim Sündopfer Blut vor den Vorhang zum Allerheiligsten (3Mo 4,6-7) und am Versöhnungstag Blut auf die Deckplatte der Bundeslade gesprengt wird (3Mo 16,14).[61] Das Blut wird mit dem Heiligsten in Berührung gebracht. Dieser Blutritus ist Teil der Sühne, wobei zu betonen ist, daß der gan-

56 Rendtorff, BK III/3, 170. Die Kombination von Handauflegung und Blutritus für das Verständnis der Sühne ist angesichts der unsicheren Deutungen die eigentliche Schwachstelle in Geses und Janowskis Arbeiten zur Sühne.

57 J. Bergmann/ B. Kedar-Kopfstein, Art. „דָּם“, ThWAT II, Sp. 248-266: 263.

58 Rendtorff, BK III/1, 53; ders., BK III/3, 163.

59 Maier, 3. Mose, 306; Elliger, a.a.O., 226.

60 Hier wird tierisches Blut wie menschliches Blut behandelt (vgl. II.2.)

61 Rendtorff, BK III/2, 157; ders., Studien, 217.

ze Vorgang beim Sündopfer und am Versöhnungstag Sühne wirkt (3Mo 16,34). Welche Bedeutung hat dabei das Blut?

4.4.3. Das Blut als Lebensträger

An mehreren Stellen wird betont, daß das Blut die Seele (hebr. נֶפֶשׁ = *näphäsch*) ist oder daß die Seele im Blut ist (1Mo 9,4; 3Mo 17,11.14; 5Mo 12,23).[62] Seele steht hier für Leben bzw. Lebendigkeit. Blut ist somit der Lebensträger.[63] Wichtig für unseren Zusammenhang ist 3Mo 17,11: „Denn die Seele/das Leben des Fleisches ist im Blut, und ich (Gott) habe es euch für den Altar gegeben, damit es für eure Seelen/euer Leben Sühne schafft. Denn das Blut ist es, das durch die Seele/das Leben darin Sühne schafft.“[64] Das Blut des Tieres als Lebensträger ist von Gott für das Leben des Menschen zur Sühne gegeben worden: Leben für Leben.[65] Damit ist die Stellvertretung eindeutig zum Ausdruck gebracht.

4.4.4. Sühnung von Heiligtum und Altar

Sühne wird nicht nur für die Schuld von Menschen vollzogen, sondern mehrmals wird angeordnet, daß auch das Heiligtum und der Altar zu sühnen sind (2Mo 29,36f; 3Mo 8,15; 16,16-19). 3Mo 16,16-19 gibt die Begründung dafür: wegen der Verfehlungen und Sünden Israels.[66] Da Gott im Heiligtum in Israels Mitte gegenwärtig ist, wird dieses Heiligtum durch Israels Sünde entheiligt und bedarf der Sühne. Auch hier ist der Zusammenhang zwischen Sünde und Sühne eindeutig gegeben.

4.4.5. Passalamm und Bundesblut

Zwei Beobachtungen im Zusammenhang mit dem Blut im Alten Testament seien noch angemerkt, wobei allerdings eingeräumt werden muß, daß im Alten Testament kein direkter Zusammenhang zur Sühne

---

[62] An allen Stellen wird mit dieser Aussage das Verbot des Blutgenusses begründet. Nur 3Mo 17,11ff stellt die Verbindung zur Sühne her.

[63] Maier, 3. Mose, 311; Gese, a.a.O., 98; Rendtorff, BK III/3, 167; Bergmann/ Kedar-Kopfstein, a.a.O., Sp. 255; Maass, a.a.O., Sp. 450. Der Zusammenhang von Leben - Seele - Atem kann hier nicht dargestellt werden.

[64] Zur Übersetzung: Maier, 3. Mose, 310; Gese, a.a.O., 98; Janowski, a.a.O., 246.

[65] Im Hebr. kommt die Entsprechung deutlicher zum Ausdruck, weil für Tier und Mensch „Seele/Leben“, hebr. נֶפֶשׁ (= *näphäsch)*, steht.

[66] Maier, 3. Mose, 291; Rendtorff, BK III/3, 162.218-221; anders Maass, a.a.O., Sp. 882.

hergestellt wird. Allerdings stützen diese Stellen doch die hier vorgelegte Auslegung.
Beim Passa (2Mo 12) liegt wohl kein Opfer im kultischen Sinn vor, und doch sind gewisse Parallelen nicht zu übersehen. Das Lamm wird gegessen und der Rest verbrannt. Mit dem Blut werden die Türpfosten bestrichen. Gott geht an diesen Häusern vorüber, so daß keine Plage Israel trifft, wenn er Ägypten schlägt. Hier verschont das Blut vor dem Strafgericht Gottes.
Ganz ähnlich spielt auch beim Bundesschluß (2Mo 24,5-8) der Blutritus eine wichtige Rolle. Das Blut wird an den Altar als Repräsentant Gottes und über Israel gesprengt. Beide Bundespartner sind durch das Blut verbunden. Es ist „Blut des Bundes". Könnte beim Blutritus eine einseitige Bundeserneuerung von seiten des schuldig gewordenen Menschen mitschwingen?

4.4.6. Zusammenfassung

1. Beim Blutritus kommt der Aspekt der Stellvertretung besonders zum Ausdruck: Leben für Leben.
2. Die Lebenshingabe des Tieres ist als stellvertretende Straftötung zu verstehen, durch die der Opfernde Vergebung und Versöhnung erfährt.
3. Durch die Sühne Israels und des Heiligtums ist die weitere Gemeinschaft mit Gott (Bund) möglich.

4.5. Sühne als Heilsgeschehen

Schon von Rad kam zum Ergebnis: „Sühne also war kein Strafakt, sondern ein Heilsgeschehen."[67] Ähnlich formuliert Gese: „In diesem Sinne hat die kultische Sühne die allergrößte positive Bedeutung. Hier werden nicht einfach nur Sünden beseitigt, hier vollzieht sich keine Straftötung ..."[68] Janowski gab seiner Dissertation den Titel „Sühne als Heilsgeschehen". Preuß stellt in seiner Theologie fest: „Sühne ist nun aber, wie Lev 16 klar erkennen läßt, kein Strafhandeln Gottes [...]. Sie ist vielmehr göttliches Heilshandeln, ist Aufhebung von Schuld durch JHWH, der solche Sühne ermöglicht."[69]

---

[67] Rad, a.a.O., 284.
[68] Gese, a.a.O., 99.
[69] H.D. Preuß, Theologie des Alten Testaments. Band 2, Stuttgart/ Berlin/ Köln, 1992, 253.

Zuzustimmen ist der Aussage insofern, als die Sühne dem Sünder die weitere Gemeinschaft mit Gott ermöglicht und Leben statt Tod eröffnet. Dem biblischen Befund nicht angemessen ist dagegen die Ablehnung einer Straftötung. Der Zusammenhang zwischen Strafe und Heil darf nicht einseitig aufgelöst werden. Heil ist möglich durch stellvertretende Lebenshingabe. Das Opfertier erleidet stellvertretend den Tod als Strafe für die Sünde, die es stellvertretend trägt. Wird die Strafe bei der Sühne ausgeblendet, kann nicht mehr einleuchtend erklärt werden, warum überhaupt die stellvertretende Lebensgabe des Opfers notwendig ist.

5. Fazit

Aus den besprochenen Stellen vorrangig aus dem Pentateuch - sowohl in Bezug auf die außerkultische als auch auf die kultische Sühne -, konnte ein in den wesentlichen Punkten übereinstimmendes Bild gewonnen werden.
Folgende Erklärung der Sühne ergibt sich daraus: *Zwischen zwei Parteien ist durch Sünde die Gemeinschaft gestört und der Sünder hat Strafe verdient. Durch ein Sühnemittel wird die Sünde bedeckt und unwirksam gemacht.*
Noch präziser formuliert bedeutet dies für die kultische Sühne: *Zwischen Gott und Israel ist durch Sünde die Gemeinschaft gestört und der Sünder hat Strafe und Tod verdient. Durch stellvertretendes Tragen von Sünde und stellvertretendem Tod eines Tieres als Sühnemittel gibt Gott Vergebung und Versöhnung. Leben und Gemeinschaft mit Gott wird neu ermöglicht.*

Weitere Aspekte sind zusammenfassend festzuhalten:

1. In der Sühne geht es um Gericht und Heil. Zu häufig ist von Zorn, Strafe und Tod die Rede, als daß dies an den Rand gedrängt oder ganz ausgeblendet werden könnte. Die Sühne kann nur deshalb als Heilsgeschehen bezeichnet werden, weil Gott im Sühnemittel für Israel eine stellvertretende Ersatzgabe annimmt.
2. Die Sühne ist kein Opfer des Menschen, um Gott gnädig zu stimmen. Die Sühne ist vielmehr Gottes Gabe (3Mo 17,11), die auf seinen Anordnungen beruht (3Mo 4,1; 16,1). Deshalb ist Gott selbst auch der souveräne Herr der Sühne.

3. Als Sühne ist der jeweils geschilderte Gesamtvorgang zu verstehen. Dabei ordnet und gewährt Gott die Sühne. Der Opfernde bringt mit Hilfe des Priesters sein Sühnemittel für seine Sünde dar. Das Sühnemittel sühnt, indem sein Leben (bei der kultischen Sühne) für das Leben des Sünders steht.

Wiewohl die alttestamentliche Sühne eine entscheidende Deutungshilfe für das Verständnis des Todes Jesu bildet, ist doch auch auf die Unterschiede hinzuweisen.
Die Sühne gilt dem bereits in den Bund gestellten Israel und bezieht sich deshalb nur auf Sünden aus Versehen. Die kultische Sühne hat hier eine deutliche Grenze. Es stellt sich die Frage: Gibt es ein darüber hinausgehendes Sühnemittel für alle Schuld der ganzen Welt?
Leben sühnt für Leben. Und doch steht tierisches für menschliches Leben. Ist tierisches Leben aber wirklich ein angemessenes Sühnemittel? In der weiteren Geschichte Israels wird diese Frage aufgeworfen und in Ansätzen beantwortet (Ps 49,8f; Mi 6,6f; Jes 53). Die letzte Antwort gibt Jesus mit der Deutung seines Todes.

Sühne in Jesaja 53

von Ralf Albrecht

Einleitung

Fragt man im Neuen Testament nach Erklärungen des Todes Jesu, so stößt man unweigerlich auf das Gottesknechtslied aus Jes 53[1]. Mit diesem Lied hat das Jesajabuch die gesamtbiblische Sühnetheologie auf das Nachhaltigste geprägt[2]. Kaum ein anderer Abschnitt des Alten Testaments wird so häufig im Neuen Testament zitiert. Mt 8,17; 27,38; Lk 22,37; Joh 12,38; Apg 8,26ff; Röm 10,16; 15,21 legen davon beredtes Zeugnis ab[3]. Auf keinen anderen Abschnitt wird besonders im Hinblick auf Sühne-[4] und Abendmahlstheologie so oft Bezug genommen[5].

Daß dem so ist, wie es uns das Neue Testament anzeigt, gerade das wird nun heftig bestritten. Die Auslegung von Jesaja 53 auf dem Hintergrund des Sühnegeschehens sei ein Vorgang, der so in Jesaja 53 selbst keinen Anhalt hat. Die neu-testamentlichen Autoren hätten sich mit ihrer Auslegung geirrt.

---

1 Damit ist im folgenden immer abkürzend Jes 52,13 - 53,12 bezeichnet.

2 Zur Aufnahme im Neuen Testament, speziell bei den Evangelien und in der Apostelgeschichte, vgl. P. Stuhlmacher, Jes 53 in den Evangelien und in der Apostelgeschichte, in: B. Janowski/P. Stuhlmacher (Hrsg.), Der leidende Gottesknecht. Jesaja 53 und seine Wirkungsgeschichte, Tübingen 1996, 93-106. .

3 Letztere beiden Stellen sind sichere Hinweise darauf, daß Paulus seine gesamte Evangeliumsverkündigung von diesem Gottesknechtslied her verstanden hat. Ebenso zentral für die Ausprägung neutestamentlicher Christologie und wohl noch häufiger zitiert und aufgenommen ist Psalm 110.

4 Vgl. besonders die argumentativen Bemühungen bei J. Jeremias (Die Abendmahlsworte Jesu, Göttingen [4]1967, 218). Daß in Jesaja 53 von Sühne die Rede ist, wird von anderen Gegnern der Sühnetheologie übrigens zugestanden. Sie wiederum schlachten das aber dennoch für ihre Position aus. Man könne eine solche altertümliche Position nicht für gut heißen; vgl. die Bezugnahme auf Jes 53,5 bei J. Vollmer (Zur Deutung des Todes Jesu, DtPfBl 97 [1997], 119-122).

5 So in Mt 20,28; 26,2.24; Mk 2,20; 9,12; 9,31; 10,45; 14,8.41; Lk 10,23f; 11,22; 22,37; 24,7.26f; Joh 1,29; 12,24; 19,1; Apg 2,33; 17,3f; Röm 4,25; 5,1; 8,35ff; 2Kor 5,21; Gal 3,13; Eph 1,20-23; Phil 2,6-11; Hebr 9,26.28; 1Petr 1,18f; 2,22-25.

Der zugleich grundlegende und bahnbrechende Aufsatz zum Thema "Sühne" von H. Gese[6] entwickelt seine These von Sühne als zentralem theologischem Thema der Bibel durchgehend vom Alten Testament her, aber bezeichnenderweise ist in diesem ganzen Aufsatz, abgesehen von einer abstreitenden Anmerkung, nicht von Jes 53 die Rede.

Wird in Jesaja 53 Sühne thematisiert und nehmen die neutestamentlichen Autoren folglich zurecht auf diesen Text Bezug? Will man dieser Frage nachgehen, so kommt man nicht umhin, Jesaja 53 selbst und seine Aussagen genauer zu betrachten.

Und es gibt einen weiteren Grund dafür, in der Diskussion um die Sühne ausgerechnet Jesaja 53 zu untersuchen. Alle sühnekritischen Ansätze nehmen ihren Ausgangspunkt bei der Deutung, die Jesus selbst seinem Tod gegeben hat. Dabei fällt auf, daß sich die Diskussion letztlich auf einige wenige neutestamentliche Zentraltexte und ihre alttestamentlichen Wurzeln beschränkt. Von daher ist es eine wichtige Aufgabe, neues Licht in die Diskussionen um die biblischen Vorgaben zum Thema Sühne und Stellvertretung zu bringen. Jesaja 53 ist ein, wenn nicht der alttestamentliche Text, von dem aus das geschehen kann.

Die Beschäftigung mit dem Thema soll so geschehen, daß zunächst zur Orientierung die Textvorlage (1.) in den Blick genommen wird sowie die für das Thema grundlegenden Beobachtungen zum Abschnitt in gebotener Kürze angegangen werden (2.), bevor das Thema Sühne (3.) in Jesaja 53 näher beleuchtet wird. Danach soll ein Fazit (4.) die Abhandlung abschließen.

1. Der Text von Jesaja 53

Die hebräische Gestalt dieses Textes bietet manche Verstehensschwierigkeiten, auf die ausgewählt eingegangen wird[7].

52,13: Siehe, mein Knecht wird Gelingen haben,

---

6 H. Gese, Die Sühne, in: Zur biblischen Theologie. Alttestamentliche Vorträge, Tübingen ²1983, 85-106.

7 Zu Fragen der Textkritik im einzelnen vgl. die Diskussion in den Anmerkungen bei H.-J. Hermisson (Das vierte Gottesknechtslied im deuterojesajanischen Kontext, in: B. Janowski/P. Stuhlmacher [Hrsg.], Der leidende Gottesknecht. Jesaja 53 und seine Wirkungsgeschichte, Tübingen 1996, 1-25: 6-8).

er wird sich erheben und getragen werden (erhaben sein)
und sehr hoch sein.
52,14: Dabei (wie) entsetzten sich über dich[8] viele,
so verdorben von Menschen war sein Aussehen
und sein Anblick von Menschenkindern.
52,15: So werden viele Völker besprengt[9] sein,
über ihn ihren Mund schließen Könige.
Denn was ihnen nie erzählt wurde, sehen sie,
und was sie nie hörten, nehmen sie wahr.

53,1: Wer hat geglaubt unserem Hörbaren,
und der Arm JHWHs[10], an wem wurde er geoffenbart?
53,2: Er ging auf wie ein Reis vor ihm
und wie eine Wurzel aus der Erde der Dürre.
Kein Ansehen war ihm und kein Schmuck,
so daß wir ihn gesehen hätten[11],
und es war kein Aussehen,
so daß wir ihn begehrt hätten.
53,3: Verachtet und verlassen von Menschen,
Mann der Schmerzen und Gedemütigter der Krankheit;
und wie einer, vor dem man[12] das Gesicht verbirgt,
verachtet, und wir nahmen ihn nicht wahr.

53,4: Nur, unsere Krankheiten, er trug sie
und unsere Schmerzen lud er auf.
Aber wir hielten ihn für einen Gezeichneten,
einen Geschlagenen Gottes und Gedemütigten.
53,5: Und er wurde durchbohrt wegen unserer Sünde,
geschlagen wegen unserer Schulden.
Die Strafe unseres Friedens auf ihm,

---

8 Als schwierigere Lesart nicht in 3. pers. sg. zu ändern.

9 Dieser Begriff entstammt dem gottesdienstlichen Sprachgebrauch des Alten Testaments und ist im Sühneritus zuhause; die Deutung ist jedoch derzeit im Sinne einer Abstreitung kultischen Sprachgebrauchs in Jes 53 umstritten. G. v. Rad (Predigt-Meditationen, Göttingen 1973, 73) will als Antithese zum folgenden Halbvers übersetzen mit "er wird aufspringen lassen".

10 Dieses sogenannte Tetragramm steht im Alten Testament stets für den Gottesnamen „Jahwe“ und wird hier beibehalten.

11 Halbverstrennung gegenüber dem Masoretischen Text verändert.

12 Evtl. auch "er" (JHWH), da der Ausdruck sonst im Alten Testament eigentlich nur als Ausdruck für das Gerichtshandeln JHWHs vorkommt.

und durch seine Striemen Heilung für uns.
53,6: Wir alle irrten wie Kleinvieh,
jeder sichtete seinen Weg,
aber JHWH ließ ihn treffen die Schuld von uns allen.
53,7: Gepeinigt, und er duldete,
und er öffnete nicht seinen Mund,
wie ein Lamm, zur Schlachtung geführt,
und wie ein Mutterschaf vor seinem Scherer verstummt
und den Mund nicht auftut.
53,8: Weg von Gefängnis und Recht wurde er weggenommen,
und sein Geschlecht, wer sorgt sich darum?
Denn er wurde abgeschnitten vom Land der Lebendigen;
wegen der Sünde meines[13] Volkes getroffen[14] für es.
53,9: Und man gab mit Übeltätern sein Grab
und mit Reichen seine Grabstätte,
obwohl er nicht Frevel tat
und Lüge nicht in seinem Mund war.

53,10: Aber JHWH hat Gefallen an seinem Zerschlagenen,
läßt erstarken, wenn seine Seele zum Schuldopfer sich setzt.
Er wird Samen sehen, die Tage werden sich verlängern;
und was JHWH gefällt, wird durch seine Hand gelingen.
53,11: Aus der Mühsal seiner Seele wird er sehen,
er sättigt sich an seiner Erkenntnis.

Als Gerechter wird gerecht sein mein Knecht vor vielen,
denn ihre Schulden, er lud sie auf.
53,12: Darum will ich ihm Anteil geben bei vielen[15]
und mit Mächtigen wird er Anteil haben an Beute,
dafür daß er seine Seele ausschüttete in den Tod
und gerechnet wurde unter die Frevler.
Und er trug die Sünde der Vielen
und für die Frevler trat er ein.

---

[13] Textkritisch ist eine vereinfachende Umänderung in "seines Volkes" nicht zu verantworten (gegen H.-J. Hermisson, Gottesknechtslied, 8 Anm. 29).

[14] Die Punktation des Masoretischen Textes wurde hier verändert ins Passivische.

[15] Zu dieser Übersetzungsvariante vgl. E. Kutsch, Sein Leiden und Tod - unser Heil. Eine Exegese von Jes 52,13-53,12, BSt 52 (1967), 37f; auch H.-J. Hermisson, Der Lohn des Knechts, in: Die Botschaft und die Boten, FS H. W. Wolff, Neukirchen-Vluyn 1981, 269-287: 286.

2. Beobachtungen zu Jesaja 53

Gottesknechtslieder sind innerhalb von Jes 40-55 eine eigene Gattung. Bei den Gottesknechtsliedern ist schon die Abgrenzung schwierig. Es sind zu nennen 42,1-4 (5-9); 49,1-6 (7 [8]-12 [13]); 50,4-9 (10-11); unumstritten ist 52,13 - 53,12.

Stilistische und wörtliche Anklänge an die anderen Gottesknechtslieder finden sich in Jes 53 viele. Das einleitende "siehe" (52,13) z. B. knüpft an den Beginn des ersten (42,1) und den Schluß des dritten Liedes (50,9) an[16]. Auch die Tatsache, daß wir über ein Er-Lied und zwei Ich-Lieder nun in Jes 53 wieder zu einem Er-Lied zurückkehren[17], spricht für ihren Bezug aufeinander.

Und doch ist dieses vierte Lied ein besonderes, mag die Auslegung der gesamten Gottesknechtslieder in eine Richtung nur schwer gelingen. Es findet sich keine weitere Parallele im Jesajabuch zu dem in Jes 53 Geschilderten.

2.1. Gliederung

Den Rahmen von Jes 53, dieses vierten Gottesknechtsliedes bilden eine ein- und ausleitende Gottesrede[18], die jeweils die Thematik der Erhöhung des Gottesknechtes in 3. Person[19] zum Inhalt haben. Darin eingebettet findet sich ein Stück prophetischer Rede über den Gottesknecht in 3. Person[20]. Praktisch unstrittig können wir von drei großen Teilen ausgehen: einer einleitenden JHWH-Rede (52,13-15), einem Wir-Bericht (53,1-11a) und einer ausleitenden JHWH-Rede (53,11a-12).

Die Wir-Rede vom Leiden und der Erhöhung des Gottesknechtes 53,1-11a ist in den Scharnierstellen ausdrücklich eingeordnet (vgl.

---

16 B. Janowski spricht von „Stichworttechnik" (Er trug unsere Sünden. Jesaja 53 und die Dramatik der Stellvertretung, in: Gottes Gegenwart in Israel. Beiträge zur Theologie des Alten Testaments, Neukirchen-Vluyn 1993, 303-326: 313).

17 Vgl. M. Weippert, Die "Konfessionen" Deuterojesajas, in: R. Albertz u.a. [Hrsg.], Schöpfung und Befreiung, FS C. Westermann, Göttingen 1989, 104-115: 109.

18 C. Westermann, Das Buch Jesaja. Kap. 40-66, Göttingen [5]1986, 206f. Vgl. auch J. Begrich, Studien zu Deuterojesaja, ThB 20, München 1969, 62.

19 Eine Ausnahme bildet 52,14a wo der Gottesknecht in der 2. Person angesprochen wird.

20 Dessen Abgrenzung ist umstritten. Schon ab 53,7 erneut Gottesrede anzunehmen, des "mein Volk" in 53,8 wegen, berücksichtigt nicht das doppelte JHWH in 53,10.

52,15 und 53,1 bzw. 53,11a und 53,11b)[21]. Ihre innere Struktur ist nicht einfach zu bestimmen. Am ehesten besteht sie in sich wiederum aus weiteren drei Teilen, die spiegelbildlich angeordnet sind, auf den mittleren Teil als das Zentrum weisen und sich inhaltlich dadurch voneinander abgrenzen. Zunächst wird die Erniedrigung des Gottesknechtes (53,1-3), dann das stellvertretende Leiden als Zentrum des ganzen Gottesknechtsliedes (53,4-9) und zuletzt die Errettung aus der Erniedrigung (53,10-11a) geschildert. Stilistisch lassen sich diese drei Teile durch die jeweiligen Signalwörter abgrenzen. 53,1 setzt mit einem Fragewort neu ein, 53,4 bringt das betont entgegenstellende "nur" und 53,10 setzt sich als Untereinheit durch die ebenso entgegenstellende Einführung des Gottesnamens JHWH ab. Auch ist 53,10-11a als eigener Abschnitt durch das zweimalige, sonst in Jes 53 nicht gebrauchte "gefallen" kenntlich gemacht.
Die Rahmenabschnitte machen sich auch durch die Verwendung des Stichworts "die vielen" als eine Einheit kenntlich. Mit dem Stichwort "die vielen" sind 52,14 und 53,11f eng aufeinander bezogen. Auch benennen die Rahmenabschnitte jeweils die Wirkung der Erniedrigung und Erhöhung im Blick auf den Gottesknecht und im Blick auf die anderen. Während dies in 52,13-15 in der Reihenfolge „Knecht - viele“ geschieht, wird es am Ende in 53,11b.12 variiert durch die Reihenfolge „viele - Knecht - viele“.
Im Schaubild läßt sich die Gliederung so darstellen:

A: Rahmen:	Erhöhung des Knechtes JHWHs durch Erniedrigung - Gottesrede (52,13-15)
B:	Erniedrigung des Gottesknechtes (53,1-3)
C:	**Stellvertretendes Sühneleiden des Gottesknechtes (53,4-9)** Bekenntnis der Stellvertretung und Sühne (4-6) Stellvertretendes Leidensschicksal (7-9)
B':	Errettung des Gottesknechtes (53,10-11a)
A': Rahmen:	Erhöhung des Knechtes JHWHs - Gottesrede (53,11b-12)

21 Vgl. H.-J. Hermisson, Gottesknechtslied, 10.

Mit dieser spiegelbildlichen Gliederung ist der Mittelteil C und sein Thema des stellvertretenden Sühneleidens als zentraler Teil des Gottesknechtsliedes erwiesen.

2.2. Stellvertretung

Die überragende Bedeutung dieses Themas für Jes 53 ist nicht nur aufgrund der Gliederung unumstritten. Stellvertretung, die Heilswirkung hat, ist nur dort gegeben, wo zum einen die Vertretbarkeit des Subjekts als eine Möglichkeit anerkannt ist. Zum anderen muß es sich beim Stellvertretenden um eine Person handeln, die dem Tun-Ergehen-Zusammenhang entnommen ist. Dieser Mensch leidet als Unschuldiger, als Gerechter. "Immer geht es darum, daß einer handelnd oder leidend an die Stelle eines anderen tritt, der diese einzunehmen nicht fähig [...] ist."[22] Beide Aspekte sind in Jes 53 explizit vorhanden[23]. Man vergleiche dazu nur Jes 53,4 mit den dort verwendeten Verben "tragen" und "aufladen".
Im Blick auf Jesaja 53 und die dort geschilderte Stellvertretung sind einige Fragenkreise anzusprechen:
Wer ist das Subjekt der Stellvertretung? Nach Janowski läßt sich hier "keine einlinige Antwort"[24] geben. Die Dramatik der Stellvertretung bestehe gerade darin, daß mehrere Subjekte beteiligt sind. Hier ist allerdings zu fragen, ob nicht die eindeutige Rahmung dem ganzen Abschnitt den Charakter geben soll, daß hier in letzter Konsequenz JHWH und JHWH allein als handelndes Subjekt der Stellvertretung in Frage kommt.
Stellvertretung in Jes 53 geschieht so, daß dem Gottesknecht die folgerichtige Strafe für ein fremdes Vergehen aufgebürdet wird, obwohl diese Strafe eigentlich der Verantwortliche selbst tragen müßte. Diese Last trägt der Gottesknecht, ohne dagegen anzugehen.
Diese Art der Stellvertretung ist dem Menschen nicht einfach zugänglich, sie ist nicht rational. "Die Wirklichkeit der Stellvertretung

[22] B. Janowski, Er trug unsere Sünden, 307. Janowski ergänzt noch: "oder nicht willens". Es wäre zu fragen, ob es für einen solchen Fall Beispiele gibt oder ob das nicht letztlich auf dasselbe hinausläuft: auf die Unfähigkeit.

[23] Es wurde jüngst von H.-J. Hermisson (Gottesknechtslied, 20f.) darauf verwiesen, daß nicht religionsgeschichtliche Parallelen, sondern die innerbiblische Tradition des mittelnden (Amos, 4Mo 14) und leidenden Propheten (Jeremia) für die Ausbildung des Stellvertretungsmotivs Pate gestanden hat.

[24] B. Janowski, Er trug unsere Sünden, 307.

erschließt sich den „Wir“ ja nicht einfach durch Reflexion oder Entschluß, sondern durch das im Beginn ergriffene Wort, das JHWH [...]"[25] spricht.

2.3. Gattung

In der Forschung umstritten ist nach wie vor die Frage der Gattung[26]. Verschiedene formgeschichtliche Hintergründe werden erwogen: Handelt es sich um psalmische Elemente des Klageliedes oder Dankliedes des einzelnen?[27] Lehnt sich die Sprache an juristische Termini an?[28] Oder ist "die (nachträgliche?) Niederschrift der Liturgie einer Trauerfeier zum Gedenken an einen Toten"[29] die Grundlage? Auch wird als Hintergrund Biographieliteratur der Umwelt erwogen[30].
Hier wird noch zu zeigen sein[31], daß sich speziell durch das vierte Gottesknechtslied kultischer Sprachgebrauch zieht - eine formgeschichtliche Auswertung dieses Befundes steht noch aus.

2.4. Identität

Noch kontroverser als die Gattungsfrage wird diskutiert, wer mit dem Gottesknecht gemeint sein könnte: Handelt es sich um eine Einzelperson oder um ein Kollektiv? Wenn eine Einzelperson gemeint ist[32], ist

---

25 B. Janowski, Er trug unsere Sünden, 325.

26 Grundlegend dazu K. Baltzer, Zur formgeschichtlichen Bestimmung der Texte vom Gottesknecht im Deuterojesaja-Buch, in: Probleme biblischer Theologie. FS G. v. Rad, München 1971, 27-43.

27 So vor allem J. Begrich (Studien, 65). Dabei muß er allerdings konstatieren, daß eine Rede in der 3. Person von einer Person in Todesnot und deren Rettung singulär ist, wenn er es auch als einen marginalen Unterschied zur von ihm benannten Psalmensprache ansehen will. Auch B. Janowski (Er trug unsere Sünden, 314) nennt als Hintergrund die Sprache der Klagelieder des einzelnen. Er führt im Blick auf "die vielen" als Beispiel Ps 3,2f; 31,12-14 an.

28 Sinn wäre dann, daß "ein himmlisches Gericht den 'Knecht' in seiner Amtsführung rehabilitiert" (K. Baltzer, Zur formgeschichtlichen Fragestellung, 40).

29 Dieser Vorschlag stammt schon von H. Jahnow (Das hebräische Leichenlied, BZAW 36, 1923). Er wird z. B. aufgenommen von W. Grimm (Deuterojesaja. Deutung - Wirkung - Gegenwart, Stuttgart 1990, 406). Dagegen ist einzuwenden, daß es für ein Leichenlied ungewöhnlich wäre, wenn jede Rühmung des Toten fehlt. Gerade die Totenklage weiß nichts von der Erhöhung des Gottesknechts. Sie wird erst aus anderer Perspektive erkenntlich.

30 K. Baltzer, Zur formgeschichtlichen Bestimmung, 29: "Idealbiographie".

31 Vgl. besonders unter 3.1.

32 Dies will K. Baltzer (Zur formgeschichtlichen Fragestellung, 43) durch seine gefundene formgeschichtliche Einordnung (Biographieliteratur) erwiesen haben.

es dann der Prophet[33], ein König[34], oder eine messianische Gestalt? Oder ist die Gestalt des Gottesknechts sogar direkt messianisch-christologisch zu verstehen? Wenn es sich um ein Kollektiv handelt, ist es dann auf Israel als Volk zu deuten? Sind die evtl. darauf hin zu deutenden Texthinweise (Jes 42,1; 49,3; 52,13) spätere Eintragungen?[35] Oder ist der Gottesknecht eine historisch nicht mehr greifbare Gruppe? Oder wird von der anonymen Prophetenschule des "Deuterojesaja" geredet?[36]

Eine Deutung auf eine bestimmte Personengruppe ist m. E. eher unwahrscheinlich. Die Parallelen, daß von einer solchen Gruppe in der 1. Person sing. die Rede ist, sind äußerst dünn gesät. Die Deutung auf Israel scheint nahezuliegen, ist aber fraglich. Denn es wäre zu begründen, wieso ausgerechnet diese Identifizierung nicht ständig, sondern nur an drei Stellen ausdrücklich und in Jes 53 gar nicht ausgesprochen wurde. Zudem ist es gerade in Jes 53 problematisch, von einer Identifikation „Knecht = Israel" auszugehen, da damit das Sündenverständnis des gesamten Alten Testaments (und der umliegenden Kapitel[37]) auf den Kopf gestellt wäre. Es gibt kein schuldloses Israel! Insofern scheint die Deutung auf eine unbekannte messianische Gestalt möglich. "Der alte Text vermeidet sicher nicht zufällig jede genaue Bestimmung des Knechts. [...] wer er ist und in welchem Sinne er mit Israel zusammen zu sehen ist [, darüber] muß offenbar die hier nur angezeigte Zukunft entscheiden."[38] Und es ist doch klar, daß diese

33 So z. B. Georg Fohrer, Jesaja (1-66), 3 Bände, Zürich $^{2-3}$1986-1991, Band 3, 160.

34 Vgl. das aus den Benennungen von Königen entstammende Hirtenmotiv in Jes 53,6. Nach H. Ringgren (Zur Komposition von Jesaja 49-55, in: Beiträge zur alttestamentlichen Theologie, FS W. Zimmerli, Göttingen 1977, 371-376: 374) ist Jes 53 auf einen königlichen Knecht und dessen kultische Funktion zu deuten. Er will Nähe zu Motiven von JHWH-Königspsalmen finden.

35 Dieser Vermutung schließt sich z. B. J. Blank an (Der leidende Gottesknecht (Jes 53), in: Studien zur Biblischen Theologie, Stuttgart 1992, 37-95: 39).

36 So D. Michel in seinem Artikel "Deuterojesaja", TRE VIII, 512ff.

37 Vgl. H. W. Wolff, Wer ist der Gottesknecht in Jesaja 53?, in: Ders., Wegweisung. Gottes Wirken im Alten Testament, München 1965, 165-171: 168. "Kann es die Meinung des Propheten gewesen sein, daß Israel nicht der eigenen Schuld wegen im Exil weilt, sondern zur Sühung der großen Weltschuld?"

38 H. W. Wolff, Wer ist der Gottesknecht, 170f.

Gestalt auch die Funktion des idealen, wahren Israel in ihrer Person stellvertretend einnimmt[39].

2.5. Wirkungsgeschichte

Die Wirkungsgeschichte von Jes 53 ist eigenartig. Der Abschnitt hat bis zur Zeit Jesu schon eine breite Wirkungsgeschichte gehabt[40]. Die Meinung, als sei das Kapitel ein "erratischer Block, [...] unverstanden [...] bis hinein in die Tage des Neuen Testaments"[41], muß deshalb mit guten Argumenten als zumindest teilweise überholt gelten. Es wird dabei immer neu zu fragen sein, welches Verständnis von Jesaja 53 damals das richtige gewesen ist. Das bis heute vorherrschende Problem, die Person des Gottesknechts zu deuten, hat schon die vorchristliche Wirkungsgeschichte bis hinein ins Neue Testament beschäftigt[42].

Hat also nicht doch Philippus die Frage des Kämmerers sachgerecht beantwortet: "Sag mir, von wem redet der Prophet das? Von sich selber oder von jemand anders?". "Philippus tat seinen Mund auf und fing mit diesem Wort der Schrift an und predigte ihm das Evangelium von Jesus" (Apg 8,35).

---

39 Zu dieser Verbindung von individueller und kollektiver Deutung in heilsgeschichtlicher Sicht vgl. die bei M. Weippert (Konfessionen, 105f) referierte Sicht von F. Delitzsch, der "Vorläufer dieser Entwicklung".

40 Vgl. M. Hengel, Zur Wirkungsgeschichte von Jes 53 in vorchristlicher Zeit, in: B. Janowski/P. Stuhlmacher (Hrsg.), Der leidende Gottesknecht. Jesaja 53 und seine Wirkungsgeschichte, Tübingen 1996, 49-91. Auch bei H. W. Wolff (Jesaja 53 im Urchristentum, Gießen [4]1984 ([1]1952), 52ff) ist die zwischentestamentarische Traditionslinie nicht ausführlich genug gewürdigt worden. Andererseits läßt sich an manchen Belegen bei M. Hengel zeigen, daß zum einen evtl. gar nicht auf Jes 53 angespielt wurde. Zum anderen wäre die Frage zu stellen, inwiefern Jes 53 im Vergleich zu anderen Jesajakapiteln bei den Jesajaauslegungen des Frühjudentums überproportional oder eher am Rand berücksichtigt wurde. Daß es breit berücksichtigt wurde, versteht sich für einen Teil der jüdischen Bibel von selbst.

41 K. Koch, Sühne und Sündenvergebung um die Wende von der exilischen zur nachexilischen Zeit, in: Spuren des hebräischen Denkens. Beiträge zur alttestamentlichen Theologie, 1991, 184-205: 203.

42 Eine messianische Auslegung war vorchristlich möglich, wenn man den Targum zu Jes 53 berücksichtigt. Siehe O. Betz, Die Übersetzungen von Jes 53 (LXX, Targum) und die Theologia Crucis des Paulus, in: Jesus. Der Herr der Kirche. Aufsätze zur biblischen Theologie II, Tübingen 1990, 197-216. Auch P. Stuhlmacher, Der messianische Gottesknecht, JBTh 8 (1993), 131-154: 146.

3. Sühne in Jesaja 53

3.1. Die Bestreitung der Sühne in Jes 53

Zwei grundsätzliche Argumente werden an dieser Stelle ins Feld geführt.

1. Zum einen sei hier nicht von Sühne die Rede, weil die hebräische Wortwurzel "*kpr*" fehlt und auch Blut keine Rolle spiele, im Sühnekult aber nach 3Mo 17,11 Blut als Träger des an JHWH geweihten Lebens notwendig sei. Eine solche Argumentation scheint nur dann möglich, wenn 3Mo 17,11 überbetont und aus unerfindlichen Gründen zum *punctus mathematicus* der gesamten alttestamentlichen Sühnetheologie hochstilisiert wird. Die Sühnetraditionen im Alten Testament sind weit breiter - man bedenke nur im Rahmen des Jesajabuches Jes 6, wo Sühne auch nicht durch Blut geschieht. Übrigens: Auch wenn nicht vom Blut die Rede ist, so wird doch thematisch ständig vom Verlust des Lebens gesprochen. Vom Einsetzen der "Seele" zum Schuldopfer (hebr. אָשָׁם = *āshām*; Jes 53,10) wird sogar ausdrücklich gesprochen. Daß hier "nicht der Begriff der Sühnung, sondern der der Buße verwendet"[43] ist (im Sinne eines Israel, das sich "als Bußleistung für die Heiden" hergibt), liegt zum einen auf der Linie einer sehr umstrittenen Deutung der Gottesknechtslieder und hat zum anderen den Anschein einer künstlichen Unterscheidung zwischen stellvertretender Buße und Sühne[44]. Diese wird sicher dort als Kunstgriff nötig, wo Sühne als reines Heilsgeschehen verstanden wird und somit alles, was nicht reines Heilsgeschehen ist, auch nicht den Namen "Sühne" verdient, also mit Hilfe von kleinlichen Differenzierungen ausgeschieden wird.

2. Zum anderen sei im Zusammenhang nie kultisches Vokabular verwendet[45]. Es sei hier ein Tier angesprochen (das "Mutterschaf"[46], Jes 53,7), das nie im Zusammenhang mit Opfer genannt sei. Dies ist zweifellos richtig - aber der Sinn von Jes 53,7 im einzelnen ist auch nicht, Sühne auszudrücken, sondern das widerstandslose Leiden des

---

[43] So H. Gese, Die Sühne, 104 Anm. 14.

[44] Zusammen gesehen sind diese beiden Dinge bei J. Blank, Der leidende Gottesknecht, 64: "Der größere Rahmen, innerhalb dessen die Bußleistung erfolgt, ist allerdings die stellvertretende Sühne."

[45] B. Janowski, Er trug unsere Sünden, 320.

[46] Sonst im Alten Testament nur noch 1Mo 31,38; 32,15; Hld 6,6.

Gottesknechts zu illustrieren. Zudem steht im Parallelismus in 53,7 sehr wohl ein Tier, das eminent kultische Funktion hat: das "Lamm". Übrigens: wäre je in 53,7 nicht von Sühne die Rede, heißt das doch nicht automatisch, daß dann auch in den umliegenden Versen dieser Inhalt nicht vorkommt. Auch in Jes 52,15 ("besprengen"; hebr. נזה = *nāzâ* im hiph.) und 53,10 („Gefallen haben", hebr. חפץ = *chāpeṣ*) liegt kultische Sprache vor, wird aber teils textkritisch herausgestrichen. Ganz abgesehen von dem kultischen Terminus „Schuldopfer" (hebr. *āshām*), der nun noch näher zu untersuchen ist.

Denn: Die von Fohrer in neuerer Zeit vertretene Deutung des Begriffs als "Sühnopfer" oder "Schuldopfer"[47] wird auf dem Hintergrund sonst fehlender kultischer Begriffe nun auch versucht zu eliminieren. Die Zeiten, wo man formulieren konnte, daß man hier "im allgemeinen den Gedanken der 'stellvertretenden Sühne' ausgedrückt findet"[48], sind vorbei. Der Widerspruch gegen diese These hat sich breit formiert. Erst "*zeitlich nach Jes 53*"[49] sei dieser Begriff "in die priesterliche Opfertora (3Mo 4f.7 u.a.) gelangt."[50] Für Jes 53 heiße das, daß man in den Begriff nicht mehr hineinlegen könne, als "die Übernahme der Folgen *eines fremden Tuns*"[51]. Von dieser Deutung her werden dann Jes 53,4.11.12 interpretiert. Sühne wird deshalb als Bedeutungshorizont ausgeschlossen.

Diese überlieferungsgeschichtliche Konstruktion birgt einige Schwächen in sich. Ist es zum Beispiel wahrscheinlich, ja überhaupt denkbar, daß in der postulierten zeitlichen Nähe von Deuterojesaja und Priesterschrift als einer angenommenen Urkundenquelle der fünf Bücher Mose ein und derselbe Begriff so unterschiedlich gefüllt werden kann?

Der Eindruck entsteht: hier entledigt sich die Überlieferungs- und Traditionsgeschichte des Wortsinns[52]. Und doch hat sich damit noch

---

47 G. Fohrer, Stellvertretung und Schuldopfer in Jes 52,13-53,12, in: Studien zu alttestamentlichen Texten und Themen (1966-1972), BZAW 155, 1981, 24-43.

48 So noch J. Blank, Der leidende Gottesknecht, 63.

49 B. Janowski, Er trug unsere Sünden, 321 (kursiv im Original).

50 B. Janowski, Er trug unsere Sünden, 321.

51 B. Janowski, Er trug unsere Sünden, 321.

52 Es ist doch z. B. frappierend, daß gerade in 3Mo 5 sowohl die Begriffe „Schuldopfer" (hebr. *āshām*) wie auch "Schuld tragen" (hebr. *nā'sā` 'āwōn*) vorkommen (vgl. W. Zimmerli, Zur Vorgeschichte von Jes 53, in: Studien zur alttestamentlichen Theologie und Prophetie. Gesammelte Aufsätze Band II, ThB 51, Mün-

lange nicht die Frage nach der Sühne in Jes 53 erledigt: "Der Gedanke der Sühne wird in Jes 53 keineswegs alleine durch den Begriff *ãshãm* ausgelegt; er klingt im gesamten Text immer wieder an"[53]. Ist es von daher nicht mehr als einleuchtend, auch dem Wort selbst Sühnecharakter beizumessen?

Jes 53 ist somit von 3Mo 5,1ff her zu verstehen. Es führt 3Mo 5 allerdings in zwei Punkten charakteristisch weiter: zum einen steht als Schuldopfer jetzt eine Person, die ihre "Seele" gibt - übrigens ein weiterer Beleg dafür, daß im Zusammenhang kultische Terminologie verwendet wird: *ãshãm* in Verbindung mit "Seele" scheint von 3Mo 17,11 her geprägt. Zum anderen wird mit dem Begriff "die Schuld tragen" jetzt nicht mehr die eigene Schuld, sondern die anderer bezeichnet. Hier verbinden sich also Sühne und personale Stellvertretung zu einer Aussage. Das ist das neue, einzigartige an Jes 53[54].

3.2. Wem wird die Sühne gegeben nach Jes 53?

Einfach ist die Frage nach Subjekt der Sühne (Jes 53,1.6.10) zu lösen durch das unauflösliche Ineinander von JHWH-Handeln und Handeln seines Knechts. Hier auseinander dividieren zu wollen würde das prophetische Grundgesetz der Identität von JHWH und seinem Boten verletzen.

Diejenigen, denen die Sühne zugute kommt, sind die "wir" und die "vielen".

Doch wer ist der Empfänger der Sühne? M. E. ist es an diesem Punkt wegweisend zu sehen, daß ein solcher Empfänger ausdrücklich nicht genannt wird. Es ist hierbei auch bedeutsam, daß im Zusammenhang des stellvertretenden Sühneleidens des Gottesknechts nie davon gesprochen wird, daß Gott dies "fordert", sondern es ist von "Gefallen haben" die Rede: JHWH hat Gefallen daran[55]. Dieses Wort kommt aus der Opfersprache (Ps 51,18.21; sachlich schon 1Mo 8,21). Weite-

chen 1974, 213-221: 217). Insofern haben wir in 3Mo 5 die Vorgeschichte von Jes 53 vor uns.

53 J. Blank, Der leidende Gerechte, 67 (kursiv im Original); er nennt als Beispiele 53,4f; 53,11; 53,12.

54 Vgl. dazu auch H.-J. Hermisson (Gottesknechtslied, 21): "Stellvertretende Sühne des Einen für die Vielen" sei die Mitte der Aussage von Jes 53, die damit weit über das sonst im Zusammenhang Gesagte hinausgehe.

55 Die Übersetzung "planen" wird dem kultischen Gebrauch des Wortes in diesem Zusammenhang nicht genügend gerecht.

re kultische Begriff lassen sich finden[56]. Die hier in Jesaja 53 beschriebene Sühnehandlung ist ohne die alttestamentliche Opfertheologie nicht zu verstehen. Allein: hier ist das Opfer eine Person. Jes 53 ist ein Zeugnis für die innerhalb des Alten Testament vielfach zu findende "*grundlegende Personalisierung des Opfergedankens*"[57]. Sie ersetzt nicht notwendigerweise das Opfermittel, sondern stellt klar, daß die ganze Person unabtrennbar mit dem kultischen Vorgang verbunden ist.
Implizit ist nun von dieser Opfertheologie her auch etwas zum Adressat, zum Empfänger der Sühne zu sagen: Da es sich um einen Opfervorgang handelt, kann es hier nur um JHWH selbst gehen. Wichtig ist aber, daß dies nur sehr keusch und zwischen den Zeilen ausgesagt ist. Daran hat sich alttestamentliche Sühneterminologie zu halten. Und dieser Sachverhalt hebt nicht auf, daß JHWH zuallererst Subjekt der Sühne ist. Dies ist explizit gesagt.

3.3. Der Charakter des Sühneleidens in Jes 53

Es ist nun von Jes 53 her schlichtweg nicht haltbar, daß es sich bei der Sühne um ein rein positives Geschehen handelt[58]. Die - auch übrigens in der rahmenden Gottesrede - vorkommenden negativ gefüllten Begriffe sind unübersehbar und gar nicht im einzelnen alle aufzuzählen. Sühne geschieht um der Schuld willen (53,5.6.11); Sühne ist Zustand der Verlassenheit und Verachtung von Menschen (53,2.3); Sühne ist Todesleiden (53,8.9.12); Sühne ist stellvertretendes Strafleiden (53,5); Sühne ist Lebens-Opfer (53,10).
Aber in, mit und unter diesen negativen Begriffen ist auch die Sühne als Heilsgeschehen angesagt: Erhöhung des Sühnenden (52,13); Leben des Sühnenden (53,10.11); Frieden durch Sühne (53,5), Heilung des Lebens (53,5).

---

56 Vgl. die Beobachtungen unter 3.1.

57 J. Blank, Der leidende Gerechte, 68 (kursiv im Original). Man denke nur an die Spiritualisierung der Opferterminologie in der Psalmenfrömmigkeit (Ps 40,7-9; 51,18f), oder auch an die Opferkritik von 1Sam 15,22f und der Propheten (Am 4,4f; 5,21-27; Hos 3,4f; 8,11-14; Mi 6,6-8; Jes 43,22-28; Jer 6,16-21; 7,21-28).

58 Vgl. dagegen H. Gese (Die Sühne, 99): „In diesem Sinne hat die kultische Sühne allergrößte positive Bedeutung. Hier werden nicht einfach nur Sünden beseitigt, hier vollzieht sich keine Straftötung, ...“

Beide Dimensionen gehören in Jes 53 untrennbar zusammen, die alles überstrahlende ist allerdings, wie die Rahmung des Abschnitts auch deutlich signalisiert, der Heilsaspekt.
Für die Ausdifferenzierung der theologischen Aussagen zur Sühne in Jes 53 ist auch noch bedeutsam, den theologischen Gebrauch der Gottesnamen zu vermerken: Aus menschlicher Sicht wird dieses Leiden als von "Gott" verursacht bezeichnet (53,4). Als stellvertretendes und sühnendes Strafleiden verstanden ist dann "JHWH" am Werk (53,6). Mit dieser Unterscheidung ist eine wichtige Aussage getroffen: Die Außensicht der Sühne ist immer eine unbegreifliche. Sie kann vom Menschen, von den „Wir“ nicht nachvollzogen werden. In diesem Sinne muß es nicht verwundern, daß es kritisiert, abgelehnt, eliminiert wird. Aber eine solche Sicht des Heils Gottes ohne stellvertretende Sühne der Schuld offenbart auch noch nicht das Geheimnis JHWHs. Es kommt in seinem Wirken im stellvertretenden Sühneleiden erst zum Ziel. Hier offenbart er sein Wesen als dynamisch sich erweisender, mitgehender Gott Israels.

4. Fazit: Jesaja 53 als Zentraltext zur Sühne

Alle aufgelisteten Beobachtungen verdichten sich zu dem Bild, daß Jesaja 53 von Sühne spricht - und das in einer Dichte und Zuspitzung, wie sie kein anderer Text des Alten Testaments so bietet.
In diesem Gottesknechtslied wird das stellvertretende Leiden des Knechtes JHWHs in Gottesrede, variiert durch bekenntnishafte Sprache[59], erzählt. Der Knecht ist in einem unendlich nahen Verhältnis zu JHWH, auch wenn sich äußerlich für die begrenzte menschliche Sicht nicht dieser Eindruck aufdrängt. Ihm kommt gleichzeitig die Rolle eines Vermittlers zu, durch den die Sühne zu den Vielen gebracht wird.
Wird Jes 53 als sühnetheologisches Zeugnis anerkannt, so wird doch immer wieder darauf verwiesen, daß Jes 53 sehr speziell und differenziert im Neuen Testament aufgenommen worden sei. Gerade die Strafe als Begriff sei in den christologischen Aussagen, die von Jes 53 her geprägt sind, nie explizit erwähnt. Jes 53,5b sei also neutestamentlich ausgeklammert worden. Hier wird man fragen müssen, ob eine solche

[59] Das "Wir" der Bekennenden wirkt hinein bis in die apostolische Sprache (W. Grimm, Deuterojesaja, 431).

Argumentation auf dem Hintergrund jüdischer Zitationsgewohnheiten und frühchristlichem Schriftbeweis überhaupt haltbar ist. Man hat immer abgekürzt zitiert mit dem Blick für und dem Wissen um den Kontext. Dazu ist zu erwähnen, daß Jes 53,5b eine Verbindung von zwei Worten an dieser Stelle benützt, in der ein weiteres Wort unauflöslich mit dem Wort "Strafe" verbunden ist, das neutestamentlich für die Sühnetheologie eine unschätzbar große Rolle spielt: "Friede" (z. B. Röm 5,1).

Das Neue Testament deutet den Messias und seine Sühnetat grundlegend vom Alten Testament her. Was mit Christus geschah, ist "nach den Schriften" (1Kor 15,3f) geschehen. Die Schrift und dort besonders Jes 53 ist nicht nur exegetisches Hilfsmittel neutestamentlicher Christologie, sondern wirkendes Wort.

Die Auslegung von Jes 53 als Text zur Sühne ist im Neuen Testament ganz breit verankert. Zentralste neutestamentliche Formeln und Überlieferungsgüter sind von Jes 53 her geprägt: 1Kor 15,3f[60] zum Beispiel oder auch Mk 10,45 par[61]. "Für uns", "für uns gegeben", alle solche Formulierungen sind ohne den Hintergrund von Jes 53,5 undenkbar.

Und dieser spezielle Blick auf die Christologie ist von Jes 53 her wie von keinem anderen Abschnitt des Alten Testaments möglich. Kein Wunder, daß ausgehend von den Propheten[62] den Emmausjüngern die Augen aufgehen über das, was Christus für sie getan hat (Lk 24,25-27). Kein Wunder, daß Philippus gerade von ihm her das Evangelium von der Sühne und Stellvertretung Christi typisch entfalten konnte (Apg 8,34f). Und das nicht nur in dem uneigentlichen Sinn, daß er Jes 53 als Sprungbrett für die neutestamentliche Christologie genutzt

---

60 Zu den Bezügen zwischen Jes 53 und 1Kor 15,3ff im einzelnen vgl. O. Hofius, Das vierte Gottesknechtslied in den Briefen des Neuen Testaments, in: B. Janowski, P. Stuhlmacher (Hrsg.), Der leidende Gottesknecht. Jesaja 53 und seine Wirkungsgeschichte, Tübingen 1996, 107-127: 118 (auch besonders Anm. 56).

61 F. Hahn, Christologische Hoheitstitel - ihre Geschichte im frühen Christentum, Göttingen 1963, 54-66; Hahn nimmt allerdings an, daß es sich dabei um eine späte Tradition handelt, die Mk und nicht Jesus zuzuschreiben ist. Vgl. auch E. Lohse, Märtyrer und Gottesknecht. Untersuchungen zur urchristlichen Verkündigung vom Sühntod Jesu Christi, Göttingen ²1963, 110ff.

62 Vgl. Lk 24,25: "... zu glauben allem, was die Propheten sagten".

hätte[63]. Sondern Philippus beantwortet Fragen um Jesaja 53 mit der Christuspredigt. Insofern ist Jes 53 messianische Verheißung[64]. Folglich werden auch Auslegung und Predigt über Jesaja 53 notwendigerweise[65] immer Rede von Sühne und Stellvertretung Jesu Christi sein[66].

---

63 So zu blaß B. Janowski (Er trug unsere Sünden, 325f.). Jes 53 ist nicht nur "Ausgangspunkt" der Verkündigung, sondern Predigttext. Und die Predigt des Philippus war eine Homilie!

64 Zur unhaltbaren Alternative von abzulehnender messianischer Verheißung, aber Predigt von Christus her vgl. H. D. Preuß, Das Alte Testament in christlicher Predigt, Stuttgart u.a. 1984, 202-204. Gegen Preuß ist diese Unterscheidung als künstlich abzulehnen.

65 Und nicht nur, bei aller Hochachtung vor der von G. v. Rad formulierten Ehrlichkeit in bezug auf das exegetische Dilemma, als ein subjektiv zu treffender Entschluß des Predigers (gegen G. v. Rad, Predigt-Meditationen, 77). Die ungelöste historische Frage (wer war der Gottesknecht?) verpflichtet mit zur christologischen Auslegung.

66 Beispielhaft geschehen in einer Predigt von T. Sorg, nachzulesen bei T. Sorg, P. Stuhlmacher, Das Wort vom Kreuz. Zur Predigt am Karfreitag, Stuttgart 1996, 93-101 (bes. 95).

Zur Deutung des Todes Jesu in den Evangelien

von Volker Gäckle

1. Die synoptischen Evangelien

Fragt man in den synoptischen Evangelien nach dem „Warum“ des Todes Jesu, so überrascht zunächst die geringe Zahl einschlägiger Aussagen. Während sich im Johannesevangelium Hinweise und Deutungen des Todes Jesu von Anfang bis Ende wie ein roter Faden durchziehen, begnügen sich die synoptischen Evangelien mit einigen wenigen Hinweisen[1]. Dies kann nur mit dem Umstand erklärt werden, daß die in den wenigen Belegen gebotene Deutung im Entstehungszeitraum der Evangelien unumstritten war. Dieser Konsens ist nun seinerseits ein Hinweis auf die Eindeutigkeit, mit der Jesus selbst seinen bevorstehenden Tod gedeutet hat. Von einer Vielzahl konkurrierender Deutungen des Todes Jesu, wie in der Forschung immer wieder behauptet wird, sind die Evangelien jedenfalls weit entfernt. Was wir finden, sind eine Reihe unterschiedlicher Bilder, die sich ergänzen und die verschiedenen Aspekte des Kreuzesgeschehens zum Ausdruck bringen.

Die folgende Untersuchung wird am Markusevangelium entlanggehen. Damit ist kein Urteil im Blick die Frage der chronologischen Entstehung der Evangelien beabsichtigt. Da sich aber die aktuelle Diskussion vor allem um die markinischen Belege dreht, liegt es nahe, sich auf dieses Evangelium zu konzentrieren. Als klassische Belege, in denen Jesus den Sinn seines bevorstehenden Todes erläutert, gelten das Lösegeldwort (Mt 20,28; Mk 10,45) und das Kelchwort beim Abendmahl (Mt 26,27f.; Mk 14,24; Lk 22,20)[2]. Darüber hinaus

---

1 Freilich handelt es sich um mehr als um das Lösegeldwort (Mk 10,45/Mt 20,28) und das Kelchwort beim Abendmahl (Mk 14,24parr). Auch die oft geäußerte These, das Lukasevangelium würde dem Tod Jesu überhaupt keine Bedeutung beimessen, kann bei genauerem Hinsehen nicht aufrecht erhalten werden (vgl. Exkurs).

2 Natürlich wird die Echtheit beider Jesus-Worte genauso heftig verfochten wie bestritten (Ein Überblick über die jeweiligen Argumente bietet die Auseinandersetzung W. Zagers mit der Auslegung der beiden Stellen durch P. Stuhlmacher in

sollen zwei weitere Texte untersucht werden, das Getsemane-Gebet Jesu (Mk 14,36 parr; Joh 18,11) und die Beschreibung der Kreuzigung (Mk 15,33-39 parr), in denen ebenfalls der Tod Jesu ausgelegt wird.

1.1. Das Lösegeldwort (Mk 10,45par)

Dieses Wort ergeht im Rahmen der beiden Evangelien nicht unvermittelt, sondern knüpft an die drei Leidensvorhersagen an, mit denen Jesus seine Jünger auf sein bevorstehendes Todesgeschick vorbereiten wollte (Mk 8,31par; 9,31par; 10,33f. parr). Das Wort bildet an dieser Stelle sozusagen den Höhepunkt dieser Leidenshinweise, indem es den verborgenen Sinn des Leidens Jesu enthüllt. Danach gipfelt die Sendung des Menschensohns in der stellvertretenden Lebenshingabe als „Lösegeld" für „die Vielen". Die Bedeutung des Wortes muß von diesen beiden letzten Begriffen her entschlüsselt werden.
Während eine weitgehende Einigkeit darüber besteht, daß die Wendung „für die Vielen" auf Jes 53,11f. zurückgeht und einen Hinweis auf den leidenden Gottesknecht darstellt, ist die Deutung des Begriffs „Lösegeld" (griech. λύτρον = *lytron*) umstritten[3].

ZNW 87, Jg. 1996, 165-186; zu Mk 10,45 vgl. auch W. Grimm, Weil ich dich liebe. Die Verkündigung Jesu und Deuterojesaja, Frankfurt 1976, 231f.). Wenn wir im Rahmen dieser Untersuchung auf eine Klärung der Echtheitsfragen verzichten, so zum einen deshalb, weil sich mit Hilfe der Methode, mittels derer die Echtheit von Jesus-Worten in Frage gestellt wurde, ebenso gut ihre Echtheit erweisen läßt und umgekehrt. Eine Methode aber, mit der sich alles und auch das Gegenteil beweisen läßt, hat die Bezeichnung „Methode" nicht verdient. Zum anderen gehen wir vom hermeneutischen Grundsatz aus, daß „die ganze Schrift von Gott eingehaucht" ist (2Tim 3,16). Damit ist die Frage nach der Echtheit von Jesus-Worten zwar noch nicht erledigt, aber es verbietet sich von diesem Grundsatz her, unter den Aussagen „Werturteile" zu treffen, wie sie mit der Qualifikation „primär" bzw. „sekundär" unweigerlich verbunden ist. Dagegen leitet dieser Grundsatz uns an, allen Belegen die gleiche Wertschätzung entgegenzubringen, gleich, ob es sich um ein Jesus-Wort oder um eine Information oder Deutung des Evangelisten handelt.

3 Verschiedentlich wurde versucht, das stellvertretende Leiden der jüdischen Märtyrer zur Makkabäerzeit (2Makk 7,37f.; 4Makk 6,27ff.; 17,21f.) als Deutungsgrundlage dieser Stellvertretungsaussage heranzuziehen. Angesichts der wesentlich breiteren und älteren Tradition von „Loskauf"-Aussagen im Alten Testament erscheint diese Herleitung jedoch eher unwahrscheinlich, vom theologischen Aussagegehalt einmal ganz abgesehen (vgl. zur exegetischen Diskussion W. Grimm, a.a.O., 234-238).

W. Grimm versucht den Nachweis zu führen, daß im Hintergrund des „Lösegeld-Begriffs“ der hebräische Text von Jes 43,3f. steht[4]. Hier bezahlt Gott selbst für Israel ein Lösegeld, um es analog zum Auszug aus der Knechtschaft in Ägypten nun auch aus der babylonischen Gefangenschaft zu befreien. Das Lösegeld für Israel bilden hier fremde Völker, also Menschen. Der Hintergrund ist, daß anstelle Israels nun diese Völker der Macht des persischen Königs Kyros unterworfen werden, der somit zum Empfänger des „Lösegeldes“ wird (vgl. auch Jes 45,14.17).

Gegen diese Herleitung spricht jedoch, daß der Sachzusammenhang von Jes 43,3f. ein anderer ist als in Mk 10,45. Während es hier um die stellvertretende Lebenshingabe Jesu für Individuen geht, die ansonsten dem ewigen Todesgericht verfallen wären, geht es dort um die Auslösung aus einem Vasallitäts- bzw. Knechtschaftsverhältnis eines Volkes analog zum antiken Sklavenloskauf. Eine unmittelbare Bedrohung durch den Tod bestand weder für das nun losgekaufte Israel noch für die nun in die Knechtschaft gegebenen Völker[5]. Genau diese stellvertretende Übernahme des Todes ist aber der Kern der Lösegeldaussage von Mk 10,45. Der „Menschensohn“ gibt stellvertretend sein Leben (griech. ψυχή =*psyche*).

Zum anderen muß in Jes 43,3f. anhand von Jes 45,14 stillschweigend der persische König Kyros als Empfänger des Lösegeldes eingesetzt werden, was sich mit Mk 10,45 kaum verträgt, da hier - wie Grimm richtig bemerkt - kein menschlicher Empfänger des Lösegeldes in Frage kommt.

Beide Sachverhalte - stellvertretende Übernahme des Todes und Gott als Empfänger des Lösegeldes - werden hingegen in Ps 49,8-10 ange-

---

4 W. Grimm, a.a.O., 231-262. Grimm sieht in der Wendung λύτρον ἀντὶ (=*lytron anti*) die Wiedergabe der hebr. כֹּפֶר*(=kopaer)* und תַּחַת (=*tachat)* aus Jes 43,3.

5 Die Wendung „für dein Leben“ (hebr. תַּחַת נַפְשֶׁךָ= *tachat nafschecha*) in V.4b setzt nur insofern den Todeshorizont voraus, als für Israel das Leben im Vollsinn nur in der Gegenwart Gottes, konkret im heiligen Land in der Nähe des Tempels, möglich war. Man könnte höchstens mit Grimm von „Leben und Tod im uneigentlichen Sinn“ reden (a.a.O., 240), weil die betroffenen Völker ihrer Freiheit und damit ihrer Lebensqualität beraubt wurden. Vom Tod im eigentlichen Sinn wird erst in der jüdischen Auslegung dieser Stelle gesprochen. In Mekh 21,30; ShemR 11 zu Ex 8,19 und SifDev 333 zu Dtn 32,43 ist in Auslegung von Jes 43,3f. davon die Rede, daß die Heidenvölker im Endgericht als Lösegeld für und anstelle Israels in die Hölle und den ewigen Tod geworfen werden.

sprochen[6]. Auch hier ist der Sachzusammenhang die Lebensstellvertretung eines Einzelnen für einen oder mehrere andere - freilich in negativer Weise:

V. 8: Ein Mann kann nicht seinen Bruder loskaufen (MT: פדה = *padah*; LXX: λυτρόω), er kann Gott nicht sein Sühnegeld (Masoretischer Text [MT]: כֹּפֶר = *kopaer*; Septuaginta [LXX]: ἐξίλασμα = *exilasma*) geben, -
V. 9: es kostet zuviel Lösegeld (MT: פִּדְיוֹן = *pidjon*; LXX: τιμὴν τῆς λυτρώσεος) für ihre Seele (נַפְשָׁם, von *näfäsch*), er muß davon abstehen ewiglich, -
V. 10: so daß er ewig lebt und nicht die Grube sieht.[7]

B. Janowski ist zuzustimmen, daß es hier nicht (wie in Hi 33,24) darum geht, „ob das verwirkte individuelle Leben in einer akuten Notlage und d.h.: noch einmal vor dem Tode bewahrt werden kann, sondern vielmehr um die Frage, ob durch die Erstattung eines *kopaer* Errettung vom Todesgeschick überhaupt möglich ist“ (kursiv bei Janowski)[8]. Der Psalm verneint diese Frage. Der Kontext macht deutlich, daß es dem Menschen prinzipiell unmöglich ist, sich selbst bei Gott mittels materiellem Reichtum von seiner Todesverfallenheit frei-

---

6 Diese Stelle kommt bei Grimm aufgrund seiner Suchkriterien gar nicht erst in Frage. Explizit ist hier vom Leben bzw. der Seele der auszulösenden Menschen die Rede (hebr. נַפְשָׁם= *nafscham*). Die Bedeutung von Ps 49,8 in der jüdischen Theologie wird von Grimm (a.a.O., 242ff.) unterstrichen. In Mekh 21,30; ShemR 11 zu Ex 8,19 und S.Dt 222 zu Dtn 32,43 wird die Psalmstelle im Zusammenhang mit Jes 43,3f. ausgelegt und zwar so, daß letztere Stelle die große Ausnahme der von Ps 49 her unmöglichen Auslösung menschlichen Lebens aus dem Tode darstellt: Die Heiden werden für Israel als Sühnegeld gegeben, damit dieses aus dem verhängten Tode erlöst wird. Die Inkongruenz dieser jüdischen Auslegung zum Lösegeldwort Jesu ist deutlich. Grimm meint nun (a.a.O., 247), daß Jesus analog zum Judentum in Mk 8,37 als negative Feststellung die Psalmstelle aufnimmt und in Mk 10,45 als positive Antwort Jes 43,3f. zitiert. Die Probleme dieser Bezugnahme wurden schon genannt. Viel wahrscheinlicher ist eine ständige Bezugnahme Jesu auf Ps 49,8f. Von daher wurde das Lösegeldwort auch von Paulus verstanden, als er es in 1Tim 2,5f. in gräzisierter Form zitiert.

7 V.9 bildet einen erklärenden Einschub zu V.8. V.10 nimmt wieder den Faden von V. 8 auf.

8 B. Janowski, Auslösung des verwirkten Lebens, in: Gottes Gegenwart in Israel: Beiträge zur Theologie des Alten Testaments, Neukirchen-Vluyn 1993, 32.

zukaufen[9]: „Es kostet zuviel...!“ Allerdings wird dieser dem Menschen unmögliche Loskauf des Lebens aus dem Tod in V.16 von Gott selbst erwartet. Hier wird die nicht näher begründete Hoffnung laut, daß Jahwe dem Frommen seine Gemeinschaft auch über den Tod hinaus gewährt.

Deutlich wird an diesem Psalm auch, daß die Frage des Empfängers des Löse- bzw. Sühnegeldes nicht nebulös bleibt. Wenn dem Menschen eine derartige Ersatzleistung möglich wäre, müßte er sie Gott selbst geben[10].

Daß Ps 49,8f. auch darüber hinaus eine Bedeutung für Jesus hatte wird in Mk 8,37/Mt 16,26 deutlich. Hier - interessanterweise im Zusammenhang der ersten Leidensvorhersage - nimmt Jesus Ps 49,8f. positiv auf: Wer sein Leben an materiellen Reichtum und Gewinn hängt (vgl. Ps 49,7), wird sein Leben (ψυχή) verlieren, denn er hat keinen Gegenwert (ἀντάλλαγμα = *antallagma*) mehr, den er „geben“ könnte. Als Empfänger des Gegenwerts wird hier offensichtlich Gott selbst vorausgesetzt, denn in V.38 tritt der „Menschensohn“ als möglicher Fürsprecher der Menschen im Endgericht vor seinem Vater auf. Der einzig mögliche „Gegenwert“ ist demnach die Lebenshingabe an Christus in der Nachfolge und im Bekenntnis zu ihm.

Aus der Perspektive des Kreuzes ist Mk 10,45 geradezu der Kommentar zu diesem Nachfolgewort in Mk 8,37. Die Bindung an Christus in der Nachfolge hat nur deshalb eine rettende Wirkung im Endgericht, weil Christus sich selbst als „Sühnegeld“ (Ps 49,8), „Lösegeld“ (Mk 10,45; 1Tim 2,6) bzw. als „Gegenwert“ (Mk 8,37par) gegeben hat.

Erkennt man in Ps 49,8f. neben Jes 53 den Deutungshintergrund des Lösegeldwortes, so ergibt sich ein klarer Sinn. Der Beter von Ps 49 kann sich angesichts der Unmöglichkeit menschlicher Selbsterlösung (V.9) nur an der Hoffnung festhalten, daß Gott selbst ihn aus dem Tode loskauft. Die „alttestamentliche Lösegeldvorstellung [... ist ...] mit

---

9 Dies war im profanen Kontext offenbar des öfteren nötig, vgl. Spr 13,8.

10 Dies wird auch sonst im Zusammenhang des *kopaer* -Begriffs deutlich: Vgl. 2Mo 21,30; 30,12; Hi 33,24. Allerdings ist anzumerken, daß es keinen neutestamentlichen Beleg gibt, der Gott ausdrücklich als Adressaten des Sühnegeldes bzw. überhaupt des Sühneopfers Jesu benennt. So sehr diese Schlußfolgerung auch angedeutet wird, so groß war die Scheu der neutestamentlichen Autoren davor, dieses Geheimnis auszusprechen. Es bleibt beim göttlichen „muß“ des Todes Jesu. Darüber hinaus herrscht Schweigen.

dem Abweis einer Selbsterlösung des Menschen an eine innere Grenze gelangt“[11]. An dieser heilsgeschichtlichen Schwelle tritt nun Christus als Mittler[12] sein Erlösungswerk an. Er gibt analog zum Gottesknecht in Jes 53 sein Leben bzw. sich selbst Gott als „Sühnegeld“ in Stellvertretung „für die vielen“. Diese können in der nachfolgenden Lebenshingabe und im Bekenntnis zu Christus daran Anteil gewinnen und im Endgericht sich der Fürsprache Jesu vor seinem Vater gewiß sein (vgl. Mk 8,34ff.par).

1.2. Das Kelchwort beim Abendmahl (Mk 14,24parr)[13]

Die sühnetheologische Bedeutung der Abendmahlsworte wurde und wird immer wieder bestritten[14]. Es ist ein Verdienst von P. Stuhlmacher, die Verankerung der Abendmahlsworte, v.a. des Kelchwortes, im alttestamentlichen Sühnegeschehen neu deutlich gemacht zu haben[15]. So hat er den vielfachen Anschluß des Kelchwortes an alttestamentlichen Traditionen erwiesen. Zum einen die Bezugnahme des Kelchwortes auf das Bundesblut von 2Mo 24,8-11, mit dem Mose das Volk anläßlich des Bundesschlusses am Sinai besprengt. Daß Mose und seine Begleiter anschließend auf den Sinai steigen und trotz der

---

[11] B. Janowski, a.a.O. 38.

[12] In 1Tim 2,5f. findet sich eine gräzisierte Variante (ὑπὲρ πάντων statt ἀντὶ πολλῶν) des Lösegeldwortes Jesu und auch hier ist die Bezugnahme auf Ps 49,8 deutlich:
„... ein Mittler zwischen Gott und den Menschen,
nämlich der Mensch Christus Jesus,
der sich selbst als Lösegeld (griech. ἀντίλυτρον = *antilutron)* gegeben hat
für alle (ὑπὲρ πάντων = *hyper panton*)“.

[13] Die komplexe Überlieferungsgeschichte der Abendmahlsworte kann hier nicht zum Gegenstand der Untersuchung gemacht werden (vgl. hierzu P. Stuhlmacher, Biblische Theologie des Neuen Testaments, Band 1: Grundlegung. Von Jesus zu Paulus, Göttingen 1992, 136f., sowie J. Jeremias, Die Abendmahlsworte Jesu, Göttingen [4]1967). Gewöhnlich werden eine Kurzform des Kelchworts bei Mt und Mk, sowie eine Langform bei Lk und Pls (1Kor 11,23ff.) unterschieden. Die Unterschiede zwischen den jeweiligen Einsetzungsworten sollten allerdings nicht überstrapaziert werden, da letztlich eine große sachliche Übereinstimmung zu beobachten ist. Die abschließende, singuläre Wendung „zur Vergebung der Sünden“ bei Mt ist die sachgemäße Auslegung der Sühnewirkung des Blutes Jesu und wenn bei Lk und Paulus anstelle des „für die Vielen“ das „für euch“ steht, so ist dies die ebenso sachgemäße Übersetzung der Stellvertretungsaussage aus Jes 53,11f. in die Situation der neutestamentlichen Gemeinde aus Juden *und Heiden* (vgl. Jes 52,15!).

[14] Vgl. K. Berger, Theologiegeschichte des Urchristentums, Tübingen/ Basel 1994, 285-287.

[15] P. Stuhlmacher, a.a.O., 130-143.

Gegenwart Gottes am Leben bleiben und das Bundesmahl essen konnten, wird schon im Judentum mit der sühnenden Wirkung des Bundesblutes begründet[16].

Ferner schließt die Rede vom neuen Bund an das prophetische Verheißungswort aus Jer 31,31-34 an. Danach gründet der neue Bund Gottes auf einem völlig einseitigen Vergebungsakt seitens Gottes (vgl. Mt 26,28 mit Jer 31,34).

Zum dritten steht auch mit der Wendung „für die Vielen" (Mt 26,28/Mk 14,24) wieder wie beim Lösegeldwort Jes 53,11f. Pate. Damit aber wird wie schon beim Lösegeldwort nicht nur auf die beiden letzten Verse des vierten Gottesknechtsliedes Bezug genommen, sondern eine Gesamtidentifikation Jesu mit dem leidenden Gottesknecht angedeutet. Jesus gibt wie jener sein Leben als „Schuldopfer" (vgl. אָשָׁם = *ascham* in Jes 53,10) bzw. als „Opferlamm" (53,7) in den Tod. Dieses Opfer erbringt er freiwillig (V. 7.10), unschuldig (V. 9), im Gehorsam gegen Gott und seinen Willen (V. 6.10), in Stellvertretung für „uns" (V.4f.) bzw. „die Vielen" (V.11f.) und als Strafgericht über „unsere Missetat" (V. 5.7).

Mit diesen Deutungskategorien sind die Abendmahlsworte selbst aber noch nicht erschöpft. Es wird oft nicht genügend in Rechnung gestellt, daß es ein Passamahl war, das Jesus hier mit seinen Jüngern beging[17]. A. Pohl hat darauf hingewiesen, wie auffällig detailliert die Vorbereitung und Durchführung des letzten Mahles im Markusevangelium geschildert wird, von der Angabe des Datums (14,12), über die Suche nach dem Abendmahlsraum und dessen ungewöhnlich genaue Beschreibung (14,15), die Betonung der Abendzeit (14,17), dem liturgischen Rahmen des Mahles bis hin zu den Abendmahlsworten selbst, die Jesus im Rahmen der üblichen Passaliturgie sprach[18]. Da-

---

16 Strack-Billerbeck I, 991; vgl. Stuhlmacher, a.a.O., 137 (mit Hinweis auf die Targume Onkelos und Jer I).

17 Vgl. zur Diskussion „Todafeier contra Passamahl" M. Hirschmüller, Das Abschiedsmahl Jesu (Lk 22,14-20), in R. Albrecht, M. Hirschmüller, W. Becker, Schmecket und sehet. Das Abendmahl in biblischer, dogmatischer und liturgischer Perspektive, Tübingen 1994, 21f. (Anm. 1), sowie 29-33. Ebenso die ausführliche Untersuchung von J. Jeremias, Die Abendmahlsworte Jesu, ^{4}1967, sowie ders., Ist das Dankopfermahl der Ursprung des Herrenmahls?, in: E. Bammel, C.K. Barrett, W.D. Davies, Donum Gentilicium. New Testament Studies in Honour of David Daube, Oxford 1978, 64-67.

18 A. Pohl, Vom Dolmetschen der Bedeutung des Kreuzestodes Jesu Christi, in: Christsein Heute forum Nr. 92, Witten o.J., 5.

mit soll deutlich werden, daß sich Jesus selbst in erster Linie als das wahre Passalamm verstand. Es läßt sich für diese Deutung ein weiterer Grund anführen: Während die Mehrzahl der sühnenden Opfer verbrannt wurden, wurde das Passalamm von den Feiernden selbst verzehrt (vgl. 2Mo 12,8f.). Wenn Jesus sich selbst als das wahre Passalamm verstand, dann bekommt das sog. Brotwort in Mt 26,26 einen klaren Sinn: „Nehmet, esset! Das ist mein Leib[19] (im Sinne: das Fleisch des wahren Passalamms) ...“. Daß mit dem „Leib“ das Fleisch bezeichnet wird, ergibt sich auch aus der vorauslaufenden Auslegung der Abendmahlsworte durch Jesus selbst in Joh 6,51-56. Schließlich gibt es für die Deutung Jesu als das wahre Passalamm auch eine breite neutestamentliche Tradition (vgl. Joh 1,29.36; 19,36; 1Kor 5,7f.; 1Petr 1,19; Offb 5,6).

Es wird an dieser Stelle oft eingewendet, daß das Passalamm streng genommen kein Sühneopfer darstellt. Richtig ist, daß das Passalamm kein kultisches Sühneopfer darstellt, wie es in Lev 4f. und Lev 16 eingesetzt ist.

Aber schon in 5Mo 16,2.4-6 wird das Passalamm als „Opfer“ (hebr. זֶבַח = *zävach*) bezeichnet und in 2Chr 10,16; 35,11, im Zusammenhang mit der Reform des Passafestes durch Hiskia, ist von einer rituellen Blutsprengung mit dem Blut des Passalamms die Rede[20]. Es besteht darüber hinaus eine große Wahrscheinlichkeit, daß das Passaopfer zur Zeit Jesu eine sühnende Wirkung besaß[21]. Diese jüdische Auslegung des Passa erscheint vom Kontext der Passaeinsetzung in

---

19 Nach J. Jeremias, a.a.O., 191-194, steht hinter dem griech. Begriff σῶμα (=*soma* = Leib) das hebr. Äquivalent בָּשָׂר (=*basar* =„Fleisch“).

20 Vgl. auch Jub 49,15.20.

21 Darauf machte bereits J. Jeremias aufmerksam (a.a.O., 216f. ; im Anschluß an ihn auch Knöppler, Die theologia crucis des Johannesevangeliums, Neukirchen 1994, 84f. Anm. 106). Er weist zunächst auf die strukturelle Ähnlichkeit zum Sühneopfer hin, da auch die geschlachteten Passalämmer die Verschonung bewirkten (216). Vor allem stützt sich Jeremias auf Belege der rabbinischen Literatur, in denen deutlich von der Sühnewirkung des Passablutes die Rede ist. So heißt es im Midrasch ShemR 15,13 zu 2Mo 12,2 hin: „Ich sehe das Passablut und schaffe euch Sühne.“ Es handelt sich dabei um einen Ausspruch des um 150 nChr lebenden Tannaiten Rabbi Meir (217; vgl. auch ShemR 15,13 zu 2Mo 12,8: „Aber ich tue euch kund, wie ich euer in Barmherzigkeit schone um des Passablutes und des Beschneidungsblutes willen und schaffe euch Sühne.“). Als Belege für die erlösende Wirkung des Passablutes führt er Pirqe R. Äliäzär 29 (Ed. Warschau 1878, 51) und Mekh Ex 12, 6 an. Knöppler fügt noch Jos, Ant 11,312 an, wo die sühnetheologische Wendung „mit dem Blut heiligen“ für das Passablut belegt ist.

2Mo 12 her als stringent: Das Blut des Lammes am Türpfosten verschont die Bewohner des Hauses vor dem Strafgericht Gottes (12,12.23). Analog zum großen Versöhnungstag, bei dem die Opfer Sühne für konkrete Sünden schaffen, bewirkt das Passablut die Verschonung aller Israeliten vor dem Strafgericht Gottes.
Durch die Einsetzungsworte Jesu und seine Identifikation mit dem Passalamm wird das Grunddatum der Existenz Israels, nämlich die gnadenhafte Verschonung vor dem Straf- und Zorngericht Gottes, nun auch zum Grunddatum der Gemeinde des neuen Bundes. Das Blut, das Jesus am Kreuz „für die Vielen" vergießt und an dem er im letzten Mahl seinen Jüngern Anteil gibt, hat eine umfassende Sühnewirkung, weil es die Verschonung vor dem Tode im eschatologischen Gericht Gottes bewirkt[22].

1.3. Das Kelchwort in Getsemane[23] (Mt 26,39parr; Joh 18,11)

Es wird zwar weitgehend anerkannt, daß Jesus durch den Gebrauch der Kelchmetapher eine Deutung seiner Passion gibt. Allerdings scheint die Metapher selbst nicht eindeutig zu sein, so daß eine Mehrzahl moderner Exegeten den Kelch auf das kommende Leidensgeschick deuten, das Jesus vor Augen hatte. Allerdings steht hier bereits die Auslegungsgeschichte dieses Kelchworts selbst Pate. Der Kelch als Bild des Leidens und Todes verdankt sich der christlichen Tradition, die im wesentlichen in der Getsemaneerzählung gründet[24].
Fragt man dagegen nach der Bedeutung des Begriffs im Alten Testament und im antiken Judentum, so ist man von der Eindeutigkeit der Verwendung überrascht. In der LXX findet sich das Wort „Kelch" (ποτήριον = *poterion*) 32mal, davon 30mal als Übersetzung des hebr. Begriffs כוס (=*kos*). Bei letzterem überwiegt wiederum die metaphorische Verwendung. Nur 12mal wird ein Trinkgefäß im unmittelbaren

---

22 M. Hirschmüller, a.a.O., 44f.

23 Erfreulicherweise gibt es über diesen Text eine ausführliche Untersuchung von R. Feldmeier (Die Krisis des Gottessohns. Die Getsemaneerzählung als Schlüssel der Markuspassion (WUNT II/21), Tübingen 1987), die in aller wünschenswerten Deutlichkeit auf unsere Fragestellung eingeht und daher im folgenden referiert werden soll.

24 In den Targumim wird bei zwei Dritteln der Belege (11mal) der Begriff durch deutende Zusätze wie „Fluchkelch", „Kelch des Fluchweins", „Kelch des Zornesweins", „Strafkelch" usw. bestimmt (Feldmeier, a.a.O., 175).

Sinn bezeichnet, 19mal dagegen wird es metaphorisch verwendet. „Und hier fällt wieder auf, daß die Metapher nur zweimal einen positiven Sinn hat[25], dagegen 17mal Gottes (Zorn-)Gericht und das daraus resultierende Unheil ausgedrückt: Von Gott selbst zugeteilt (Ps 11,6; 75,8f.; Hab 2,16; Jes 51,17.22; Jer 49,12; Hes 23,31) muß dieser Kelch getrunken werden, und zwar bis zum bitteren (Hefe-)Ende (Ps 75,8f; Jer 25,28; 49,12; Hes 23,32.34). Er macht die Betroffenen toll und läßt sie taumeln (Jer 25,15f.17; 51,7; Klgl 4,21; Hab 2,16), weshalb er auch 'Taumelbecher' heißen kann (Jes 51,17.22).“[26] „Das Bild ist überall in der gleichen großartigen Weise durchgeführt: die strafende Tätigkeit des Gottesrichters erscheint als Herumreichen eines Bechers mit unheimlich wirkendem Wein.“[27] Von der prophetischen Tradition ist die Kelchmetapher eindeutig bestimmt: „Das Widerfahrnis des Leidens wird als Gottes Gericht qualifiziert, das vor Schrekken und Entsetzen taumeln läßt, das das Leben der Macht des bösen, von Gott trennenden Todes ausliefert.“[28]

Auch im Judentum setzt sich dieser Bildgebrauch in Verbindung mit dem Gottesgericht fort (PsSal 8,14f.; 1QpHab 11,10.14 zu Hab 2,15f.; 4QpNah 4,5f.). Die Vermutung, daß sich der Begriff „abgeschliffen“ habe und nur mehr das bloße negative Geschick eines Menschen bezeichne, findet keinen Anhalt in den Belegen.[29]

Im Neuen Testament wird die Metapher außer in 1Kor 10,21 (wo sich das Bild auf den Abendmahlskelch bezieht) sonst nur noch in der Offenbarung verwendet und hier in eindeutiger Kontinuität zur alttestamentlich-jüdischen Tradition. Die sieben über die Erde ausgegossenen Zornesschalen sind Ausdruck des göttlichen Zorns und Gerichts (Offb 14,10; 16,19; 18,6). Der Kontext des Gerichts bleibt auch dann bestehen, wenn der Kelch von widergöttlichen Mächten gereicht wird (Offb 17,4).

Dem Fazit, daß das Kelchwort in Mk 14,36par sich auf den Zorn und die Strafe Gottes bezieht, die Jesus stellvertretend zu tragen hat, steht scheinbar nur Mk 10,38 entgegen. Denn hier wird auch den beiden Zebedaiden angekündigt, daß sie den Kelch Jesu trinken werden.

---

25 Ps 16,5; 116,13. Allerdings bezieht sich der Begriff auch hier auf das von Gott zugesprochene, heilvolle Urteil, setzt also einen forensischen Kontext voraus.

26 R. Feldmeier, a.a.O., 177.

27 T. Klausner, Art. „Becher“, in: RAC II, 48.

28 R. Feldmeier, a.a.O., 179.

29 Ebd., 181.

Folglich wird dieser Beleg entsprechend oft als Einwand angeführt, daß es sich nicht um den Zorneskelch Gottes handeln kann.
Aber Feldmeier kontert diesen Einwand mit dem Hinweis, daß auch in der Zebedaidenszene die Kelchmetapher in gleicher Weise verstanden werden kann[30]. Auch in 1Petr 4,17-19 wird das Leiden der Christen als Beginn des göttlichen Gerichts über den Kosmos gedeutet, wobei dieses Gericht seinen Anlaß nicht in einer konkreten Verschuldung der Gemeinde und ihrer Glieder hat, sondern als Teilhabe am Leiden Christi verstanden wird (1Petr 4,13.16). In gleicher Weise fordert Jesus seine Jünger auf, ihr Kreuz zu tragen (Mk 8,34; vgl. auch 10,21; Lk 14,27), ohne damit eine heilswirkende Funktion zu verbinden. Es geht auch hier um die Teilhabe am Leiden Christi[31].
Das entscheidende Argument aber ist die Parallelität der Kelchmetapher zur Taufe. Schon im Alten Testament ist das Eingetauchtwerden in die Wasserwogen ein Gerichtsgeschehen (vgl. 2Mo 14,26-31; Jes 43,2). Wird in Jes 43,2 noch die Bewahrung vor den Gerichtselementen Wasser und Feuer verheißen, so werden sie im Neuen Testament gerade zu den Instrumenten der Taufe Jesu (Mt 3,11/Lk 3,16). Schließlich hat Jesus seine eigene Todestaufe nach Lk 12,49f. als ein Gerichtsgeschehen verstanden[32].
Der Unterschied zwischen Jesus und den Zebedaiden besteht in Mk 10,38 einzig in der Tatsache, daß das Gericht über Jesus stellvertretend für den Kosmos geschieht. Dagegen bedeutet das Gericht, das den Zebedaiden verheißen ist, zum einen das Betroffensein vom Gericht über den Kosmos und zum anderen die Anteilhabe an den Leiden Christi, die er im Zorngericht Gottes erlitten hat (vgl. Phil 3,10; Kol 1,24; 1Thess 3,3; 2Tim 3,12).
Ebenso wie das Kreuz und die Taufe bekommt auch die Kelchmetapher bei der Übertragung auf die Jünger einen anderen Schwerpunkt. Es ist nun kein heilschaffendes Geschehen mehr, sondern ein Teilnehmen am Leiden Christen[33].

30 Ebd., 183.

31 Auch Paulus versteht seine Kreuzestheologie in gleicher Weise (vgl. Gal 6,14.17).

32 G. Stählin, Art. „οργή“, in: ThWNT V, 466: Die Taufe ist nur rettend, „insofern sie das Zorngericht in einem Bilde vorwegnimmt, das mehr ist als ein Bild, und mit dieser Vorwegnahme die Abwendung des Gerichts selbst zuspricht.“

33 Die Pointe der Kelchmetapher in Mk 10,38 besteht daher „in the fact of judgement rather than in the mode of judgement“ (H.F. Bayer, Jesus Predictions of Vindication

Als Fazit kann daher gelten, was bereits von Luther, Pascal, J. Gerhard, Quenstedt, Zinzendorf und Barth gesehen wurde: Jesus sieht im Garten Getsemane angefochten dem Zorngericht Gottes entgegen, das er nach Gottes Willen am Kreuz stellvertretend für den Kosmos auf sich nehmen soll[34].

1.4. Die Ereignisse während der Kreuzigung (Mk 15,33-39 parr)

Die bisherigen Ergebnisse werden nochmals durch zwei Beobachtungen aus der Kreuzigungserzählung gedeckt. So läßt sich zum einen in Mk 15,33f. eine auffällige Parallelität zur Getsemaneerzählung, insbesondere zu Mk 14,36, feststellen. Während der Gerichtshorizont dort durch die Kelchmetapher eingeführt wird, geschieht dies in Mk 15,33 durch die Finsternis „über dem ganzen Land". Ebenso sehr wie die Frage der Echtheit dieser Notiz wird auch die Frage der Interpretation diskutiert. Daß es sich von der alttestamentlichen Prophetie her um ein endzeitliches Gerichtszeichen handelt[35], ist nicht bestritten. Die Frage ist nur, wem dieses Zeichen gilt: den Juden bzw. Römern, die stellvertretend für die gottfeindliche Welt Jesus kreuzigten, oder Jesus selbst? U. Sommer hat darauf aufmerksam gemacht, daß die Finsternis gerade nicht mit der Stunde der Kreuzigung beginnt, sondern erst drei Stunden danach eintritt, wohl aber mit dem Tod Jesu endet. Nimmt man diese Zeitangaben theologisch ernst, so läßt sich

---

and Resurrection. The provenance, meaning and correlation of the Synoptic predictions, WUNT II/20, Tübingen 1986, 127-129).

34 Feldmeier macht in den folgenden Kapiteln seiner Dissertation auf weitere Hinweise für die Deutung der Passion Jesu als Zorngericht aufmerksam. So weist er darauf hin, daß nicht nur nach alttestamentlicher Tradition, sondern überhaupt nach antikem Verständnis auf das Gebet Jesu eine göttliche Antwort zu erwarten wäre. Daß statt einer Antwort das „Schweigen Gottes" eintritt, kann alttestamentlich nur mit der klassischen Formel begriffen werden, daß „Gott sein Angesicht abgewandt bzw. verborgen hat" vor seinem Sohn. Dies aber wird alttestamentlich stets als Gericht, Verwerfung und Preisgabe an die gottfeindlichen Todesmächte verstanden (Feldmeier, a.a.O., 187ff.). Schließlich muß auch das „Dahingeben" (griech. παραδίδοναι = *paradidonai*) „in die Hände der Sünder" (Mk 14,41f.par; vgl. Mk 9,31par) in diesem Zusammenhang verstanden werden (ebd., 216-229). Nur weil Gott selbst Jesus „dahin- bzw. preisgegeben" hat, kann Judas ihn nun dem Hohepriester „preis- bzw. übergeben" (vgl. Röm 4,25; 8,32).

35 Vgl. v.a. Am 8,9; sowie Jes 5,30; 47,5; Jer 23,12; Hes 32,8; Joel 2,2; Am 5,18.20; Zeph 1,15.

diese Finsternis nur als Gericht über den stellvertretend die Schuld der Welt tragenden Gottessohn verstehen[36]. Dieses Gericht ist mit seinem Tod zum Ende gekommen. Das Leiden und der Tod Jesu stehen damit in Beziehung zum endzeitlichen Gericht, dem sog. „Jüngsten Gericht", das „für die Vielen" stellvertretend vorweggenommen wird, die Jesu Sühnetod im Glauben „für sich" geschehen sein lassen.

Die Parallelität zur Getsemaneerzählung wird auch dadurch unterstrichen, daß in die Dunkelheit der Schrei Jesu ergeht, daß er von Gott verlassen sei (V. 34). Während in Getsemane auf die Bitte Jesu das Schweigen des Vaters folgt, beklagt nun der Sohn selbst die folgerichtige, weil gerichtsbedingte Abwendung Gottes mit Worten des Ps 22.

Daß es sich bei Jesu Sterben um ein Sühnegeschehen handelt, wird durch den Zusammenhang der Vv. 37f. unterstrichen. Als unmittelbare Folge auf den Tod Jesu (V.37) wird in V.38 das Zerreißen des Tempelvorhangs berichtet. Die Bedeutung dieses Verses wird schon rein äußerlich daraus ersichtlich, daß mit ihm das einzige Mal während der gesamten Kreuzigung und Grablegung (Mk 15,22-47) der Handlungsort Golgatha verlassen wird und eine unmittelbare Relation zwischen Golgatha, Tod und Kultort hergestellt wird. Bei dem Vorhang kann es sich nur um den inneren Vorhang handeln, der das Heilige vom Allerheiligsten des Tempels trennte[37]. Dieser Vorhang durfte nach 3Mo 16 nur einmal im Jahr am sog. „Großen Versöhnungstag" (hebr. *Jom-Kippur*-Tag) geöffnet werden (Vv. 29-34), damit der Hohepriester am Sühnemal auf der Bundeslade die Sühne für das Volk vollziehen konnte. Die passive Verbform „wurde gespalten" in V. 38 (griech.
ἐσχίσθη = *eschisthe*) führt den Vorgang auf ein Wirken Gottes zurück.
Damit ergeben sich für die Interpretation folgende Konsequenzen:

1. Durch die göttlich verfügte (gewaltsame!) Öffnung des Vorhangs ist das Geschehen auf dem Hintergrund des „Großen Versöhnungstages" zu sehen und zu verstehen.

---

36 U. Sommer, Die Passionsgeschichte des Markusevangeliums. Überlegungen zur Bedeutung der Geschichte für den Glauben, Tübingen 1993, 205.

37 2Mo 26,31-33; 40,20-28. Die heilsgeschichtliche Bedeutung dieses Vorhangs bzw. seine Öffnung durch Christus wird auch in Hebr 6,19f.; 9,8.11ff.; 10,19f. theologisch reflektiert. Gerade vom Hebräerbrief (vgl. aber auch Röm 5,2; Eph 3,12) aus läßt sich die Bedeutung dieser Notiz kaum überschätzen!

2. Während nach dem mosaischen Gesetz das Volk Israel nur (in Form des Priesterdienstes) mittelbaren Kontakt mit dem im Allerheiligsten gegenwärtigen Gott haben konnte, wird durch den Tod Jesu auch Nichtpriestern und Heiden (vgl. V.39!) der „Zugang" zu Gott und seiner Gegenwart eröffnet (vgl. Röm 5,2; Eph 3,12; Hebr 10,19). Man kann von daher auch von einer „Profanisierung" des Tempels selbst reden.
3. Jesus wird damit schon in den synoptischen Evangelien sowohl als Sühne vollziehender Hohepriester (vgl. Hebr 6,19f.; 9,11) wie auch als Sühneopfer selbst (vgl. Hebr 9,11ff.;10,20) verstanden. Allerdings haben die Evangelien diese theologischen Hintergründe stets nur in kurzen Hinweisen angedeutet. Sie waren nicht der literarische Ort, um theologische Erkenntnisse als Bekenntnis auszuformulieren. Dies geschah offensichtlich in der Gemeindekatechese und in der Briefliteratur.
4. Angesicht der Tatsache, daß der betreffende Vorhang vor allem eine verhüllende Funktion hatte (2Mo 35,12; 40,21; 4Mo 4,5), handelt es sich bei seiner Spaltung auch um einen göttlichen Offenbarungsakt. Gott wird im Zerreißen des Vorhangs aller Welt - auch den Heiden - sichtbar. Aber nun eben nicht in seinem unsichtbaren Wesen (Röm 1,20), sondern im gekreuzigten Jesus, als dem „Ebenbild des unsichtbaren Gottes" (Kol 1,15; 2Kor 4,6). Darauf weist V. 39 hin. Das Wort des römischen Hauptmanns wird im Kontext des Berichts zum Kommentar dieses Offenbarungsvorgangs: In dem gekreuzigten „Gottessohn" (V. 39) Jesus offenbart sich der bisher im jüdischen Allerheiligsten verborgene Gott auch den Heiden, ja gerade ihnen.

Wir beobachten also einen doppelten Offenbarungsakt in den Vv. 37-39. Das Zerreißen des Vorhangs enthüllt die Bedeutung und den Sinn des Todes Jesu, während das Wort des römischen Hauptmanns mit der Identifikation Jesu als „Gottes Sohn" Gott selbst als den sich hier Offenbarenden benennt.

1.5. Fazit

Wir können damit als Ergebnis aus der Untersuchung der synoptischen Evangelien, v.a. des Markusevangeliums festhalten, daß der Tod Jesu sowohl als Heils- wie als Gerichtsgeschehen gedeutet wird. Das eine ist nie ohne das andere zu haben. Jesus gibt sein Leben zugunsten der „Vielen“ als sühnendes Lösegeld bzw. als sühnendes Opfer Gott hin. Umgekehrt zieht er damit den Zorn Gottes über deren Sünde auf sich und erleidet somit stellvertretend das göttliche Gericht. Diese Deutung des Todes Jesu vollzieht sich v.a. auf dem Hintergrund des leidenden Gottesknechts aus Jes 53, des sühnenden Passalamms (2Mo 12; 5Mo 16) und des kultischen Sühneopfers am „Großen Versöhnungstages“ (3Mo 16). Diese drei Deutungskategorien bilden in allen Evangelien - was im Hinblick auf das Johannesevangelium noch zu zeigen sein wird - eine feste Mitte.

Exkurs: Das Verständnis des Todes Jesu im Lukasevangelium

Es ist eine beliebte und häufig wiederholte These, daß das Lukasevangelium auf eine Deutung des Todes Jesu verzichte. Als Gründe werden angeführt, daß in diesem Evangelium das Lösegeldwort nicht überliefert sei und auch in den Abendmahlsworten „nur“ urchristliches Traditionsgut wiedergegeben werde[38]. In der Tat geht das Lukasevangelium einen eigenen Weg in der Deutung des Todes Jesu, aber keineswegs einen von den anderen Evangelien differierenden.

Ausgangspunkt der Deutung des Todes Jesu ist hier die mit dem Hinweis auf die alttestamentlichen Propheten verbundene Frage des Auferstandenen an die beiden Emmausjünger: „Mußte nicht Christus dies erleiden und in seine Herrlichkeit eingehen?“ (Lk 24,25f.). Kurze Zeit später gibt Jesus in Form des Missionsbefehls auch die Begründung für dieses „muß“: „Es muß alles erfüllt werden, was von mir geschrieben steht im Gesetz des Mose, in den Propheten und in den Psalmen. Da öffnete er ihnen das Verständnis, so daß sie die Schrift verstanden, und sprach zu ihnen: So steht's geschrieben, daß Christus leiden wird und auferstehen von den Toten am dritten Tage; und daß gepredigt wird in seinem Namen Buße zur Vergebung der Sünden unter allen Völkern. Fangt an in Jerusalem und seid dafür Zeugen.“ (Lk 24,44ff.) Die hier gegebenen Hinweise auf die alttestamentlichen Schriften sind der Endpunkt einer langen Spur von Anspielungen, die sich durch das ganze Evangelium ziehen.

---

38 Auch wenn dies so ist, kann man dem Evangelisten eine Deutung des Todes noch lange nicht absprechen. Wenn er sich an die Deutungen der vorliegenden (Jesus-) Traditionen anschließt, so tut er dies bewußt und gewollt.

Schon im Gespräch mit Mose und Elia auf dem Berg der Verklärung ist das „Ende, das er in Jerusalem erfüllen sollte", das Hauptthema. Im Zusammenhang der Schrifterfüllung bedeutet dies entsprechend, daß es auch das Hauptthema der messianischen Verheißungen „im Gesetz und den Propheten" ist, für die Mose und Elia stellvertretend stehen. Wie im Markusevangelium gibt es auch bei Lukas die Wende nach Jerusalem. In Lk 9,51 wendet er „sein Angesicht nach Jerusalem" und alles weitere wird nun schon von seiner kommenden Passion überschattet. Das wird auch in Lk 12,50 deutlich, wo Jesus angstvoll von seiner Todestaufe spricht.

In Lk 13,31-33 deutet Jesus in einem Rätselwort sein bevorstehendes Leiden zum einen durch ein von Jona 2,1 und Hos 6,2 entliehenes Drei-Tage-Schema und zum anderen auf dem Hintergrund des Martyriums der Propheten, ohne dies zu konkretisieren. Es ist schwierig zu bestimmen, auf welche Propheten Jesus sich hier bezieht, denn im Alten Testament gibt es nur zwei eindeutige Belege eines Prophetenmordes (2Chr 24,20ff., vgl. Lk 11,51 und Jer 26,20ff.). Beide fanden in Jerusalem statt.[39]

Möglich wäre darüber hinaus, daß Jesus auch den prophetischen Gottesknecht aus Jes 53 unter die ermordeten Propheten rechnete, der sein Leben als Schuldopfer (Jes 53,10) bzw. als Opferlamm (Jes 53,7f.) im kultischen Sinn nur in Jerusalem lassen konnte.

Zwei deutliche Hinweise darauf, daß Lukas das Leiden Jesu auf dem Hintergrund von Jes 53 verstand, finden sich in der Passionsgeschichte. In Lk 22,37 wird das „muß" von 24,26 vorbereitet, indem Jesus die Unausweichlichkeit seiner Passion von Jes 53,12 her deutet. In gleicher Weise stellt auch die Fürbitte am Kreuz für seine Peiniger in 23,34 eine Selbstidentifikation mit dem Gottesknecht dar - wiederum in Anlehnung an Jes 53,12.

Die Notwendigkeit und der innere Sinn der Passion Jesu wird im Lukasevangelium im wesentlichen von Jes 53 her verstanden.

---

39 Es wird bisweilen erwogen, ob sich Jesus auf die jüdische Vitae Prophetarum aus dem 1.Jh. v./n.Chr. bezog, nach der alle drei großen Propheten (Jesaja, Jeremia, Ezechiel) in Jerusalem getötet wurden. Allerdings bleibt dies Spekulation.

2. Das Johannesevangelium

Ist die Frage nach der Deutung des Todes Jesu in den synoptischen Evangelien, geschweige denn in Jesu Selbstaussagen in der Forschung schon heftig umstritten, so wurde und wird im Blick auf das Johannesevangelium angezweifelt, ob der Tod Jesu hier überhaupt irgendeine wesentliche Rolle spielt.

Rudolf Bultmann vertrat die These, daß im Mittelpunkt des johanneischen Denkens nicht die Passion bzw. der Tod Jesu stehe, sondern seine Menschwerdung[40]. „Das Wort ward Fleisch" (Joh 1,14a) ist nach Bultmann das entscheidende Programmwort des ganzen Evangeliums und die Sendung des göttlichen Offenbarers das beherrschende Thema. Von einem Sühnetod Jesu könne darüber hinaus schon gar nicht gesprochen werden, da „der Gedanke vom Tode Jesu als dem Sühnopfer bei Johannes keine Rolle"[41] spiele. Dem widersprach sein Schüler Ernst Käsemann, ohne dabei freilich dem Tod Jesu im Johannesevangelium eine höhere Wertschätzung zuzubilligen. Nach Käsemann versucht das Johannesevangelium Jesus im Licht einer Herrlichkeitschristologie zu zeichnen, in der die Angefochtenheit und das Leiden Jesu keinen Platz mehr hätten[42]. Der Tod sei lediglich die notwendige Durchgangsstation im Zusammenhang mit der Rückkehr Jesu zu seinem himmlischen Vater[43]. Im Unterschied zu Bult-

---

40 Rudolf Bultmann, Theologie des Neuen Testaments, Tübingen ^{9}1984, 405. Ihm schloß sich u.a. auch S. Schulz an (Das Evangelium nach Johannes, NTD 4, Göttingen ^{4}1983, 238.).

41 ders.: Theologie des Neuen Testaments, ^{9}1984, 407.

42 Ernst Käsemann, Jesu letzter Wille nach Joh 17, Tübingen ^{4}1980, 21-35.

43 Käsemann, a.a.O., 49. Seine Auffassung wird u.a. auch von U.B. Müller geteilt, nach dem der Tod Jesu im Johannesevangelium keinerlei „heilskonstitutive Bedeutung" habe. Das Heil hänge einzig und allein an seiner Erhöhung (Die Bedeutung des Kreuzestodes im Johannesevangelium. Erwägungen zur Kreuzestheologie im Neuen Testament, in: KuD 21 (1975), 56.59).
U.B. Müller hat diese Sichtweise erst kürzlich wieder verteidigt (Zur Eigentümlichkeit des Johannesevangeliums. Das Problem des Todes Jesu, in: ZNW 88 (1997), 24-55. Gegenüber einem aktuellen Interesse, die Mitte des Johannesevangeliums in einer theologia crucis zu sehen, betont er erneut, daß der Tod Jesu hier „keine spezifische Heilsbedeutung" habe. Er sei vielmehr der notwendige Teil des Heilsauftrages Jesu gegenüber der Welt, „den er als der Gesandte des Vaters verwirklicht, um durch die siegreiche Überwindung des Todes als der Erhöhte göttliches Leben zu vermitteln". „Der Tod ist primär Durchgangsstadium auf dem Weg zum ewigen Leben" (a.a.O., 48). Insofern will Müller auch nicht von einer Paradoxie zwischen Kreuz und Erhöhungsaussagen sprechen. Vielmehr garantiere die Verherrlichung

mann sieht Käsemann den Programmsatz nicht in der ersten Hälfte von Joh 1,14, sondern in der zweiten: „... und wir sahen seine Herrlichkeit." Käsemann unterstellte dem Johannesevangelium einen „naiven Doketismus"[44], d.h. daß Jesus nur scheinbar Mensch wurde, in Wirklichkeit aber in seinem Abstieg vom und Aufstieg zum Vater diese Welt nur tangiere, ohne umgekehrt von ihr wirklich berührt zu werden. Es gebe im Johannesevangelium letztlich keine Kreuzestheologie, da das Kreuz Jesu hier nie theologisch durchdacht werde. Angesichts dieser belastenden Vorgaben muß die Frage nach der Bedeutung des Todes Jesu in zwei Schritten angedacht werden. Zunächst gilt es zu fragen, ob der Tod Jesu im Johannesevangelium nicht doch eine weit größere und gewichtigere Rolle spielt als von Bultmann und Käsemann in ihren je eigenen Ansätzen angenommen wurde. Und erst in einem zweiten Schritt kann dann die eigentliche Frage nach der spezifischen Deutung des Todes im Johannesevangelium untersucht werden.

2.1. Welche Rolle spielt der Tod Jesu im Johannesevangelium?

Es soll hier nicht bestritten werden, daß Johannes die Darstellung des Lebens und Wirkens Jesu in den Rahmen seiner „Sendungschristologie" gezeichnet hat. Auf dem Hintergrund des zeitgenössischen jüdischen „Botenrechts" (Shaliah-Institut) stellt er Jesus als den Gesandten Gottes dar, der vom Vater in die Welt gesandt wurde und wieder zu ihm zurückkehrt (vgl. 5,43; 12,49; 13,16)[45]. Als wesentlicher Auftrag seiner Sendung wird immer wieder

und Erhöhung allein das jenseitige Heil (a.a.O., 45.47). Das Kreuz ist dagegen „nur ein integraler Bestandteil des Erhöhungsvorganges" (a.a.O., 41; Müller zitiert hier J. Becker). Erhellend ist, wie Müller mit den Belegen umgeht, die eine explizite Deutung des Todes Jesu bieten. Entweder wird ihnen ein sühnetheologischer Gehalt abgesprochen (so bei Joh 10,14ff.; 11,49ff. und 19,34ff.) oder sie werden kurzerhand für sekundär erklärt (Joh 1,29; 6,51c; 17,19).

44 Käsemann, a.a.O., 61f.98.145.158.

45 Vgl. J.A. Bühner, Der Gesandte und sein Weg im 4. Evangelium, WUNT II/2, Tübingen 1977. Kennzeichen dieses Botenrechts sind, daß der Gesandte völlig in der Repräsentation des Sendenden aufgeht, ja mit ihm förmlich verschmilzt (vgl. 5,43; 10,37f.) und in dessen Autorität verkündigt und gebietet (vgl. 12,49). Der Bote darf nicht seine eigene Ehre suchen, sondern die seines Herrn (vgl. 7,18; 8,50.54), umgekehrt wird er aber auch mit allen Vollmachten und Eigentumsrechten seines Herrn ausgestattet (vgl. 6,37; 17,7). Schließlich kehrt er nach vollbrachtem Auftrag

die Offenbarung des Vaters genannt (1,14.18; 20,28.30f.). Dies ist zweifellos ein elementarer Zug der Verkündigung Jesu im Johannesevangelium. Die entscheidende Frage ist nur, ob sich das Wirken Jesu in der Offenbarung des Vaters erschöpft, bzw. worin diese Offenbarung ihren Höhepunkt und Abschluß findet. Hier soll nun die These vertreten werden, daß im Johannesevangelium gerade der Kreuzestod Jesu dieser Offenbarungshöhepunkt und entscheidende Inhalt der Sendung Jesu ist[46].

Jesus stirbt nach Joh 19,30 mit den Worten „Es ist vollbracht“[47]. Mit seinem Tod „vollendet“ er das ihm vom Vater aufgetragene „Werk“ (vgl. 4,34; 5,36; 17,4). Damit ist nicht ausgesagt, daß der Tod am Kreuz das ausschließliche Werk war, zu dem er gesandt wurde, wohl aber das entscheidende. Von Anfang an läuft das Johannesevangelium auf das Kreuz zu. In den unterschiedlichsten Motiven und Anspielungen überlagert der Schatten des Kreuzes den hier erzählten Weg Jesu[48]. Dies beginnt bereits im Prolog mit dem oben zitierten Wort aus Joh 1,14 „Das Wort wurde Fleisch“. Das Wort „ Fleisch“ (griech. σάρξ = *sarx*) entspricht an dieser Stelle dem hebr. Begriff בָּשָׂר (= *basar*), der in erster Linie die Hinfälligkeit und Vergänglichkeit unserer Leiblichkeit zum Ausdruck bringt (vgl. z.B. Jes 40,6-8). Tritt Jesus in die Hinfälligkeit der menschlichen Existenz ein, so ist sein Tod damit schon angedeutet. Dieser wird endgültig in 1,29.36 vorausgesagt. In welcher Weise die Prädikation als „Lamm Gottes“ eine Deutung des Todes Jesu enthält, muß später weiter bedacht werden. Zunächst genügt die Feststellung, daß mit dieser ersten ausdrücklich soteriologischen (d.h. das Heil betreffenden) Aussage des Johannesevangeliums der Tod Jesu vorhergesagt wird[49]. An dieser Stelle muß auch auf die

---

wieder zu seinem Herrn zurück (vgl. 3,13; 6,62; 7,33; 8,14.21f.; 13,3.33.36; 14,4f.12.28; 16,5.7.10.17.28; 20,17).

46 Damit wird U.B. Müller widersprochen, der das Grundanliegen des Johannesevangeliums vielmehr im Erweis der Legitimität seiner göttlichen Sendung gegenüber den Juden erblicken möchte. Der siegreich überwundene Tod sei nur ein Mosaikstück in dieser Beweiskette (a.a.O., 40).

47 Das griech. τετέλεσται spielt auf die Vollendung der Schöpfung in 1Mo 2,1f. an. Die theologischen Implikationen dieser Anspielung werden weiter unten entfaltet.

48 Die folgende Aufzählung der Passionsverweise lehnt sich an die Zusammenstellung von Thomas Knöppler (Die Theologia crucis im Johannesevangelium, WMANT 69, Neukirchen-Vluyn 1994, 19) an.

49 Nach U.B. Müller handelt es sich in Joh 1,29 um eine sekundäre Bildung der johanneischen Gemeinde (a.a.O., 48-52). Er vermag U.B. Müller dies allerdings nur

zahlreichen Stellvertretungsbelege hingewiesen werden (3,16; 6,51; 10,11.15.17; 11,50ff.; 12,24; 15,13; 17,19)[50], von denen zumindest einige nur sühnetheologisch verstanden werden können (3,16; 6,51c; 17,19)[51].

Der Zeitpunkt dieses Todes kommt mit der durchlaufenden Rede von der „Stunde Jesu“ immer wieder in den Blick (2,4; 4,21.23; 5,25; 7,30; 8,20; 12,23). Spätestens ab 12,23 und 13,1 ist klar, daß Jesus mit der Rede vom „Kommen seiner Stunde“ auf seine Passion vorausblickt[52].

Gleiches geschieht auch durch den mindestens zweijährigen Aufriß des Johannes-evangeliums anhand der drei Passafeste. Bei jeder Passaerwähnung wird auf Jesu Tod angespielt[53]. So bereits beim ersten

---

über einen Zirkelschluß zu begründen. Zum einen erklärt er die anderen explizit sühnetheologischen Belegstellen (6,51c und 17,19) ebenso für sekundär und zum anderen bestreitet er all jenen Belegen eine sühnetheologische Bedeutung, die das Programmwort von 1,29 theologisch entfalten (10,14ff.; 11,49ff.; 19,34ff.).

50 Siehe Knöppler, a.a.O., 93. Vgl. dazu auch Martin Hengel, Die Schriftauslegung des 4. Evangeliums auf dem Hintergrund der urchristlichen Exegese, JBTh 4 (1989), 281, Anm. 110.

51 Diese Jesuslogien enthalten Formulierungen, die aller Wahrscheinlichkeit nach einen sühnetheologischen Hintergrund besitzen. So weist das ἔδοκεν („gegeben“) in 3,16 (vgl. „dahingegeben“ in Röm 4,25) ebenso auf Jes 53,10.12 (LXX) zurück, wie die ὑπὲρ -Formulierungen in 6,51 auf das Kelchwort Jesu beim Abendmahl (vgl. Mk 14,24) und zusammen mit diesem auf Jes 53,12. Die ὑπὲρ ἁγιάζω -Wendung in 17,19 dürfte ihren traditionsgeschichtlichen Haftpunkt in 2Mo 29,43 haben, einem Kerntext des am Sinai gestifteten Sühnekultes. So wie dort JHWH den Israeliten einen „heiligen Bereich“ schafft, indem er das Heiligtum der Stiftshütte „heiligt“ (LXX: ἁγιασθῆναι), so heiligt sich nun Jesus stellvertretend - seinen kommenden Sühnetod voraussetzend - für die Seinen (vgl. Knöppler, a.a.O., 213f.).

52 Daß Jesus ausgerechnet in 12,23 erkennt, daß seine Stunde gekommen ist, läßt sich nur von Jes 11,10-12 her verstehen, wie überhaupt die messianischen Aussagen dieses Kapitels eine wesentliche Grundlage für die johanneische Christologie darstellen (vgl. W. Bittner, Jesu Zeichen im Johannesevangelium, WUNT II/26, Tübingen 1987, 245-258). Die Nachfrage der Heiden nach dem Messias V.10 erfüllt sich in Joh 12,20, als Griechen (es dürfte sich wohl um sog. „Gottesfürchtige“ handeln) Jesus sehen wollen. An ihrem Interesse an seiner Person erkennt Jesus, daß nun für ihn, den Messias „aus der Wurzel Isais“ (V.10) die „Zeit“ (V.10) bzw. Stunde gekommen ist, (1) zum „Panier für die Völker“ „aufgerichtet“ zu werden (V.10.12) und (2) sein Erlösungswerk zu vollenden (V.11). Nach aram. Sprachgestalt ist das „Aufrichten“ bzw. „Dastehen“ als „Panier der Völker“ Synonym für „kreuzigen“ zu verstehen (W. Bittner, Art. Johannesevangelium, in: GBL 2, 707). Jesus „liest“ also aus der Nachfrage der Griechen nicht nur den Zeitpunkt, sondern auch die Art seines Todes (vgl. Joh 12,32).

53 H. Thyen, Art. „Johannesevangelium“, TRE 17, 202.

Passafestes im Zusammenhang mit der Tempelreinigung (2,13.23). Zum ersten könnte die Tempelreinigung an sich bereits eine sühnetheologisch zu verstehende messianische Zeichenhandlung sein[54]. Durch die Vertreibung der Händler und Geldwechsler sabotierte Jesus den Opferkult an einem entscheidenden Nerv und wies damit indirekt schon auf seinen, den Tempelkult abschließenden Opfertod hin. Zum zweiten macht Jesus durch das Zitat aus Ps 67,10 „Der Eifer um dein Haus hat mich verzehrt" bereits eine Leidensvorhersage, die durch das Tempelwort 2,21 verstärkt wird.

Auch die Erwähnung des zweiten Passafestes in 6,4 steht durch die folgende Brotrede (6,22-59) mit ihren Anklängen an die synoptischen Abendmahlsworte (6,51-58) und die Enthüllung des Verräters (6,64.70f.) unter dem Schatten des Kreuzes. Schließlich kommt nach dem Todesbeschluß des Hohen Rates (11,47-53; vgl. 10,31-39) das Todespassa in den Blick (11,55), das von nun an den Gang der folgenden Ereignisse beherrscht (vgl. 12,1.12; 13,1.29; 18,28; 19,14).

Ein weiteres Motiv des Johannesevangeliums ist die Rede von der Erhöhung (3,14; 8,28; 12,32f.) und Verherrlichung Jesu (7,39; 12,16.23; 13,31 u.ö.). Ausgehend von diesen und ähnlichen Aussagen bestreiten eine Reihe von Auslegern die Existenz einer *theologia crucis* (Kreuzes- bzw. Niedrigkeitstheologie) im Johannesevangelium und unterstellen ihm statt dessen eine *theologia gloriae* (Herrlichkeitstheologie)[55]. Diese Sicht ist nur möglich, wenn man die Assoziationen außer acht läßt, die der antike Mensch mit dem Klang des Begriffes „Kreuz" verband[56]. Das Kreuz galt in der Antike als das grausamste Hinrichtungsinstrument überhaupt, das nur bei Sklaven und Verrätern in Anwendung kommen durfte. Aufgrund seiner enorm abschreckenden Wirkung wurde die Kreuzigung von den Römern gerade in den unruhigen Provinzen sehr „geschätzt". Auch wenn es stimmen würde, daß Jesus im Johannesevangelium völlig unangefochten und in übermenschlicher Stärke seine Kreuzigung als bloße

---

[54] So Peter Stuhlmacher, a.a.O., 83f.150f.

[55] Neben den bereits erwähnten E. Käsemann und U.B. Müller in neuerer Zeit auch R. Schnackenburg (Das Johannesevangelium, HThK IV/2, Freiburg ^{5}1990, 498-512).

[56] Vgl. dazu Martin Hengel, Mors turpissima crucis. Die Kreuzigung in der antiken Welt und die „Torheit" des „Wortes vom Kreuz", in: J. Friedrich, W. Pöhlmann, P. Stuhlmacher: Rechtfertigung. FS für Ernst Käsemann zum 70. Geburtstag, Tübingen 1976, 125-184.

„Durchgangsstation“ ertragen hätte[57], so hätte allein schon die Art seines Todes eine unsägliche Erniedrigung, Bloßstellung und Marter für ihn bedeutet[58]. Johannes hätte die Kreuzigung durch einen „Heldentod im Kampf“ ersetzen müssen, um zu einer überzeugenden Herrlichkeitstheologie zu kommen.

Jedoch bereits die Erhöhungsworte selbst weisen in eine andere Richtung. Sowohl der Vergleich mit dem Erhöhen einer ehernen Schlange durch Mose (4Mo 21,8f.) in 3,14, als auch die Erhöhungsaussage in 12,32 sind als Kreuzigungsvorhersagen zu verstehen (vgl. 12,33), da im Aramäischen „erhöhen“ gleichbedeutend ist mit „kreuzigen“[59]. Bestärkt wird diese Deutung durch die Vermutung, daß der Hintergrund der johanneischen Erhöhungsaussagen in Jes 52,13 und damit in der stellvertretenden Leidensexistenz des Gottesknechts zu suchen ist. Auch hier findet sich die Paradoxie, daß gerade der leidende Gottesknecht der erhöhte und erhabene ist.

Erhöhung und Verherrlichung Jesu vollziehen sich damit in paradoxer Weise gerade im Kreuzestod[60]. Das ist die neue und im Neuen Testament einzigartige Blickrichtung des Johannesevangeliums. Das Jo-

---

57 Daß jedoch bereits diese These nicht stichhaltig ist, zeigen Aussagen wie 12,27, das gewöhnlich als das „johanneische Getsemane“ bezeichnet wird. Ebenso ist das „Ecce homo“ (19,5) ein Hinweis auf die Erbärmlichkeit des geschundenen Jesus. Schließlich darf auch das Wort am Kreuz „Mich dürstet!“ (19,28) nicht nur als souveräne Erfüllung der Schrift gewertet werden. Im Zusammenhang der Marter des Kreuzes ist Durst ein natürliches Phänomen und zunächst ein Hinweis auf die Qualen Jesu. Erst in zweiter Linie sollte es als Reflexionszitat betrachtet werden.

58 Hinzu kommt, daß der Kreuzestod für die Juden von 5Mo 21,23 her als ein Zeichen des Verfluchtseins des Delinquenten galt (vgl. 11QMiqd 64,6-13 wo wahrscheinlich auf 4QpNah 6-8 bzw. Josephus, Ant XIII, 13,5-14,2 Bezug genommen wird). Daß auch Johannes von diesem Hintergrund wußte, zeigt Joh 19,31: Das Gebot, einen „ans Holz gehängten“ nicht über Nacht hängen zu lassen, wird in 5Mo 21,23 gerade mit dem auf ihm liegenden Fluch begründet, der das Land unrein machen würde.

59 Wolfgang Bitter, Artikel „Joh.-Evangelium“,707.

60 O. Hofius unterstreicht, daß sich die Rede von der Erhöhung Jesu „ausschließlich auf die Kreuzigung und nicht etwa zugleich auch auf seine Auferstehung und seine Rückkehr zum Vater“ bezieht. „Wird die Kreuzigung Jesu im Johannesevangelium als ‘Erhöhung’ bezeichnet, so ist damit erst recht nicht gemeint, daß Kreuzestod, Auferstehung und Rückkehr zum Vater zusammenfallen und letztlich identisch sind.“ (Das Wunder der Wiedergeburt, in: O. Hofius/C. Kammler, Johannesstudien, Tübingen 1996, 62). Während also das Verb ὑψοθῆναι (erhöht werden) streng auf die Kreuzigung zu beziehen ist, muß das Verb δοξασθῆναι (verherrlicht werden) davon unterschieden werden. Es bezeichnet tatsächlich sowohl Tod, Auferstehung und auch die Rückkehr zum Vater (a.a.O., 62, Anm. 132).

hannesevangelium zitiert Jesus bewußt doppeldeutig: Das Kreuz ist höchste Erhöhung und tiefste Erniedrigung gleichzeitig. Dies wird von Johannes dadurch eindrucksvoll unterstrichen, daß er die Passionsgeschichte als Inthronisationszeremonie eines Königs skizziert[61]: Von der Selbstproklamation (18,37), über die Krönung, Investitur, Huldigung (19,2f.), Epiphanie vor dem Volk (19,5) und Akklamation durch das Volk (19,15), bis zur „Thronbesteigung" am Kreuz (19,18) über dem der entsprechende Titel angebracht wird (19,19-22) vollzieht sich diese grauenvoll paradoxe Einsetzung.

Im Aufstieg des Sohnes zum Kreuz ereignet sich gleichzeitig der Abstieg des Vaters zum Kreuz und somit seine Offenbarung im Kreuz[62]. Das ist die eigentliche Pointe des Johannesevangeliums.

Als Ergebnis dieses ersten Durchgangs ist festzuhalten werden, daß das „Achtergewicht" des Evangeliums nicht auf der Menschwerdung Jesu liegt, so bedeutsam sie für die johanneische Christusdarstellung auch sein mag, sondern auf seinem Tod. Hier kommt die Sendung des Sohnes und die Offenbarung des Vaters zu ihrem Höhepunkt.

Ebensowenig kann von einem „naiven Doketismus" bzw. einer bloßen *theologia gloriae* gesprochen werden. Kein anderes Evangelium nimmt das Kreuz so früh und so oft in den Blick wie das Johannesevangelium. Das Johannesevangelium ist durch und durch ein „Passionsevangelium"[63].

2.2. Wie wird der Tod Jesu im Johannesevangelium gedeutet?

Wird die erste Frage in der Forschung schon äußerst kontrovers behandelt, so gilt dies für diese Fragestellung um so mehr. Zwischen der Behauptung Rudolf Bultmanns, daß „der Gedanke vom Tode Jesu als dem Sühneopfer bei Johannes keine Rolle" spiele, bis hin zur These Martin Hengels, daß eben dieser Sühnetod „das eigentliche Ziel, man

---

61 Knöppler, a.a.O., 258ff.

62 H. Kohler, Kreuz und Menschwerdung im JohEv. Ein exegetisch-hermeneutischer Versuch zur johanneischen Kreuzestheologie, AThANT 72, Zürich 1987, 201.

63 H. Thyen, Art. „Johannesevangelium", 213.

könnte auch sagen: das Integral des Evangeliums darstellt"[64], sind alle Variationen denkbar.[65]
Die Situation gebietet also wieder einen Zweischritt. Zunächst muß der Frage nachgegangen werden, welche Rolle die alttestamentliche Sühnopfertradition für Johannes spielt und wie er diese inhaltlich begreift, um in einem nächsten Schritt zu prüfen, in welchem Verhältnis zu dieser Deutung die anderen Bilder und Metaphern für den Tod Jesu stehen.

2.2.1. Das Lamm Gottes

Die umfassendste Erklärung für das Geschick Jesu ist das Täuferwort in 1,29.36, das gleichzeitig das erste christologische Bekenntnis im Johannesevangelium darstellt: „Siehe, das Lamm Gottes, das der Welt Sünde trägt!" Aber auf welches „Lamm" wird hier Bezug genommen? Es bieten sich drei Herleitungen an:
1. Es handelt sich um das Passalamm aus 2Mo 12, das von Anfang an zwar nicht als kultisches Opfer, aber doch als Opfer mit sühnender Funktion verstanden wurde[66]. Daß es sich um ein Opfer handelt wird

---

64 M. Hengel, a.a.O., 281.

65 Erst in neuester Zeit hat C. Dietzfelbinger die These vertreten, daß Johannes die traditionelle Rede vom Sühneopfer wohl kenne, sie durchaus auch akzeptiere, aber bei weitem nicht als einzige Deutung des Todes Jesu präsentiere, sondern neben dieser traditionellen Deutung eine Reihe weiterer, eigener und vor allem unkultischer Deutungen biete: „Johannes hat die Traditionen von Sühne und Stellvertretung Jesu in ihrer geschichtlichen Bedeutung für die frühe Gemeinde gekannt und gewürdigt. Er hat gleichzeitig das in ihnen vorhandene Unangemessene gespürt: Der Weg Jesu zum Kreuz ist, indem man ihn in Analogie zum alttestamentlich-jüdischen Sühnopfer versteht, nicht genügend verstanden. Zu eng ist der geschichtliche Rahmen, in dem diese Analogie Gültigkeit und Aussagekraft hat, und die Christusverkündigung drängt über diesen Rahmen, das Judentum, hinaus. Zu eng ist auch der Rahmen der Vorstellungen, in dem Opfer und Sühne daheim sind. Johannes weiß mehr über das Werk Jesu zu sagen als das, was die Sühnetheorie auszusagen vermag. [...] Dabei verneint er die Sühnopferdeutung nicht. Aber sie ist weder das Ganze noch das Zentrum; ..." (Sühnetod im Johannesevangelium?, in: Evangelium-Schriftauslegung-Kirche. FS für P. Stuhlmacher zum 65. Geburtstag, Göttingen 1997, 74).

66 Vgl. Anm. 20. Die in der Forschung vertretene Auffassung, der Passaritus könne keine sühnende Funktion haben, da erst bei der Bundesstiftung am Sinai der Sühnekult gestiftet wurde, beruht auf der Voraussetzung der literarischen Quellenscheidung. Danach habe das Passaopfer in der priesterschriftlichen Schicht (2Mo 12,1-13[14]) im Gegensatz zur jehovistischen Auffassung (2Mo 12,21-28) keine Sühnefunktion besessen. Erst zu neutestamentlicher Zeit hätte das Passa wieder sühnende Wirkung gehabt (vgl. Josephus, Ant. II,312, wo die Wendung τό ἅιματι ἁγνίζειν

in 2Mo 12,5 deutlich. Die Fehlerlosigkeit des Tieres gilt in 3Mo 22,20 als Grundbedingung jeglicher Opfer. Auf den sühnenden Charakter dieses Opfers weist die Blutbestreichung hin (V.7.22). Die Häuser, deren Türpfosten mit dem Blut der Lämmer bestrichen waren, wurden vom Strafgericht Gottes (V.12f.23) verschont. Das Passalamm galt in Israel jedoch nicht nur als sühnendes Opfer[67], sondern auch als Erinnerung an die Befreiung aus der Knechtschaft Ägyptens (V.14) und somit als Symbol der Freiheit.

2. Es handelt sich um das sog. Tamidopfer, d.h. das tägliche Opfer zweier Schafe am Morgen und am Abend (2Mo 29,38-46). Dieses sühnende Brandopfer besaß in neutestamentlicher Zeit eine dominierende Bedeutung im Opferkult[68].

3. Es handelt sich in der Wendung „das der Welt Sünde trägt" um eine Anspielung auf Jes 53. Damit wird Jesus im Licht des leidenden Gottesknechts gesehen. Dieser wird in Jes 53,7 mit einem Opferlamm und in Jes 53,10 mit einem Schuldopfer (hebr. אָשָׁם = *ãshãm*) verglichen. Und in Jes 53,4.11.12 (LXX) ist dreimal vom „Tragen (griech. φέρειν bzw. ἀναφέρειν) der Sünden" die Rede: Der Gottesknecht trägt als Opferlamm stellvertretend die „Sünde der vielen" (V.11f.)[69].

Alle drei Linien werden im Johannesevangelium noch einmal aufgegriffen, was die Vermutung nahelegt, daß Johannes ähnlich wie die Synoptiker nicht nur eine Herleitung des Todes Jesu favorisiert hat, sondern ebenso wie die gesamte Urchristenheit Jesus als das eine umfassende Opfer sah, das den Opferkult im Tempel erfüllt, überbietet und damit zu seinem Ende bringt[70]. Angesichts des radikalen Verbots jeglicher Menschenopfer in der Tora war dies aber nur möglich, wenn Jesus selbst und in Folge auch die ersten Christen dieses Opfer vor

klar sühnetheologische Bedeutung hat). Gesamtbiblisch muß jedoch von Anfang an von einer sühnenden Funktion des Passaopfers ausgegangen werden, die zu keiner Zeit bestritten wurde und daher auch im Johannesevangelium nicht problematisiert werden darf.

67 Dies wird deutlich durch den Gebrauch des Verbs זָבַח (terminus technicus für „opfern") in 5Mo 16,2.4-6 und Jub 49,15.20.

68 Selbst während des jüdischen Krieges wurde bis zuletzt auch in stärkster Bedrängnis nicht auf dieses Opfer verzichtet.

69 Die LXX schreibt in V.4 τὰς ἁμαρτίας ἡμῶν φέρει und ähnlich in V.12.

70 Vgl. M. Hengel, Der Sohn Gottes, Tübingen 1975, S. 106f. Anm. 123.

der Schrift legitimieren konnten[71]. Dies aber war nur auf dem Hintergrund vom stellvertretenden Sterben des leidenden Gottesknechts in Jes 53 möglich, dem einzigen von Jahwe legitimierten „Menschenopfer“[72].

Jes 53 wird im Erfüllungszitat von Joh 12,38 wieder aufgegriffen, wenn auch in einem anderen Zusammenhang[73]. Mit Jes 53,1 wird hier am Ende der öffentlichen Wirksamkeit Jesu die Verschlossenheit „der Juden“ gegenüber der Botschaft Jesu begründet. An dieser Schlüsselstelle wird das Wirken Jesu ausdrücklich mit dem Auftrag des leidenden Gottesknechts in Verbindung gebracht. Der Anfang und das Ende des öffentlichen Wirkens Jesu werden somit gerahmt von Hinweisen auf Jes 53.

Auf das Tamidopfer nimmt Jesus höchstwahrscheinlich in Joh 17,19 Bezug (vgl. Hebr 2,11; 10,10f.; 13,12). Die dortige Stellvertretungsaussage findet ihre nächste Entsprechung in 2Mo 29,43f.[74], wo die Selbstheiligung Gottes sich in der Heiligung der Stiftshütte, des Altars und der zum Opferdienst bestellten Priester vollzieht. Damit nimmt Jesus auf den kultischen Rahmen des für Israel zentralen Tamidopfers Bezug, ohne ausdrücklich von Sühne zu sprechen.

---

[71] Neben dem Aspekt, daß der Tod Jesu in der Schrift vorhergesagt ist, dürfte die Notwendigkeit der Legitimation angesichts von 3Mo 20,2ff; Jer 7,31 u.ö. ein Akzent von 1Kor 15,3 sein, wonach „Christus für unsere Sünden gestorben ist *nach den Schriften*“.

[72] Röm 8,32 nimmt noch Bezug auf die nicht vollzogene Opferung Isaaks (1Mo 22). Doch auch die Schlußfolgerung, daß Abraham seinen Sohn nicht opfern mußte, während Gott seinen Sohn „dahingab“, ist nur von Jes 53 her verständlich.

[73] Anklänge an das vierte Gottesknechtslied gibt es freilich häufiger: So dürfte sich die Rede von der „Erhöhung“ und „Verherrlichung“ an Jes 52,13 anlehnen. Ebenso dürfte die Grablegung im Grab des reichen Joseph von Arimathäa im Zusammenhang mit Jes 53,9a stehen (vgl. M. Hengel, Schriftauslegung, 267, Anm. 68).

[74] So überzeugend Th. Knöppler, a.a.O., 210ff.: Da es in der LXX keine Entsprechung für eine ὑπὲρ -Aussage in Verbindung mit dem Verb ἁγιάζειν gibt, kommt Knöppler zu dem Schluß, daß die Verwendung von ἁγιάζειν mit reflexivem Personalpronomen am ehesten auf das hebr. Verb קדש im Niphal zurückzuführen ist. Hier ist ausschließlich Gott das Subjekt, der „sich als heilig erweist“ in Israel (2Mo 29,43f.) oder vor Heidenvölkern (Hes 20,41; 28,22.25; 36,23; 38,16; 39,27). Einzig in 2Mo 29,43f. jedoch zielt der Erweis der Heiligkeit Jahwes auch auf die Heiligung von Menschen, nämlich Aarons und seiner Söhne. Die Entsprechungen zu Joh 17,19 sind offensichtlich: So wie Aaron und seine Söhne für den Dienst an der Stiftshütte nicht durch eigene Qualität, sondern durch die Heiligkeit Gottes geheiligt werden, so heiligt Jesus die „Seinen“ durch seine Selbstheiligung, d.h. Selbstopferung, bevor er sie in die Welt sendet (V.18).

Die deutlichste Wiederaufnahme erfährt im Johannesevangelium aber die Passatradition. Nicht nur weil in 19,36 mit dem Erfüllungszitat aus 2Mo 12,46 Jesus ausdrücklich mit dem Passalamm identifiziert wird, sondern weil sich das ganze Evangelium auf dieses letzte Passafest förmlich zuspitzt (siehe oben). Dies zeigt sich nicht zuletzt in der johanneischen Passionschronologie. Nach dem Johannesevangelium stirbt Jesus am Rüsttag vor dem eigentlichen Passafest exakt zu der Zeit, als in Jerusalem im Tempel die Passalämmer geschlachtet wurden[75].

Als vorläufiges Fazit ergibt sich, daß nach dem Johannesevangelium Jesus ebenso wie der leidende Gottesknecht aus Jes 53 sein Leben stellvertretend für die Welt als sühnendes Opfer hingibt. Die Frage, auf welches Opfer sein Tod sich konkret bezieht, ist falsch gestellt, da er mit seinem Opfertod alle Opfer „ein für allemal" erfüllt und damit zu Ende bringt.

Der besondere Akzent, den das Johannesevangelium auf das Passalamm legt, wird in zweifacher Weise zum Ausdruck gebracht. Jesus setzt sich zum einen stellvertretend dem göttlichen Gerichtshandeln aus, das sonst über die sündige Menschheit kommen würde. Oder in der Passametaphorik ausgedrückt: Sein Blut wirkt Sühne[76] für jene, die es im Glauben annehmen, damit Gott und sein Verderben „an ihrer Tür" vorübergeht (vgl. 2Mo 12,23)[77].

Zweitens wird durch das Passalamm der Aspekt der Befreiung betont. Der sühnende Tod des Lammes ermöglichte die Befreiung Israels aus der ägyptischen Knechtschaft. Während jene Befreiung einen

---

[75] Dies wird auch vom jüdischen Geschichtsschreiber Flavius Josephus bestätigt. Nach ihm (BJ 6.423) wurden die Lämmer am Nachmittag des Rüsttages geschlachtet, nämlich zwischen der neunten und der elften Stunde (= 15.00 - 17.00 Uhr). Nach der Mischnah (Pes 5,1) gelten für Passafeste, die mit einem Sabbat zusammenfielen, besonderen Zeitpläne. Danach wurde das abendliche Tamidopfer bereits gegen 12.30 Uhr geschlachtet (statt wie normal um 14.30 Uhr, bzw. bei „wochentäglichen" Passafesten um 13.30 Uhr) und um 13.30 Uhr geopfert (also um die entsprechende Zeit früher), damit man eine halbe Stunde später mit dem Schlachten der Passalämmer beginnen konnte. Demnach wären an jenem Freitag die Passalämmer also von 14.00 - 16.00 Uhr geschlachtet worden.

[76] Der Sühnecharakter des Todes Jesu wird durch die Erwähnung des Ysoprohres in 19,29 nochmals unterstrichen. Nach Ps 51,9 ist Ysop Instrument der Entsühnung und nach 2Mo 12,22 soll das Blut des Passalammes mit einem Büschel Ysop an die Türpfosten gestrichen werden.

[77] Vgl. Joh 19,34f.: Während das Blut den Sühnopfercharakter des Todes Jesu deutlich macht, steht das Wasser hier für Reinigung.

„politisch-militärischen" Charakter hatte, hat die Befreiung durch Jesus einen „geistlichen" Charakter. Sie wird als Befreiung von der Sklaverei der Sünde verstanden und vollzieht sich im Glauben an den „Sohn" (vgl. 8,30-36).

Gerade die politische Befreiung ist aber im Johannesevangelium ein äußerst umstrittenes Thema. W. Bittner hat darauf hingewiesen, daß das Johannesevangelium immer wieder eine Frontstellung gegen die politisch-motivierte Erwartung eines prophetischen *Mose redivivus* (d.h. wiedererweckter Mose) durchblicken läßt[78]. Diesen zelotischen Erwartungen[79] begegnet Johannes, indem er Jesus als den davidischen

---

[78] W. Bittner, Art. „Johannesevangelium", 703f.707; ders., Jesu Zeichen, 151-166.285-289.

[79] Auf diese zelotischen Erwartungen stößt man bereits in 2,23. Applaus für die Tempelreinigung konnte Jesus nur von Gruppen erwarten, die dem von den kooperationswilligen Sadduzäern bestellten Tempelkult kritisch gegenüberstanden. Dies war sowohl bei Pharisäern, Essenern als auch bei Zeloten der Fall.

Auch die Begrüßungformel des Nikodemus (3,2) spiegelt durch die Aufnahme des Begriffs „Zeichen" diese politische Erwartung wieder. Denn der mosaische Prophet mußte sich durch σημεῖα ausweisen. Während Jesus im Unterschied zu den synoptischen Evangelien im Johannesevangelium diesen Begriff für seine Taten akzeptiert, lehnt er die damit verbundene Schlußfolgerung jedoch ab. Seine „Zeichen" sollen ihn nicht als politisch agierenden „Mose redivivus" ausweisen, sondern als den gekommenen Messias nach Jes 11, auf dem der siebenfache Geist des Herrn ruht. Die merkwürdige Antwort Jesu (3,3) auf die erste Anrede des Nikodemus ist nur als eine solche Kritik und Korrektur von dessen zelotischer Erwartungshaltung zu verstehen.

Am deutlichsten wird der Interessenkonflikt in Kap. 6. Nach dem Speisungswunder wird die Erwartung eines kommenden Propheten explizit zum Ausdruck gebracht (6,14) und Jesus versteht diesen Begriff sofort politisch (6,15: „König") und entzieht sich dem Anspruch der Menge. Und in der bald darauf folgenden Brotrede (6,22-59) wehrt sich Jesus gegen eine Identifikation mit Mose, sondern erhebt den Anspruch, selbst das „Brot des Lebens" zu sein (6,35), das vom Himmel kommt. Weil Jesus der Sohn ist, der direkt vom Vater kommt, ist er mehr als Mose, und seine Sendung hat einen anderen Charakter als die Sendung Moses (vgl. dazu auch Hengel, Schriftauslegung, 267).

Auch die rätselhafte Antwort in 8,33 ist nur von zelotischem Hintergrund her verstehbar. Gleiches gilt für die Kritik Jesu an den „Dieben" und „Räubern" in der Hirtenrede (10,1.8(!).10). Der Begriff „Räuber" ist bei Flavius Josephus ein Fachterminus für die Zelotenführer im Jüdischen Krieg (BJ 2,264; vgl. W. Bittner, Art. „Johannesevangelium", 704). Auch die politische Motivation des Todesbeschlusses des Hohen Rates gegen Jesus (vgl. 11,47-53; 18,30) läßt sich nur von der Angst vor einem politischen Messianismus her verstehen. Das ist der Hintergrund, warum Jesus im Gespräch mit Pilatus den eigentlichen Charakter seines Königtums erläutert (18,33-37; vgl. Bittner, ebd.).

Messias nach Jes 11 zu Wort kommen läßt, der gerade nicht mit dem Schwert, sondern mit dem „Stab seines Mundes" und „dem Hauch seiner Lippen" (vgl. Jes 11,4) sein Friedensreich herbeiführt. In dieser unterschwellig geführten Auseinandersetzung hat nun auch der Tod als „Passalamm" seine Funktion. Jesus mißbraucht das Passafest nicht zu einer politischen Demonstration oder Revolution, sondern gibt dem Passafest seinen letzten und tiefsten Sinn, indem er hier die Befreiung aus der Sklaverei der Sünde vollbringt (8,34.36).

Das Täuferwort in 1,29(.36) hat sich als das soteriologische (d.h. das Heil betreffende) Programmwort des Johannesevangeliums erwiesen. Zusammen mit der Passalamm-Identifikation in 19,33-36 bildet es im Johannesevangelium eine sühnetheologische Klammer um das irdische Wirken Jesu. Diese Beobachtung kann hinsichtlich der Frage nach der Bedeutung des Todes Jesu nicht hoch genug eingeschätzt werden: Das Johannesevangelium deutet den Tod Jesu als stellvertretendes und sühnendes Opfer für die Welt (griech. *kosmos*).

2.2.2. Ist Sühne nur ein Motiv neben anderen?

Im folgenden muß es sich erweisen, ob die Vielzahl weiterer Motive im Johannes-evangelium mit dieser Deutung in Spannung stehen, oder vielmehr jenseits der Opferterminologie die Struktur und das Wesen der Sühne erhellen und präzisieren[80].

Es spricht auch vieles dafür, daß der Verrat des Judas von seinen zelotischen Erwartungen her motiviert war. Joh lenkt bereits in 6,64.70f. die Aufmerksamkeit auf Judas. Hat Jesus im Zuge der galiläischen Ereignisse („Brotkönig", „Scheidung unter den Jüngern") bemerkt, daß Judas eben genau diese irdisch-messianischen Erwartungen im Blick auf Jesus hatte und von Jesu Abwehr dieser Erwartungen enttäuscht war, ohne die Konsequenz der Abkehr daraus zu ziehen? Wollte Judas nach dem begeisternden Empfang in Jerusalem die Dinge im Zusammenhang mit dem Passafest unumkehrbar zum Konflikt treiben, indem er den Zusammenstoß zwischen Jesus und den Hohepriestern bzw. letztlich dem römischen Reich provozierte? Wollte Judas Jesus dazu zwingen, seine Macht auch äußerlich-politisch zu demonstrieren, in der Hoffnung, daß Jesus gewiß siegen würde, „da alle Welt ihm nachgeht" (12,19)? Die Notiz in Mt 27,3 macht nur Sinn, wenn Judas gerade nicht den Tod Jesu intendierte. Warum blieben die anderen Jünger bis zum Abendmahl völlig ahnungslos über die Identität des Verräters (vgl. Mk 14,19par; Joh 13,22 und v.a. 13,28f.). Judas war offensichtlich nicht durch Distanziertheit gegenüber Jesus aufgefallen, im Gegenteil (J.A.T. Robinson, The Priority of John, London ²1995, 237f.).

80 Nach C. Dietzfelbinger (a.a.O., 70.74) steht im Johannesevangelium der aus der Tradition überkommene Sühnegedanke neben den eigenen Motiven des Johannes. Wenn dem so wäre, so würde dies bedeuten, daß Johannes grundverschiedene

Völlig unproblematisch ist die bereits angedeutete Kongruenz (s.o.) zwischen Sühne und Stellvertretung (3,16; 6,51; 10,11.15.17; 11,50ff.; 12,24; 15,13; 17,19). Beide Sachverhalte sind bereits in 3,16; 6,51 und 17,19 miteinander verbunden. Auch das Erfüllungszitat in 2,17 und das Tempelwort in 2,19.21 fügen sich auf dem Hintergrund der johanneischen Lamm-Gottes-Theologie und ihren Konsequenzen für den Opferkult im Tempel ohne weiteres in das sühnetheologische Grundmuster des Johannesevangeliums ein.

Komplexer sind die Zusammenhänge mit dem Motiv der Neuschöpfung, das vor allem im Prolog eine wesentliche Rolle spielt (vgl. Joh 1,1 mit 1Mo 1,1) und in 19,30 eine Aufnahme findet. Das doppelte „vollbracht" (griech. τετέλεσται = *tetelestai*) in 19.28.30 kann sich nur auf die Vollendung des Neuschöpfungs- und Heilswerkes Gottes beziehen, das Gegenstand der göttlichen Sendung Jesu war (vgl. 4,34; 5,36; 17,4)[81]. Mit dem Kreuzestod ist diese Sendung zum Ziel gekommen. Es ist gewiß kein Zufall, daß nach allen Evangelien Jesus an einem Freitag starb, also am sechsten Tag der jüdischen Woche, dem Tag, an dem Gott den Menschen schuf (1Mo 1,26ff.) und die Schöpfung vollendete (1Mo 2,2). Und so wie Gott am siebten Tage ruhte, ruht Jesus an jenem „großen Sabbat" (19,31) im Grabe (19,42; 20,1). Jesu Tod bedeutet die Vollendung der Neuschöpfung. Während die erste Schöpfung durch Gottes Wort in müheloser Leichtigkeit „wurde", was durch das hebr. Verb ברא (*bara* = erschaffen, 1Mo 1,1) zum Ausdruck kommt, kostet die Neuschöpfung Gott aufgrund der Sündenlast enorme Anstrengung (vgl. Jes 43,24f.). Eine direkte Beziehung zum Sühnegedanken läßt sich hier nicht fassen, aber das Motiv der „Vollendung der Neuschöpfung" sperrt sich auch nicht dagegen. Vielmehr vollzieht sich diese Neuschöpfung gerade durch den Sühnetod[82].

Deutungsmuster aus Tradition und eigener „Herstellung" in einem wilden Sammelsurium aneinanderreiht.

81 M. Hengel, Schriftauslegung, 285.

82 M. Hengel, ebd., macht in diesem Zusammenhang auf einen interessanten Aspekt aufmerksam. Nach einer jüdischen Haggada, die seit dem 2. Jh. in verschiedenen rabbinischen Texten und in slHen 32,1 greifbar ist (vgl. Bill. IV/2, 1126f.), wurde das erste Menschenpaar nicht nur am 6. Tag geschaffen, sondern hat auch am 6. Tag gesündigt und zwar um die 10. Stunde. Falls diese Haggada bereits zur Zeit Jesu im Umlauf gewesen sein sollte, dann wäre mit dem letzten Wort Jesu eine sühnetheologische Bedeutung verbunden: So wie das Schöpfungswerk Gottes am Nachmittag des sechsten Tages zerstört wurde, so wird es auch am Nachmittag des sechsten Ta-

Zwei weitere Aspekte des Todes Jesu, die in der Diskussion gewöhnlich ausgeblendet werden, finden sich in 12,31 und 18,11. Zunächst charakterisiert 12,31 das Passionsgeschehen[83] als Gerichtsgeschehen. Im Kreuz vollzieht sich das Gericht über den „Fürsten der Welt". Der Tod Jesu entmachtet die widergöttliche Macht (vgl. 14,30; 16,11). Ein forensischer (d.h. das Gericht betreffender) Zusammenhang ist auch im Kelchwort von 18,11 enthalten[84]. Jesus muß den Zorneskelch Gottes trinken (vgl. oben 1.3.; sowie Offb 14,10; 16,19; 18,6). Diese beiden Aspekte geben dem Sühnetod Jesu eine entscheidende Tiefendimension. Es geht hier um ein Gerichtsgeschehen. Zum einen vollzieht sich dabei das paradoxe Gericht über den *diabolos* (dt. „Durcheinanderwerfer"; 8,44), der gerade in der Ermordung Jesu durch seine Kinder, „den Juden"[85], seinen eigentlichen Triumph feiert (vgl. 8,44f. mit dem Prozeß Jesu). Zum anderen erhält dieses Gericht seine Gültigkeit nur durch das stellvertretende Gericht über den die Sünde der Welt tragenden Jesus. Der Sühnetod Jesu wird gerade als dieses doppelte Gerichtsgeschehen „für uns" zum Heilsgeschehen![86] Dies ist die eigentliche und tiefste Bedeutung des Todes Jesu.

---

ges wieder hergestellt. Man könnte ferner erwägen, ob das häufig wiederkehrende Motiv der „Stunde Jesu" zu dieser Vollendung am sechsten Tag in einer Beziehung steht.

83 Daß sich das νύν auf die Passion und den Tod Jesu bezieht, dürfte von 12,23f.27f. her deutlich sein.

84 Nach Dietzfelbinger (a.a.O., 71) lehnt Johannes die Tradition vom Ringen Jesu mit seinem Vater „ausdrücklich" ab. Davon kann angesichts von 12,27 keine Rede sein. Vielmehr verzichtet Johannes wie in der ganzen Passion darauf, Bekanntes zu wiederholen. Im Verhältnis zu den synoptischen Evangelien beschränkt sich Johannes darauf, das „theologisch Unverzichtbare" zu wiederholen - und dazu gehörte für ihn offensichtlich auch 18,11.

85 Johannes hält auch in der Passionsgeschichte seine Polemik gegen die jüdische Führungsschicht durch. Durch die Erwähnung der römischen Besatzungsmacht (18,3) brandmarkt er die höchste jüdische Instanz als Kollaborateure. In der Passionsgeschichte agieren stets nur die Juden. Sowohl bei der Gefangennahme als auch bei der Verurteilung zum Tode ergreifen sie die Initiative, brauchen aber die Hilfe der Römer. Der einzige im Johannesevangelium erwähnte Heide, Pontius Pilatus, wird im Johannesevangelium in einem stärkeren Dissens mit den Juden als mit Jesus dargestellt. Die jüdische Kollaboration in der johanneischen Passionsgeschichte gipfelt schließlich in 19,15 im Bekenntnis zum römischen Kaiser (vgl. J.A.T. Robinson, a.a.O., 241f.).

86 Daß der hier beschriebene Sühnebegriff in einer deutlichen Spannung zur Sühnekonzeption H. Geses (Die Sühne, in: Zur biblischen Theologie, [2]1983, 85-106) steht, dürfte sich von selbst verstehen.

Am widerständlichsten zum Sühnegedanken verhält sich scheinbar das Motiv der „Erhöhung" und „Verherrlichung" Jesu. Die Verknüpfung des Kreuzes mit diesen Prädikaten nahmen Käsemann und Müller zum Anlaß, dem Johannesevangelium eine *theologia crucis* zu bestreiten, bzw. einen „naiven Doketismus" zu unterstellen (s.o.). Dem widersetzt sich nicht nur die Tatsache der Hinrichtung durch das Marterinstrument des Kreuzes, sondern auch die wahrscheinliche Herleitung beider Verben aus Jes 52,13 und damit aus dem Kontext des vierten Gottesknechtsliedes. Jesus selbst hat seinen Tod im Licht des leidenden Gottesknechts verstanden und die diesem Knecht widerfahrende Paradoxie zwischen Leiden und Herrlichkeit auf sich selbst bezogen. Während bei den Synoptikern und Paulus aber das Leiden mit dem Kreuz und die Erhöhung und Herrlichkeit mit der Auferstehung verbunden wurde[87], ist es die unerhörte Perspektive von Johannes, die Erhöhung und Herrlichkeit in Auslegung von Jes 53 bereits im Kreuz zu erblicken.

Diese eigentümliche, johanneische Perspektive ist ein Grunddatum seiner Theologie. Johannes erzählt sein Evangelium mit den Augen des Auferstandenen[88]. Während die Synoptiker das Leben und Wirken Jesu mit den Augen der Jünger sehen, versucht Johannes sich bei seiner Darstellung „die Schuhe Jesu" anzuziehen[89].

Somit ist es Johannes möglich, gerade seine breit angelegte sühnetheologische Kreuzesdeutung in den Farben einer „Erhöhungs- und Verherrlichungstheologie" zu malen.

2.3. Fazit

Johannes legt das Sühnemotiv wie schon die Synoptiker in erster Linie durch die Identifikation Jesu mit dem Passalamm (2Mo 12), dem Gottesknecht (Jes 53) und einem kultischen Sühneopfer (hier das Tamidopfer nach 2Mo 29) aus. Charakteristisch für das vierte Evan-

---

[87] Bei Paulus kommt dies deutlich im Philipperhymnus zum Ausdruck: Die Entäußerung (Phil 2,7) und Erniedrigung (2,8) vollziehen sich am Kreuz, während die Erhöhung erst anschließend in der Auferstehung gesehen wird (2,9).

[88] Das Hohepriesterliche Gebet Jesu (Kap. 17) ist teilweise bereits das vorweggenommene Fazit des Auferstandenen, der über die erst noch vor ihm liegenden Ereignisse bereits resümmiert (vgl. Vv. 4.11). Es findet bisweilen eine eigentümliche „Horizontverschmelzung" (H.G. Gadamer; T. Onuki) statt, ohne daß freilich die historische Perspektive dadurch aufgehoben würde.

[89] R.G. Collingwood, The Idea of History, Oxford/Toronto 1959, 174.

gelium ist vor allem, daß Johannes das Sühnegeschehen am Kreuz als den Höhepunkt der Sendung Jesu als dem Sohn Gottes darstellt. Das Werk der Offenbarung des Vaters durch den Sohn wird mit der Erlösung am Kreuz „vollendet".

Das Sühnemotiv erweist sich dabei für die johanneische Deutung des Todes Jesu nicht als zu „eng", sondern als einzig sachgemäß. Es ist nicht nur eine „Vorstufe"[90] seines Denkens, sondern die sachliche Endstufe, die von Johannes sprachlich neu formuliert wird. Ausgehend vom Sühnemotiv sind alle weiteren Bilder zu deuten, nicht umgekehrt[91].

---

90 Dietzfelbinger, a.a.O., 76.

91 Freilich umfaßt der Sühnegedanke nicht die gesamte Christologie. Nirgendwo im Neuen Testament wird die Christologie auf die Soteriologie reduziert. Der Sühnegedanke wird überfrachtet, wenn man ihm die gesamte johanneische Christologie auflädt (Dietzfelbinger, a.a.O., 75). Letztere ist wesentlich umfassender als das Sühnemotiv.

Sühne und Versöhnung bei Paulus

von Volker Gäckle

1. Einleitung

Daß Paulus die Deutung des Todes Jesu auf dem Hintergrund des alttestamentlichen Sühnegeschehens kennt, ist eindeutig. Umstritten ist dagegen vielmehr die Frage, welches Gewicht das Verständnis des Todes Jesu als Sühneopfer bei Paulus hat[1], und ob es neben seiner Sühnetheologie auch noch alternative Erklärungen zum Tode Jesu gibt. H. Hübner formulierte in seinem großen Forschungsbericht den Nerv der Diskussion folgendermaßen: „Ist die Rede vom sühnenden Tode Christi das Zentrum neutestamentlicher Verkündigung oder lediglich eine zeitbedingte Aussage, die die wesentliche Versöhnungsbotschaft des Neuen Testaments verdeckt, solange sie nicht in ihrer Zeitbedingtheit durchschaut wird?“[2] Hübner macht in seinem Forschungsbericht keinen Hehl daraus, daß er der letzteren Auffassung zuneigt. Mit der Aufnahme von Sühnebegriffen aus dem kultischen Sakralrecht[3] wolle Paulus nur deutlich machen, daß „die ‘Möglichkeit’, Gott gegenüber ein Sühneopfer zu entrichten, von Gott selbst als Unmöglichkeit entlarvt“ wurde[4]. „Der radikal ernst genommene Gott des Alten Testaments zerbricht von sich aus das Phantom des Kults. Gott und Sühnekult erweisen sich als notwendig ausschließende Größen.“[5] So nimmt es nicht Wunder, daß Hübner sich dem Urteil G. Fitzers anschließt: „’Um Sühne, Strafe, Strafleiden geht es bei dem Tod Jesu im paulinischen Denken nicht - übrigens auch sonst

---

1 So bestreitet z.B. G. Friedrich (Die Verkündigung des Todes im Neuen Testament, BThSt 6, Neukirchen-Vluyn, ²1985), daß der Sühnegedanke für Paulus überhaupt eine tiefere Relevanz besitzt.

2 H. Hübner, Paulusforschung seit 1945. Ein kritischer Literaturbericht, in: ANRW II, 25.4., 1987, 2649-2840: 2710.

3 Damit sind vor allem die Gesetze und Bestimmungen aus 3Mo hinsichtlich des Opferkultes gemeint.

4 A.a.O., 2720.

5 Ebd.

nicht im N.T. [...]' Fazit: 'Aus der paulinischen Christologie ist die Opfertheorie zu verbannen.' Dem ist kein Wort mehr hinzuzufügen."[6] Ob dieses im wahrsten Sinne des Wortes „abschließende" Urteil angesichts der paulinischen Sühneaussagen gerechtfertigt ist, muß sich freilich erst noch erweisen. Doch selbst wenn man zu einem gegenteiligen Urteil über die paulinische Sühnetheologie kommt, ist die Frage nach dem exakten paulinischen Verständnis noch keineswegs geklärt. Ist es kultisch oder eher unkultisch bestimmt[7] und wie ist die Sühne genau verstanden?

Mit diesen Fragen wird sich der folgende Beitrag beschäftigen. In einem ersten Schritt wird es dabei um eine Bestandsaufnahme der sakralrechtlichen Begriffe und Formeln bei Paulus gehen. In einem zweiten Teil soll zum einen am Beispiel einiger Belege, in denen Paulus die kultische Opfertheologie aufnimmt, und zum anderen am Begriff „Versöhnung / versöhnen" das paulinische Verständnis der Sühne untersucht werden. Abschließend gilt es, die Ergebnisse im Blick auf ein Gesamtbild hin zu entfalten.

2. Sühnetheologische Formeln

2.1. „Für uns"

Diese überaus häufig wiederkehrende Wendung gebraucht Paulus formelhaft, um das zentrale Heilsgeschehen im Kreuz Christi zu benennen. In fast allen der zahlreichen soteriologischen (= das Heil betreffenden) Bekenntnisformeln der Urgemeinde, die Paulus zitiert, bildet diese Wendung den Kern der Aussage, und auch die soteriologischen Programmsätze von Paulus selbst stellen das „für uns" bzw. „für euch" in die Mitte. Das „für uns" (ὑπὲρ ὑμῶν) stellt die Kurzform der sog. „Sterbeformel" dar: „Christus ist für unsere Sünden gestorben" (1Kor 15,3) bzw. oft auch nur „Christus ist für uns gestorben" (z.B. Röm 5,6.8; 2Kor 5,14f.).

---

6 G. Fitzer, Der Ort der Versöhnung nach Paulus, ThZ 22 (1966), 161-183: 182; zitiert bei Hübner, a.a.O., 2720f.

7 So vertritt C. Breytenbach (Versöhnung. Eine Studie zur paulinischen Soteriologie, WMANT 60, Neukirchen-Vluyn 1989, 193-215) zwar durchaus die sühnetheologische Grundlegung der paulinischen Soteriologie, möchte aber vom Opfergedanken bei Paulus nichts wissen. Zusammen mit G. Friedrich (a.a.O., 68-76) lehnt er es ab, „vom Tod Christi ὑπὲρ ἡμῶν als 'Sühn-' oder 'Sündopfertod' zu sprechen" (215).

Wie M. Hengel gezeigt hat[8], geht die Wendung wahrscheinlich auf das Kelchwort Jesu beim Abendmahl zurück. In der Erinnerung an die Ankündigung Jesu beim Abendmahl, seinen Leib und sein Blut als Sühne „für die Vielen zur Vergebung der Sünde“ (Mt 26,28) zu geben, entdeckten die Jünger nach Ostern die Lösung für ihre ganz persönliche Schuldfrage im Zusammenhang mit ihrem Versagen in der Passionsnacht[9]. Daraus ergab sich möglicherweise die Einsicht, daß die Lösung ihrer Schuldfrage am Kreuz gleichzeitig die Lösung der universalen Schuldfrage bedeutete. Jesus ist das „ein für allemal“ (vgl. Röm 6,10; 1Petr 3,18; Hebr 7,27; 9,12) gültige Opfer für alle Welt. Über den griechischsprachigen Gemeindeteil der Jerusalemer Urgemeinde, den sog. Hellenisten, wurden die aramäischen Abendmahlsworte Jesu „gräzisiert“, d.h. der griechischen Sprache angepaßt. Dies geschah nicht zuletzt aus missionarischen Gründen, wollte man doch den Sinn des Todes Jesu nicht nur den Juden, sondern aller Welt verständlich machen[10]. Dieser Übersetzungsprozeß ist noch im Neues Testament erkennbar. Während in Mk 14,24 noch in Anlehnung an Jes 53,12 „für die vielen“ (ὑπὲρ πολλῶν) steht, wird in Lk 22,20 schon die ins Griechische übertragene Variante „für uns“ wiedergegeben. Vielleicht spiegelt die Eingrenzung auf die Gemeinde die Erfahrung der ersten Christen wieder, die sich in einer verlorenen Welt als die zuerst Geretteten wiederfanden. Über die weitreichende Mission der Hellenisten kam so Jesu eigene sühnetheologische Erklärung seines Todes auf dem Hintergrund von Jes 53[11] zu Paulus.

2.2. „Dahingegeben“

Der zweite Schwerpunkt der paulinischen Aussagen über den Sühnetod Jesu verbindet sich mit den häufigen Aussagen, in denen von der „Dahingabe“ (griech. παραδίδοναι, oder oft einfach nur δίδοναι) Jesu die Rede ist. Das Subjekt des Dahingebenden ist dabei variabel.

---

8 M. Hengel, Der stellvertretende Sühnetod Jesu. Ein Beitrag zur Entstehung des urchristlichen Kerygmas, IKZC 9, 1980, 1-25.135-147.

9 Hengel, a.a.O., 143f.

10 Hengel (a.a.O., 2-9) macht darauf aufmerksam, wie stark im antiken Hellenismus die Vorstellung eines stellvertretenden Sterbens für andere, freilich nicht im Sinne Jesu, verbreitet war.

11 Dies wird wiederum in 1Kor 15,3 sehr deutlich, wenn Paulus die „Sterbeformel“ mit der Wendung „nach der Schrift“ verbindet. Letztlich kann damit nur Jes 53 angesprochen sein.

Zweimal wird Gott als der Dahingebende beschrieben (in Form des Passivum divinum in Röm 4,25 sowie in 8,32), ansonsten ist es Christus selbst, der sich „für uns“ bzw. „für euch“, „für unsere Sünden“ oder „für die Gemeinde“ dahingegeben hat (Gal 1,4; 2,20; Eph 5,2.25; Tit 2,14; 1Tim 2,6). Daß diese Dahingabe sühnetheologische Bedeutung hat, zeigen die Verbindungen mit der Sterbeformel (in ihrer Kurz- oder Langform) ebenso wie die Verbindung mit explizit kultischen Begriffen. 1Tim 2,5f. stellt - wie bereits im letzten Kapitel erwähnt - eine gräzisierte (in die griechische Sprachform übertragende) Variante des Lösegeldwortes aus Mk 10,45 dar. Auch hier zeigt sich wieder die Aufnahme von Jesu eigener Todeserklärung durch die Urgemeinde und Paulus. Im Unterschied zu den verschiedenen Formen der „Sterbeformel“ ist der Hintergrund von Jes 53,6.12 in den „Dahingabe“-Aussagen jedoch direkt erkennbar.
Schon allein die enorme Häufigkeit dieser Wendungen zeigt, daß Paulus sich nicht einer sühnetheologischen Erklärung des Todes Jesu widersetzt, sondern sich ganz bewußt an Jesu eigene Deutung anschließt.

3. „Jesus ist kommen, ein Opfer für Sünden“

3.1. Röm 3,25f.

In diesem Zusammenhang gilt es zunächst, die sühnetheologische Zentralaussage des Paulus in Röm 3,25f. zu betrachten. Dabei handelt es sich mit großer Wahrscheinlichkeit um eine Lehraussage, die Paulus bereits wie viele andere aus der Jerusalemer Urgemeinde übernommen hat und nun als Spitzensatz an das Ende seiner Argumentation in 3,21-36 stellt.[12] Der Lehrsatz ist sehr dicht formuliert und kompliziert konstruiert:

„... Christus Jesus,
(25) ihn hat Gott öffentlich eingesetzt als Sühnedeckel (ἱλαστήριον),
(der) durch den Glauben (zugänglich und)

[12] Paulus fügt von ihm übernommene Lehr- und Bekenntnissätze gerne in Form eines Relativsatzes in seine eigene Argumentation ein (vgl. z.B. auch Röm 4,25; 8,32; Phil 2,6-11; 1Tim 2,6; 3,16 u.ö.).

aufgrund seines Blutes (wirksam wird),
zum Erweis[13] seiner Gerechtigkeit
wegen des Erlasses der zuvor geschehenen Übertretungen
(26) in der (Zeit der) Geduld(speriode) Gottes (und)
zum Erweis seiner Gerechtigkeit im jetzigen Zeitpunkt,
auf daß er selbst gerecht sei
und gerecht spreche den, der aus Glauben an
Jesus (lebt)."

Fast jedes Wort dieses Lehrsatzes wurde in der Forschung ausführlich diskutiert. Hier muß ein Blick auf den Begriff „Sühnedeckel" (griech. ἱλαστήριον) und auf das Wortfeld „Gerechtigkeit, gerecht, gerecht sprechen" (δικαιοσύνη, δίκαιος, δικαιόω) genügen.
Der Begriff ἱλαστήριον *(hilasterion)* ist zunächst ein substantiviertes Adjektiv (das „Sühnende") und bezeichnet eine in irgendeiner Weise mit dem Sühnegeschehen verbundene Sache. Häufig wird damit eine „Sühnegabe" (z.B. 4Makk 17,21f.) oder ein „Sühneopfer" bezeichnet. In der Septuaginta, der griechischen Übersetzung des Alten Testaments, wird das Sühnemal bzw. der Sühnedeckel (Luther: Gnadenthron) auf der Bundeslade im Allerheiligsten des Tempels mit ἱλαστήριον ἐπίθεμα (*hilasterion epithema*, 2Mo 25,16; 38,7) oder oft auch nur mit *hilasterion* (2Mo 25,17ff.; 3Mo 16,2.13-15 u.ö.) wiedergegeben. Dieser Sühnedeckel ist nach 2Mo 25,22 der Ort, an dem Gott Mose begegnen und mit ihm reden wollte. Es ist auch der Ort, an dem Aaron bzw. der jeweilige Hohepriester einmal jährlich am Großen Versöhnungstag Sühne für das Volk erwirkte, indem er das Opferblut an diesen Sühnedeckel sprengte (3Mo 16,11ff.). Umstritten ist nun, ob in Röm 3,25 von der allgemeineren (Sühneopfer)[14] oder kon-

13 W.G. Kümmel (πάρεσις und ἔνδειξις. Ein Beitrag zum Verständnis der paulinischen Rechtfertigungslehre, ZThK 49, 1952, 154-167) hat gezeigt, daß die beiden im Titel genannten Begriffe aus V. 25b mit „Erlaß" bzw. „Erweis" zu übersetzen sind und nicht mit „Hingehenlassen" bzw. „Beweis". Andernfalls würde es bedeuten, daß Gott seine Gerechtigkeit beweisen will oder sogar muß, weil er die geschehenen Übertretungen noch nicht geahndet hat.

14 So v.a. E. Lohse, Märtyrer und Gottesknecht, FRLANT 64, Göttingen ²1963, 149ff. und Ders., Die Gerechtigkeit Gottes in der paulinischen Theologie, in: Ders., Die Einheit des Neuen Testaments. Exegetische Studien zur Theologie des Neuen Testaments, Göttingen 1973, 209-227. Nach Lohse handelt es sich bei ἱλαστήριον

kreteren Bedeutung (Sühnedeckel auf der Bundeslade) des Begriffes *hilasterion* auszugehen ist. Für letzteres hat P. Stuhlmacher gewichtige Argumente ins Feld geführt[15]. Bezeichnet *hilasterion* folglich den Sühnedeckel der Bundeslade, so hätte dies weitreichende Konsequenzen. Es würde bedeuten, daß Paulus den Tod Jesu dem alttestamentlichen Sühnegeschehen am Großen Versöhnungstag gegenüberstellt, um deutlich zu machen, daß der Opfertod Jesu das kultische Sühneopfer am Großen Versöhnungstag „ein für allemal" (Röm 6,10) überbietet und damit ablöst. Im Gegensatz zur Verborgenheit des Sühnedeckels im Allerheiligsten des Tempels ist Jesus der von Gott öffentlich eingesetzte bzw. hingestellte Ort der Begegnung mit dem Menschen. Am Kreuz Jesu findet die „end"-gültige (d.h. für das Endgericht gültige) Offenbarung Gottes statt. Nach Stuhlmacher hat Paulus die ihm von der Jerusalemer Gemeinde her vorgegebene Tradition nicht kritisierend, sondern zustimmend zitiert[16]. Von einer Kri-

---

nicht um den Sühnedeckel auf der Bundeslade, sondern meint nach 4Makk 17,21f. schlicht ein Sühneopfer. Ein Vergleich mit dem Sühnedeckel auf der Lade sei unwahrscheinlich, da er in der vorliegenden Form von den römischen Christen kaum verstanden worden wäre (151). Dies umso mehr als der in der Septuaginta übliche Artikel (τό ἱλαστήριον) fehle. Hinzu kommt, daß der Vergleich insofern hinkt, als der Sühnedeckel im Allerheiligsten verborgen war, während Jesus „öffentlich aufgestellt" wurde. Schließlich sei auch das Bild „schief", weil bei einer Gleichsetzung Christi mit dem Sühnedeckel sein eigenes Blut an ihn selbst gesprengt werden würde (152).

15 P. Stuhlmacher, Zur neueren Exegese von Röm 3,24-26, in: Ders., Versöhnung, Gesetz und Gerechtigkeit, Göttingen, 1981, 117-135. Er weist zunächst darauf hin, daß die Gleichsetzung von ἱλαστήριον mit dem Sühnedeckel der Lade sehr gut in den Zusammenhang der judenchristlich-hellenistischen Gemeinde und ihrer Tempelkritik passen würde. Auch für eine so judenchristlich geprägte Gemeinde wie in Rom wäre dies nicht unverständlich (124). Das Fehlen des Artikels erklärt Stuhlmacher mit dem Umstand, daß der Begriff als Prädikativum gebraucht wird, was den Artikel überflüssig macht (125). Die von Lohse angeführte Verborgenheit der Lade im Allerheiligsten war nicht nur für Paulus, sondern auch für das ganze Neue Testament kein Hindernis, um einen Vergleich zu ziehen (vgl. Mk 15,38; Hebr 9f. und 13,10f.). Wie im Hebr spricht auch Paulus bezüglich des Todes Jesu eindeutig von einem Sündopfer. Der typologische Vergleich zwischen Jesus und dem kultischen Sühneopfer taucht bei Paulus also des öfteren auf. Schließlich ist der Vergleich nach Stuhlmacher auch keineswegs „schief", da es Paulus nicht auf eine exakte Aufsplittung der Motive ankomme, sondern lediglich darauf, daß „Gott Jesus öffentlich zur Stätte der Begegnung mit Gott, seiner Offenbarung und jener Versöhnung eingesetzt habe, die kraft der in Jesu Lebenshingabe, seinem Blut, vollbrachten Sühne wirksam ist." (127).

16 Stuhlmacher, a.a.O., 135.

tik am Sühnekult im Namen Gottes oder Gottes selbst kann bei Paulus keine Rede sein.

Für die Frage nach dem genauen Verständnis des Sühnegeschehens ist es nun noch wichtig, auf das Ergebnis dieses universal gültigen Sühnetodes Jesu zu achten. Dieses Ergebnis beschreibt Paulus mit dem Wortfeld „Gerechtigkeit/ gerecht/ gerecht sprechen". Was ist der genaue Sinn dieser Aussagen?

M. Seifrid hat darauf hingewiesen[17], daß „Gerechtigkeit Gottes" bei Paulus nicht nur den Sinn einer heilschaffenden Gerechtigkeit besitzt, sondern sehr wohl auch die Bedeutung einer richtenden und folglich strafenden Gerechtigkeit einschließt[18]. Beide Momente sind nun so verbunden, daß Christus stellvertretend für uns das Gericht Gottes für unsere Ungerechtigkeit auf sich nimmt und so die strafende Gerechtigkeit Gottes offenbart. Umgekehrt wird uns dadurch Christi Gerechtigkeit als Gabe heilvoll zuteil.

Hält man an dieser doppelten Bedeutung der Gerechtigkeit Gottes als richtender Eigenschaft und heilschaffender Gabe fest, so enthüllt sich auch der Sinn von Röm 3,26: Gott hat in der öffentlichen Aufrichtung Christi zum Sühnedeckel am Kreuz sich als gerecht erwiesen, weil er sein Recht nicht übergeht und Sünde nicht ungesühnt läßt. Wer nun aber im Glauben an Jesus lebt, dem schenkt er die heilschaffende Gabe seiner Gerechtigkeit. Vergeltende und heilvolle Gerechtigkeit ergänzen sich so bei Paulus. Beide Momente müssen daher auch beim Sühnegeschehen zusammengehalten werden: Sühne bedeutet ein heilschaffendes Geschenk Gottes für den Sünder, insofern sie das stellvertretende Gericht über Christus ist.

Exkurs: Gerechtigkeit Gottes im Alten Testament[19]

Freilich ist dieses Verständnis von Gerechtigkeit Gottes schon im Blick auf das Alte Testament heftig umstritten. Es gilt in Deutschland

---

17 In einem noch unveröffentlichten Vortrag zum Thema „Gottes Gerechtigkeit im Alten Testament und bei Paulus", den er am 29.4.97 vor Studenten und Lehrern des Albrecht-Bengel-Hauses hielt.

18 So weist er darauf hin, daß in Röm 1,17 Gottes Gerechtigkeit nicht einfach dem richtenden Zorn Gottes antithetisch gegenübersteht, sondern daß sie im weiteren Kontext durch die zahlreichen Hinweise auf das alttestamentliche Talionsrecht auch richterlich und normorientiert ist (vgl. 1,18.29.32; 2,1.5.8; 3,5).

19 Der folgende Exkurs bezieht sich auf das oben erwähnte Referat von Mark Seifrid.

- angefangen von A. Ritschl[20] über H. Cremer[21], G. v. Rad[22] bis in die Gegenwart - als Konsens, daß im Alten Testament mit dem Begriff „Gerechtigkeit" (צְדָקָה = *zedakah)* stets die heilsame Zuwendung Gottes an sein Volk gemeint ist. Gelegentlich auftauchende Hinweise auf eine strafende, vergeltende Gerechtigkeit Gottes werden meist als spät und sekundär (ab)gewertet.

In der Tat gibt es viermal mehr Belege für eine heilschaffende Gerechtigkeit (*iustitia salutifera*) als für eine vergeltende Gerechtigkeit (*iustitia distributiva*). Ausgehend von diesem Befund wird nun häufig vermutet, daß mit Gerechtigkeit ein Verhalten bezeichnet wird, das eine Beziehung bzw. ein Verhältnis zwischen zwei Partnern fördert, weniger dagegen ein Verhalten, das an einer bestimmten Norm orientiert ist. Daß sich „Gerechtigkeit" aber durchaus an einer Norm orientiert, zeigt z.B. 1Mo 38,26: Tamar hatte einen rechtlichen Anspruch auf Nachkommenschaft, und daher war ihr Tun „gerecht" in Bezug auf eine vorher gesetzte Norm, weniger in Bezug auf ein Verhältnis.

Bei der Suche nach der Bedeutung eines Begriffs darf nun nicht nur nach der allgemeinen Bedeutung der entsprechenden Wortwurzel gefragt werden, sondern es muß stets der jeweilige Zusammenhang beachtet werden.

Die dabei häufig vorgenommene Gleichsetzung von „Gottes Gerechtigkeit" mit „Gottes Bundestreue" entbehrt einer breiten Grundlage. Die Wurzel *zdk* (צדק) steht von ihrer Wortbedeutung her nur siebenmal in einer Verbindung mit dem Begriff „Bund" (hebr. בְּרִית = berit). Hinzu kommt, daß in drei von diesen Fällen von einer vergeltenden Gerechtigkeit die Rede ist (Neh 9,32f.; Ps 50,1-5; Dan 9,4-7). Somit kann von einer „unbedingten Bundestreue" keine Rede sein.

Grundsätzlich gilt „Bundestreue" im Alten Testament stets als „Gerechtigkeit", aber umgekehrt ist nicht alle „Gerechtigkeit" gleichzeitig „Bundestreue". Denn es gibt auch außerhalb des Bundes „Gerechte" (vgl. 1Mo 18,22f.; Hiob 1,1; Hes 14,14.20). Auch in den Sprüchen ist die Unterscheidung zwischen „Gerechten" und „Ungerechten" nicht am Bund orientiert.

---

20 A. Ritschl, Die christliche Lehre von der Rechtfertigung und Versöhnung, Bonn 1874.

21 H. Cremer, Die paulinische Rechtfertigungslehre im Zusammenhange ihrer geschichtlichen Voraussetzungen, Gütersloh 1899.

22 G. von Rad, Theologie des Alten Testaments, München [9]1987, 389.

Ausschließlich heilvollen Charakter hat die Wurzel *zdk* nur im Kontext des göttlichen Herrschens und Richtens (Wurzel שׁפט = *spt*). Gott schafft und bewahrt seine Ordnung der Gerechtigkeit als Grundlage des gesellschaftlichen Lebens. Das feminine Nomen „Gerechtigkeit" (*zedakah)* bezieht sich in der Regel auf eine konkrete, gerechte Tat oder auf ein bestimmtes, rechtfertigendes Urteil. Es bezeichnet eine „Tat der Rechtfertigung". Das Adjektiv gerecht (צַדִּיק =*zadik)* bezieht sich dagegen fast ausschließlich auf Personen!
Es gibt 15 eindeutige Belege, in denen von einer strafenden und vergeltenden Gerechtigkeit bzw. „Gerecht-sein" Gottes die Rede ist und die einen gerichtlichen Hintergrund haben[23]. In neun Fällen wird Jahwe mit dem Adjektiv als „gerecht" beschrieben[24]. In fünf Fällen wird Jahwe von den von ihm Bestraften als „Gerechter" bzw. als „gerecht" bekannt[25].
Der Vorstellungshintergrund der Wurzel *zdk* ist damit folgender: In einer gefallenen Welt muß Gott immer neu zugunsten seines Volkes erhaltend und Gerechtigkeit schaffend eingreifen[26]. In der Regel ist ein gerichtlicher Zusammenhang gegeben: Jahwe vergilt die Schuld und bestraft die Schuldigen und nur so verschafft er den „Gerechten" Recht und erweist sich in seinem Sein als „gerecht". Rettende und vergeltende Gerechtigkeit sind also untrennbar aufeinander bezogen.

3.2. 2Kor 5,21

Von Röm 3,25f. her erschließt sich auch diese Stelle:

> „(Gott) hat den, der nichts von Sünde wußte, für uns zur Sünde gemacht,
> damit wir durch ihn zur Gerechtigkeit Gottes würden."

Aus dem Zusammenhang der V.14-21 wird deutlich, daß sich Paulus im Zuge der Verteidigung seines Amtes mit der Bedeutung des Todes

---

23 2Mo 9,27; 2Chr 12,6; Neh 9,33; Ps 7,10.12; 11,5-7; 50,6; Jes 1,27; 5,16; 10,22; 28,17; Klgl 1,18; Dan 9,7.14.16.

24 2Mo 9,27; Ps 7,10.12.; 11,5-7; Klgl 1,18; Neh 9,33; Dan 9,7.14.16.

25 Klgl 1,18; Neh 9,33; Dan 9,7.14.16.

26 Dieses Gerechtigkeit schaffende, im Resultat heilvolle Handeln wird entweder mit dem Verb הַצְדִּיק (hiph.) oder dem Nomen צְדָקָה zum Ausdruck gebracht.

Jesu auseinandersetzt (vgl. V.14f.). Ganz ähnlich wie in Röm 3,21-26 schließt Paulus seine Erläuterung mit einer sühnetheologischen Formel ab. Im Hintergrund steht die kultische Opfersprache[27]. So wie der alttestamentliche Priester im Namen Gottes dem makellosen Opfertier die Sünde aufgeladen hat und es so zum todgeweihten Träger der Sünde gemacht hat[28], so hat auch Gott Jesus zum Träger der Sünde gemacht, aber eben stellvertretend „für uns". Umgekehrt macht Gott nun uns, die wir seine Versöhnung annehmen, zu Trägern seiner Gerechtigkeit.

Auch hier ist die kultische Sühnetheologie nicht nur ein zeitbedingtes Vehikel der paulinischen Versöhnungslehre, sondern ihr Kern, ohne den sie unverständlich bliebe.

3.3. Eph 5,2

Der vielleicht prägnanteste Beleg dafür, daß Paulus den Tod Jesu im Sinne eines kultischen Sühneopfers deutet, ist Eph 5,2[29]. Hier werden sowohl die Hingabe-Formel, die „für uns"-Wendung als Kurzform der Sterbeformel als auch alttestamentliche Opfersprache explizit aufgenommen. Nirgendwo wird die Struktur des alttestamentlichen Sakralrechts der Sühne deutlicher als hier:

„... so wie auch der Christus uns geliebt hat

---

27 P. Stuhlmacher, Biblische Theologie des Neuen Testaments, Bd. I Grundlegung. Von Jesus zu Paulus, Göttingen 1992, 195.

28 Stuhlmacher (ebd.) weist darauf hin, daß die Septuaginta den hebr. Begriff für „Sündopfer" (hebr. חַטָּאת), der in der Langform τὸ περί τῆς ἁμαρτίας δῶρον lautet, auch abgekürzt als περί ἁμαρτίας (3Mo 5,6.7.11 u.ö.) oder nur als ἁμαρτία (3Mo 4,21.24; 5,12) übersetzt. Von daher möchte er in 2Kor 5,21 das zweite ἁμαρτία mit „Sündopfer" übersetzen. Ebenso kann ποιεῖν in der Septuaginta im opfertechnischen Sinn „verfahren mit/ behandeln als/ darbringen als" bedeuten (3Mo 4,20; 5,10; 9,7; 16,15).
Entsprechend versteht Stuhlmacher (a.a.O., 291; ebenso ders., Der Brief an die Römer, NTD 6, Göttingen 1989, 107.110) auch Röm 8,3: „... Gott hat seinen eigenen Sohn gesandt in der Gleichgestalt des Fleisches der Sünde - und zwar als Sündopfer, und hat die Sünde im Fleisch verurteilt, ..."

29 Der Beleg wird in der Diskussion freilich ausgeblendet, da man gemeinhin von einer nichtpaulinischen Verfasserschaft des Epheserbriefs ausgeht. Es kann im Rahmen dieser Ausführungen nun keine Diskussion der Einleitungsfragen geführt werden. Es muß der Hinweis genügen, daß sich viele Fragen um die paulinische Sühnetheologie von selbst klären, wenn man sich den Verfasserangaben der Briefe selbst anvertraut.

und sich selbst für uns dahingegeben hat
als Darbringungsgabe und Opfer
Gott zu einem Geruch des Wohlgefallens."

Hier wird deutlich, daß die emotional zugänglichen Kategorien wie z.B. Liebe oder Barmherzigkeit Christi bzw. Gottes nicht gegen die juristische Erklärung des Todes Jesu vor dem Hintergrund des Sakralrechts der Sühne ausgespielt werden dürfen. Vielmehr kommt in der stellvertretenden Übernahme des sühnenden Straftodes gerade die Liebe Gottes bzw. Christi gegenüber den zum Zuge. Mit der Aufnahme der Sterbe- und Hingabeformel schließt sich Paulus auch hier an die von Jesus im Anschluß an Jes 53 formulierte sühnetheologische Erklärung seines Todes an, präzisiert sie aber noch mit eigenen Worten. Demnach geschieht der sühnende Opfertod Jesu stellvertretend „für uns" und kommt damit auch uns zugute. Umgekehrt ist aber Gott der Empfänger des Opfers, der daran Wohlgefallen hat (vgl. 1Mo 8,21; 2Mo 29,18; 3Mo 1,9.13.17; 2,2.9). Im Hintergrund steht Ps 40,7-9 und die auf Christus bezogene Auslegung dieser Verse in Hebr 10,5-10: Christus hebt mit seinem ein für allemal gültigen Opfertod alle kultischen Opfer des Alten Bundes auf, da sie niemals vollkommene Opfer waren und niemals das vollkommene Wohlgefallen Gottes fanden. Jesus dagegen hat in seinem gehorsamen Opfertod den Willen Gottes ein für allemal erfüllt. Das titulare „der Christus" (griech. ὁ Χριστός) als Bezeichnung des göttlichen Messias steht daher in Eph 5,2 nicht ohne Grund. Es hängt zum einen mit der messianischen Auslegung von Ps 40,7-9 in Entsprechung zu Hebr 10,5-10 zusammen, zum anderen aber auch mit der Analogie zum Sühnegeschehen in Jes 53. Nur der von Gott gesandte sündlose Messias bzw. Gottesknecht kann wirklich Sühne schaffen.

So wird von Eph 5,2 her sowohl die von H. Schmid ermittelte Struktur des kultischen Sühnerechts als auch die von R. Albrecht beschriebene Struktur des sühnenden Leidens des Gottesknechts bestätigt:

1. Unsere Sünde und schuldhafte Verfehlung kann nur durch eine Ersatzgabe gesühnt werden.
2. Eine umfassende Sühne ist von Jes 53 her nur durch den stellvertretenden Straftod eines Schuldlosen möglich.
3. Dieser Schuldlose kann nicht aus dem Raum der schuldverfallenen Menschheit kommen, sondern nur von Gott.

4. Diesem Schuldlosen wird dann unsere Sünde aufgeladen, wodurch er ganz und gar zum Sünder wird und das Gericht folglich an ihm vollstreckt wird.
5. Gott ist Empfänger des Opfers und somit gleichzeitig Empfänger der Sühne; andererseits war jedoch „Gott in Christus", so daß Gott zugleich Subjekt der Sühne ist.
6. Die Wirkung des Opfers kommt der gesühnten Menschenwelt zugute.

3.4. 1Kor 5,7

Der Vergleich Christi mit dem für uns geopferten Passalamm hat in 1Kor 5,6-8 keine unmittelbare Funktion im Blick auf das Heilsgeschehen, sondern steht in einem ethisch-ermahnenden Zusammenhang. Paulus ermahnt die Korinther die Schlechtigkeit und Bosheit aus ihrem Leben auszukehren, so wie es mit dem alten Sauerteig beim Passafest geschieht. Es soll Platz sein für ein lauteres und wahrhaftiges Leben, so wie beim Passafest nur noch das ungesäuerte Brot Platz im Haus hatte. Diesen ethischen Vergleich begründet Paulus nun mit dem Opfertod Jesu als Passalamm. Die Bezeichnung Jesu als Passalamm hat für Paulus nicht dieselbe Bedeutung wie im Johannesevangelium (vgl. Joh 1,29.35; 19,33-37), aber auch er kennt eine entsprechende Identifikation und hat keine Scheu, sie theologisch auszuwerten. Für unsere Fragestellung ist hier nur wichtig, daß sich die These M. Hengels[30] bestätigt, daß die urchristliche Gemeinde in Jesus das eine Opfer sah, das alle alttestamentlichen Opfer umgreift und zum Ende bringt[31].

---

30 M. Hengel, Der Sohn Gottes, Tübingen 1975, 106f. Anm. 123.

31 In der Forschung ist freilich auch umstritten, ob die zweifellos vorhandene Sühnetheologie überhaupt auf die kultischen Opfer Bezug nimmt und somit kultischen Charakter hat. So ist nach Breytenbach bei Paulus ausschließlich eine unkultische Sühnetheologie vorhanden, die in keiner Weise auf die Opfer des Tempelkultes bezogen ist. Als Argumente führt er an, daß (1.) der Opfergedanke nur in 1Kor 5,7 und Eph 5,2 nachweisbar sei (a.a.O., 196), daß (2.) das Sterben Jesu am Kreuz ein völlig unkultisches Geschehen gewesen sei (ebd.) und (3.) Jesus selbst bereits den Opferkult mitsamt dem Tempel in Frage gestellt habe (197). Dabei beruft sich Breytenbach bei allen drei Punkten auf F. Hahn (Das Verständnis des Opfers im Neuen Testament, in: K. Lehmann/ E. Schlink (Hg.), Das Opfer Jesu Christi und seine Gegenwart in der Kirche. Klärung zum Opfercharakter des Herrenmahls, Freiburg/ Göttingen 1983, 51-91). Schließlich lehnt er (4.) die Auslegung P. Stuhlmachers von Röm 8,3; 2Kor 5,21 und Röm 3,25 ab, der hier einen Vergleich des Todes Jesu

4. Versöhnung

4.1. Der Begriff und seine Wurzeln

Das Wortfeld „Versöhnung/ versöhnen" (griech. καταλλαγή = *katallage*, καταλλάσσειν = *katallassein*) taucht bei Paulus jeweils an hervorgehobener Stelle in Röm 5,10f.; 11,15; 2Kor 5,18-20; Eph 2,16-18; Kol 1,19-22 auf. Während diese fünf Belege sich jeweils auf das Verhältnis zwischen Gott und Mensch beziehen, wird das Verb in 1Kor 7,11 auf das Verhältnis zwischen Mann und Frau angewandt.

Wie ist nun dieser Begriff zu verstehen? Die Antwort auf diese Frage hängt sehr eng mit der Herleitung des Begriffes zusammen. Doch genau darüber herrscht in der Forschung ein erheblicher Dissens[32]. In der Grundbedeutung der Wortwurzel hat der Begriffe die Bedeutung „sich oder etwas verändern" bzw. „etwas ein- oder vertauschen" und

mit dem kultischen Sühneopfer sieht. In diesem Zusammenhang lehnt er jede Beziehung der Sterbe- und Hingabeformeln zum kultischen Opfer ab. Statt dessen möchte er den Ursprung der paulinischen Sühnetheologie in der urchristlichen Deutung des Brotwortes beim Herrenmahl auf dem Hintergrund von Jes 53 verstehen. Den Tod des Gottesknechts habe man aber im Urchristentum als den stellvertretenden Tod eines Gerechten und damit wohl sühnend aber unkultisch verstanden.
Daß es weit mehr als die beiden genannten opfertheologischen Belege gibt, haben die bisherigen Ausführungen gezeigt. Daß der Kreuzestod Jesu in der Tat unkultisch war, wird niemand ernsthaft bestreiten. Dies schließt aber noch lange nicht aus, daß Paulus und die Urgemeinde diesen Tod im Anschluß an Jesus selbst auf dem Hintergrund des Sühne- und Schuldopfers (3Mo 4f.) und des großen Versöhnungstages (3Mo 16) verstehen konnten. Dahin wies sie schon die Auslegung des vierten Gottesknechtsliedes, das den Tod des Gottesknechts ebenfalls vom kultischen Schuldopfer her deutet (Jes 53,10). Schon von daher ist es absurd, Jesus eine kultkritische Haltung zu unterstellen (vgl. z.B. Mt 5,23f.). Wenn Jesus und die Urgemeinde den Opferkult in Frage stellt, dann nicht aus prinzipiellen, sondern aus heilsgeschichtlichen Gründen. Mit seinem Opfertod werden alle weiteren Opfer überflüssig und der Opferkult obsolet. Wer nun noch Opfer bringt, verkennt die neue heilsgeschichtliche Situation und damit Gott selbst. Vgl. P. Stuhlmacher, Cilliers Breytenbachs Sicht von Sühne und Versöhnung, JBTh 6 (1991), 339-354: 349-351.

32 Die Diskussion kann exemplarisch an der Auseinandersetzung zwischen P. Stuhlmacher (Sühne oder Versöhnung? Randbemerkungen zu Gerhard Friedrichs Studie: „Die Verkündigung des Todes Jesu im Neuen Testament", in: FS für Eduard Schweizer, hrsg. von U. Luz/H. Weder, Die Mitte des Neuen Testaments. Einheit und Vielfalt neutestamentlicher Theologie, Göttingen 1983, 291-316; ders., Breytenbachs Sicht, 339-354; sowie: ders., Biblische Theologie des Neuen Testaments. Band 1, Grundlegung. Von Jesus zu Paulus, Göttingen 1992, 318f.) und C. Breytenbach (Versöhnung. Eine Studie zur paulinischen Soteriologie, Neukirchen-Vluyn 1989) nachvollzogen werden.

„etwas ein- oder austauschen". „Versöhnung/ versöhnen" taucht in der antiken Literatur aber vor allem in privat- oder völkerrechtlichen Zusammenhängen auf. Es kann die Versöhnung privater Konflikte zwischen Ehepartnern (vgl. 1Kor 7,11), Verwandten oder Freunden ebenso bezeichnen wie die Versöhnung zweier Völker oder Kriegsparteien. In diesem profan-politischen Zusammenhang ist „Versöhnung/versöhnen" Teil der antiken Diplomatensprache und bezeichnet den Gesamtvorgang des Friedensschlusses zwischen zwei verfeindeten Volksgruppen. Dabei sendet eine Partei Gesandte bzw. Diplomaten, sog. „Alte" (griech. πρεσβεὶς = *presbeis*; vgl. 2Kor 5,20) aus, die der anderen Partei das Friedensangebot unterbreiten[33]. Problematisch im Blick auf den paulinischen Gebrauch des Wortesfeldes ist, daß sich nirgendwo die grammatische Wendung „jemanden mit sich versöhnen" finden läßt, ebensowenig wie die Aussage, daß „Gott die Welt mit sich versöhnt" hat (2Kor 5,19).

Daneben findet sich der Begriff zwar selten, aber dennoch gelegentlich in Texten des hellenistischen Judentums aus dem ersten vor- und ersten nachchristlichen Jahrhundert. Dabei bezieht er sich in einem theologischen Zusammenhang auf das Verhältnis Gott - Mensch. Er bezeichnet hier in der Regel die Versöhnung Gottes durch menschliche Fürbitte oder Buße (2Makk 1,5; 5,20b; 8,29; Josephus Ant 3,315; 7,153. 295; Philo, VitMos 2,166; QuastEx 2,49). Darüberhinaus wird oft eine Sinnverwandschaft der Begriffe „versöhnen" (griech. καταλλάσσειν) und sühnen (griech. ἐξιλάσκεσθαι) angenommen, die es erlauben würde, das erste Wort in den Bedeutungskontext des Sühnegeschehens zu rücken[34]. Diese Sinnverwandtschaft ist allerdings äußerst umstritten[35]. Problematisch für eine Herleitung des paulinischen Gebrauchs aus diesem Kontext ist nicht nur die extreme Dürftigkeit der Belege, sondern v.a. die theologische Aussage der Versöhnung Gottes durch menschliche Fürbitte und Buße. Bei Paulus geht die Versöhnung stets von Gott aus[36].

---

33 Vgl. z.B. Plutarch, Moralia 156C und Pelopidas-Vita 26,2; Dionysios von Halikarnass, AntRom II 45,6 und V 61,1; Dio Chrys 38,18.

34 So Stuhlmacher, Breytenbachs Sicht, 348 .

35 Breytenbach (a.a.O., 99f.) ist im Blick auf eine Sinnverwandtschaft beider Begriffe skeptisch.

36 Stuhlmacher weist selbstverständlich darauf hin, daß Paulus die hellenistisch-jüdische Rede von der Versöhnung Gottes durch menschliches Tun ins Christliche wende (Breytenbachs Sicht, 353). Allerdings sollte man hier eher von einem „auf-

So ist schon rein von der Besonderheit des paulinischen Sprachgebrauchs („jemanden mit sich versöhnen“) her deutlich, daß Paulus das Begriffsfeld in neuer Weise verwendet und ihm dadurch einen neuen Bedeutungsgehalt gibt. Nicht nur von der Breite der Belege her, sondern v.a. von der gesamten diplomatischen Begrifflichkeit her[37] ist es wahrscheinlich, daß Paulus vom profanpolitischen Gebrauch ausgeht und ihm eine neue - sühnetheologische - Bedeutung verleiht[38]. Damit wird das in Eph 5,2 ermittelte Profil der paulinischen Sühnetheologie bestätigt.

4.2. Die Ausgangslage: Gegenseitige Feindschaft

Der Begriff der „Feindschaft“ bzw. der „Feinde“ taucht in Röm 5,10; Eph 2,14 (auf Israel und die Heiden bezogen); Eph 2,16 (auf die Feindschaft zwischen beiden und Gott bezogen) und Kol 1,21 („feindlich gesinnt“) auf. Der Charakter dieser Feindschaft kommt am profiliertesten im Röm zu Ausdruck. Nach Röm 5,10 erfolgte die Versöhnung von Seiten Gottes zu einem Zeitpunkt, „als wir noch Feinde waren“. Die Tatsache der Feindschaft des Menschen gegen Gott wird auch in Röm 8,7ff. und Kol 1,21 zum Ausdruck gebracht. Während die Initiative zur Versöhnung und zum Frieden nun von Gott ausgeht, war es der Mensch, der ursprünglich Feindschaft säte. Nun bemerkt

---

den-Kopf-stellen“ sprechen, denn der Sachverhalt wird völlig umgedreht. Inwiefern man dann noch von einem traditionsgeschichtlichen Anschluß sprechen kann, ist zumindest fraglich.

37 Dazu gehören die Begriffe „Feindschaft“ (ἔχθρα), Feinde (ἐχθροί), „Friede“ (εἰρήνη), „Botschafter sein“ (πρεσβεύειν) und „bitten“ (παρακαλεῖν).

38 P. Stuhlmacher (Breytenbachs Sicht) führt gewichtige Gründe gegenüber dieser von C. Breytenbach (s.o.) vertretenen Herleitung an. So verweist er auf den palästinajüdischen Hintergrund des pharisäischen Torastudenten Paulus (345). So richtig dieser Hinweis ist, so richtig ist aber auch, daß Paulus nicht nur aus dem cilicischen Tarsus stammt, sondern während seines Dienstes über 20 Jahre die hellenistische Welt bereist hat und alle seine Briefe an Gemeinden im hellenistischen Kulturraum gerichtet sind, wo man gut wußte, was es mit der Versöhnungsdiplomatie auf sich hatte. Zudem ist auch der Vergleich zwischen Paulus und Mose, den Stuhlmacher (Breytenbachs Sicht, 353) und Hofius (Gesetz und Evangelium nach 2. Korinther 3, in: Paulusstudien, Tübingen ²1994, 75-120) im Anschluß an 2Kor 2,14-3,18 auch in 2Kor 5 sehen möchten, theologisch nicht unproblematisch. Denn während Mose im Anschluß an Josephus (Ant 3,315) und Philo (VitMos 2,166; QuastEx 2,49) tatsächlich der „Mittler“ und „Versöhner“ zwischen Gott und Israel ist, sind bei Paulus der Mittler-Titel (1Tim 2,5f.) und das Versöhnungshandeln ausschließlich für Christus bzw. Gott selbst reserviert (Eph 2,16; 2Kor 5,18f.).

aber O. Michel, daß die „Feindschaft des Menschen gegen Gott [...] zur Feindschaft Gottes gegen den Menschen“[39] wird, was durch Röm 11,28 seine Bestätigung findet, wo von einer (heilsgeschichtlich begrenzten) Feindschaft Gottes gegen Israel die Rede ist.
Diese Wechselseitigkeit wird auch indirekt in 2Kor 5,18f. bestätigt[40]. Hier erläutert Paulus in zwei Parallelsätzen das göttliche Versöhnungshandeln, wobei der zweite Satz (V.19) den ersten voraussetzt und auf ihm aufbaut. Entscheidend ist nun, daß die Initiative des Versöhnungsgeschehens von Gott ausgeht. Er ist zweifellos das Subjekt des Geschehens. Wer aber ist das Objekt? In dieser Rolle wollen eine Reihe von Exegeten ausschließlich den Apostel und seine Helfer (V.18) bzw. die „Welt“ (V.19) sehen, kurz: den bzw. die Menschen. Doch dies ist schon aus sprachlichen Gründen unmöglich. Denn das „mit sich“ schließt unweigerlich eine Wechselseitigkeit des Verhältnisses ein.[41] Weil beide Seiten sich vorher in einem Feindschaftsverhältnis gegenüberstanden, sind auch beide Seiten Objekte der Versöhnung, auch wenn die Versöhnungsinitiative allein von Gott ausging[42].

4.3. Der Vollzug: Das Sühneopfer Jesu

Wodurch kommt nun die Versöhnung zustande? Röm 5,10 antwortet darauf mit der kurzen Wendung „durch den Tod seines Sohnes“ (vgl. Kol 1,22 „durch den Tod seines sterblichen Leibes“) und Eph 2,16 antwortet mit „durch das Kreuz“ (vgl. Kol 1,20 „durch sein Blut am

---

39 O. Michel, Der Brief an die Römer, KEK, Göttingen [5]1978, 183. Ebenso H. Ridderbos (Paulus. Ein Entwurf seiner Theologie, Wuppertal 1970, 134) und H. Günther (Art. „Versöhnung“, GBL 3, 1639).

40 Gleiches ließe sich auch für Eph 2,14-16 behaupten. Hier wird eine Analogie zwischen der Versöhnung von Juden und Heiden durch Christus zur Versöhnung zwischen Gott und Mensch gezogen. Wenn die erste Feindschaft wechselseitig konstituiert war, liegt es nahe, daß dies auch für die letztere gilt.

41 Genau dies wird von O. Hofius unter Ausblendung von Eph 2,16 und 5,2 freilich energisch bestritten (Sühne und Versöhnung, in: Paulusstudien, Tübingen [2]1994, 34-39).

42 Daß Gott nicht nur Subjekt, sondern auch Objekt der Versöhnung ist, wird in Eph 2,16 deutlich. Ein einseitiges, „nicht-reflexives“ Versöhnungsverhältnis wird ja gerade in den hellenistisch-jüdischen Schriften zum Ausdruck gebracht, wobei hier Gott das reine Objekt der Versöhnung ist. Wenn man eine Herleitung der Versöhnungsaussagen aus diesem Schrifttum favorisiert, muß man erst recht von der Feindschaft Gottes gegen den Menschen als dem Hintergrund der Versöhnungsaussagen sprechen.

Kreuz"). Der Kreuzestod Jesu bildet somit den Ermöglichungsgrund für die Versöhnung. Entscheidend ist nun aber, daß Paulus diesen Tod ganz streng als Sühneopfer versteht. Somit wird der Sühneopfertod Jesu zum Kern und Inhalt der Versöhnung zwischen Gott und Mensch. Dies wird in 2Kor 5,18-21 durch die Verknüpfung der völkerrechtlichen Versöhnungsaussagen (V.18-20) mit der sakralrechtlichen Sühne in V.21 deutlich. 2Kor 5,21 ist als Erklärung zu den V.18-20 zu lesen. „Paulus interpretiert die Versöhnungsvorstellung so, daß Versöhnung durch den stellvertretenden Sühnetod Christi ermöglicht wird"[43].

4.4. Die Wirkung: Frieden

Entsprechend dem profan-politischen Gebrauch ist die Folge der vollzogenen Versöhnung der Friede mit Gott (vgl. Röm 5,1; Eph 2,17; Kol 1,20) und die Gemeinschaft mit Gott aufgrund des nun eröffneten „Zugangs" zu ihm (Röm 5,2; Eph 2,18)[44]. Entscheidend ist nun aber für Paulus, daß der von Gott einseitig ausgefertigte und universal gültige Friedensvertrag auch vom Menschen im Glauben ratifiziert wird. Diesen wesentlichen Aspekt des Versöhnungsgeschehens bringt Paulus in 2Kor 5,20 und Röm 5,11 zum Ausdruck.

Analog zum diplomatischen Hintergrund des Versöhnungsbildes versteht sich Paulus als Gesandter, der im Auftrag Christi um die Zustimmung der durch das Kreuz Versöhnten wirbt. Während allerdings beim profan-politischen Bild die Versöhnung erst durch die beiderseitige Einwilligung zustande kommt, ist bei Paulus die Versöhnung bereits grundlegend vollzogen. Aus ihr folgt jedoch noch nicht die endzeitliche Rettung des Menschen, sondern eine neue Weltsituation: Die Feindschaft von Seiten Gottes ist beendet, das Gericht über Schuld und Sünde am Kreuz vollzogen. Weil es im Zusammenhang der grundlegenden Versöhnung von seiten Gottes zunächst noch gar nicht um eine Reaktion des Menschen geht, taucht auch das Wort „Glaube" im Zusammenhang dieses Bildes nie auf. Die Versöhnung

---

43 Breytenbach, a.a.O., 221. Er möchte allerdings nicht von einem „Sühneopfer" reden, da er die paulinische Sühnetheologie für unkultisch hält (a.a.O., §12, 192-215). Daß dies eine unsachgemäße Unterscheidung bzw. Trennung ist, wurde unter Punkt 3 deutlich und wird auch von Stuhlmacher angemahnt (Breytenbachs Sicht, 349).

44 Im Hintergrund steht wohl das Zerreißen des Vorhangs im Allerheiligsten nach Mk 15,38 (vgl. das vorige Kapitel, Punkt 1.4.).

Gottes ereignet sich völlig unabhängig vom Glauben. Der Glaube ist erst gefragt, wenn Gottes Botschafter die vollbrachte Versöhnung dieser Welt verkündigen. Nun ergeht die Einladung an jedermann: „Laßt euch versöhnen mit Gott!" (2Kor 5,20). Um an der Wirkung der schon vollzogenen Versöhnung Teil zu haben, gilt es nun umgekehrt, die Versöhung zu „empfangen" (Röm 5,11), bzw. ihr keinen Widerstand zu leisten und „sich versöhnen zu lassen" (2Kor 5,20)[45].

A. Pohl bringt die Wirkung der Versöhnung folgendermaßen auf den Punkt: Gott hat „der ganzen Welt den Versöhnungsteppich unter die Füße geschoben. Man kann vergleichsweise an das Grundgesetz der Bundesrepublik denken, auf dem sich jeder, der als deutscher Staatsbürger geboren wird, vorfindet. Gott erlaubte sich souverän, alle Welt auf den Versöhnungsboden zu stellen. Unmittelbar nach seinen Ausführungen in 2Kor 5,18-21 zieht Paulus in 2Kor 6,2 diese Folgerung: 'Jetzt ist die Zeit der Gnade, siehe, jetzt ist der Tag des Heils'. Jetzt gilt: Niemand ist mehr auf seine Sünden und auf seinen augenblicklichen Zustand festgelegt. Jeder ist Kandidat für wunderbar Neues und Großes, mag er Gott auch noch so aggressiv oder ironisch kommen."[46]

Beide Aspekte der Versöhnung, den Vollzug durch den Sühnopfertod am Kreuz und den Empfang im Glauben, gilt es festzuhalten.

5. Fazit

1. Es hat sich gezeigt, wie verbreitet und elementar wichtig das Sakralrecht der Sühne für die paulinische Erklärung des Todes Jesu ist. Am Beispiel des Themas der Versöhnung wurde deutlich, wie bei Paulus auch Bilder, die ursprünglich keine Verbindung mit der Sühnethematik haben, von ihr durchdrungen und dadurch umgedeutet und neu geprägt werden. Gleiches ließe sich auch im Hinblick auf die Rede von Loskauf und Rechtfertigung zeigen.
2. Der Sühnetod Jesu selbst wird von Paulus stets in positiver Bezugnahme auf das alttestamentliche Sühnopfer bzw. das Geschehen am

45 Ebenso Stuhlmacher, Biblische Theologie, 319. In seiner Rezension von Breytenbachs Untersuchung (a.a.O., 347) blieb der Antwortcharakter des Glaubens gegenüber der geschehenen Versöhnung noch unberücksichtigt. Völlig anderer Meinung ist dagegen O. Hofius (a.a.O., 39).

46 A. Pohl, Vom Dolmetschen der Bedeutung des Kreuzestodes Jesu Christi, in: Christsein Heute forum Nr. 92, Witten o.J., 9f.

großen Versöhnungstag gedeutet. Auch die vielfältigen Vergleiche mit dem Leiden und Sterben des Gottesknechts aus Jes 53 stehen nicht in Konkurrenz dazu, sondern sind im Hinblick auf Jes 53,10 synonym.

3. Von einer Kultkritik kann bei Paulus nur im heilsgeschichtlichen Sinn die Rede sein. Das heißt, der alttestamentliche Opferkult wird bei Paulus nur deshalb abgelehnt, weil er mit dem Tod Jesu an ein von Gott selbst herbeigeführtes Ende gekommen ist. Durch das einmalige und universal gültige Opfer Jesu werden Kult und Tempel überflüssig. Vielmehr ist in Jesus Gott selbst offenbar und gegenwärtig. Diese grundlegende Überbietung des alttestamentlichen Opferkultes ist auch der Grund dafür, warum Paulus den griech. Begriff für „Sühne schaffen“ (ἐξιλάσκεσθαι περί = *exhilaskesthai peri*) so gut wie nie verwendet bzw. ihn nur einmal durch ein Wort aus demselben Wortfeld, das in seiner Bedeutung heftig umstrittene *hilasterion,* in Röm 3,25 aufnimmt.[47] Bei aller inhaltlichen Entsprechung zum alttestamentlichen Opferkult ist der sühnende Opfertod Jesu doch gleichzeitig etwas unvergleichlich Größeres. M. Hengel ist Recht zu geben, wenn er hinter diesem Verzicht das Bemühen um eine Abgrenzung vom Tempelkult sieht, um „den grundsätzlichen, qualitativen Unterschied zwischen dem Sterben Jesu am Fluchholz auf Golgatha und den fortlaufenden Sühneopfern auf dem Zionsberg zum Ausdruck“ zu bringen.[48] „Eine Übernahme der aus der Septuaginta vertrauten Formel des „sühnen für“ (ἐξιλάσκεσθαι περί = *exhilaskesthai peri*) hätte das Mißverständnis gefördert, der Tod Jesu habe im Grunde ähnliches Gewicht wie der Tempelkult, stünde neben diesem und bedeute nicht dessen eschatologische Überbietung und Ablösung.“[49]

4. Was die Struktur des Sühne- und Versöhnungsgeschehens betrifft, so ist deutlich, daß sowohl das sühnende als auch das versöhnende Handeln allein von Gott bzw. Christus ausgeht, aber kein einliniges Handeln bleibt. Der Sühnetod Jesu hat nicht nur Konsequenzen für den Menschen, sondern auch für Gott. Aufgrund des sühnenden Todes seines Sohnes findet die Feindschaft und der Zorn Gottes ein Ende (Röm 5,9f.).

---

47 Vgl. dagegen Hebr 2,7; 1Joh 2,2; 4,10.

48 Hengel, Der stellvertretende Sühnetod Jesu, 23.

49 Ebd.

Die Heilstat Jesu Christi in altkirchlicher, mittelalterlicher und reformatorischer Sicht

von Tobias Eißler

"Gott war in Christus und versöhnte die Welt mit sich selber" (2.Kor 5,19). Mit dieser Feststellung kann der Apostel Paulus die Grundlage und das Generalthema seiner Verkündigung angeben. Damit ist auch die Grundlage derjenigen Kirche bezeichnet, die sich auf dem Grund der Apostel und Propheten erbaut. In allen Jahrhunderten hat sich die apostolische Kirche darauf besonnen, was Gott in Christus dem Menschen zugute vollbracht hat und wie er es getan hat. Wenn sich die heutige Generation der Christenheit notwendigerweise von neuem darauf besinnt, wird es hilfreich und nützlich sein, neben dem Schriftwort auch das Wort der vorangegangenen Generationen zu hören. Denn auch den Vorläufern im Glauben ging es darum, die eine Tat Gottes, die aus ewiger Verlorenheit rettet, immer besser zu verstehen und zu bezeugen. Dazu sollen diese Ausführungen beitragen: zum Hinhören auf charakteristische Äußerungen von Theologen aus der Zeit der Alten, der mittelalterlichen und der reformatorischen Kirche zur Lehre von der Versöhnung.

1. Die altkirchliche Versöhnungslehre

Von den Christen der noch jungen Kirche wird erkannt, daß es im Grunde drei finstere Mächte sind, die den Menschen von Gott trennen. Es handelt sich um die Unheilsmächte der Sünde, des Todes und des Teufels, die wie ein dreifach geknüpftes Netz über die Menschheit geworfen sind und sie im Verderben festhalten. Zwar mühen sich Priester an unzähligen Tempeln, die Götter gnädig zu stimmen. Zwar suchen Philosophen nach dem Pfad der Tugend, der Unsterblichkeit verheißt. Zwar meinen viele, die Macht des Bösen durch Zauber bannen oder auch in Gebrauch nehmen zu können. Doch die völlig unerhörte, neuartige Botschaft des Evangeliums macht klar, daß nur einer die Menschheit der alten Zeit aus ihrer Verfallenheit an die Verderbensmächte retten kann: Jesus Christus. Jesus als Sieger über Sünde, Tod und Teufel - davon ist nun inmitten der hoch religiösen, zum Teil tief zerrütteten Gesellschaft des hellenistisch-römischen Reiches zeugnishaft zu reden, zu predigen und Rechenschaft abzulegen.

1.1. Der Christus-Victor-Typ - Jesus als Sieger

Der schwedische Professor Gustaf Aulén beschreibt in einem bekannt gewordenen Aufsatz aus dem Jahr 1930 die Lehre von Christus und der durch ihn geschehenen Befreiung, die sich in der Alten Kirche herausbildet, als klassischen Grundtypus der Versöhnungslehre.[1] Weil der dramatische Kampf und Sieg Jesu als Mittelpunkt dieser Lehre angesehen wird, kann sie als "Christus-Victor-Typ" ("Christus-Sieger-Typ") oder "dramatischer Typ" bezeichnet werden. Charakteristisch für die Alte Kirche ist demnach der Blick auf Christus, der durch sein Menschwerden, Sterben und Auferstehen alles überwindet, was der Versöhnung mit Gott im Wege steht.

Tatsächlich befaßte sich die Kirche der ersten Generationen nach Pfingsten intensiv mit allen drei feindlichen Mächten, denen Christus die entscheidende Niederlage beigebracht hat. Die Tatsache, daß durch die Auferstehung Jesu das ewige Leben hineingebracht ist in eine Welt des Todes, wurde ganz besonders gefeiert.[2] Anteil bekommen an der göttlichen Natur (2.Petr 1,4) und am unvergänglichen Leben durch Glaube, Nachfolge, Gottesdienst, Taufe und Herrenmahl - das faszinierte die Christen einer Zeit, die von Kurzlebigkeit, Krankheit und Vergänglichkeit gezeichnet war.

Das soll nicht heißen, daß ein wesentlicher Aspekt der Lehre von Christus und dem, was er für jeden Einzelnen tut, vernachlässigt wurde. Eine Äußerung von Ambrosius, dem Bischof von Mailand (339-397), zeigt, wie umfassend das Christusheil betrachtet wurde: "Christus ist für uns alles. Willst du, daß die Wunden heilen: er ist der Arzt. Glühst du vor Fieberhitze: er ist die erfrischende Quelle. Sinkst du zusammen unter der Ungerechtigkeit deiner Werke: er ist die ewige Gerechtigkeit. Bedarfst du der Hilfe: er ist die Allmacht. Fürchtest du den Tod: er ist das Leben. Verlangst du nach dem Himmel: er ist

---

1 G. Aulén, Die drei Haupttypen des christlichen Versöhnungsgedankens, Zeitschrift für Systematische Theologie (=ZSTh) 8 (1930), 501-538. Zum klassischen Typus: 502-511.

2 Gunther Wenz, Geschichte der Versöhnungslehre in der evangelischen Theologie der Neuzeit I (Abk. Versöhnungslehre I), München 1984, 57.

der Weg. Willst du die Finsternis fliehen: er ist das Licht. Suchst du Speise: er ist das Brot des Lebens."[3]
Eine ähnliche Gesamtperspektive umreißt der Satz des begnadeten Predigers Johannes Chrysostomus (350-407, „Goldmund" genannt): "Das Kreuz hat den Tod vernichtet, die Sünde getötet, der Hölle ihre Beute entrissen, des Teufels Macht gebrochen."[4] Tod, Sünde, Teufel und Hölle, die drei Großfeinde - am Kreuz überwunden.
Gerade der Feind Gottes stellte für die Alte Kirche, die vom Treiben der Dämonen mehr als genug wußte, eine bittere Realität dar. Der "Mensch, der sich von Gott abwendet, muß dem Teufel unterliegen und ihm untertan werden", so lehrt Augustin, der Bischof von Hippo (354-430), fügt aber auch hinzu: "der Teufel aber soll im Menschen, der wieder zu seinem Schöpfer zurückkehrt, seinen Besieger finden".[5] Auch wenn die willentliche Umkehr zu Gott unabdingbar ist - der Sieg über den Feind wird eigentlich nicht vom Menschen errungen. Christus allein bringt ihn zustande. Merkwürdigerweise eben durch Kreuz und Auferstehung.

1.2. Die Überwindung des Teufels

In manchen altkirchlichen Schriften wird dieser geheimnisvolle Sieg als Teufelsbetrug beschrieben.[6] Wie ein kluger Fischer wirft Gott die Angel aus. Der Angelhaken ist sein göttlicher Sohn. Als Köder an der Angel benützt Gott Jesus, der aussieht wie ein gewöhnlicher, sündiger, sterblicher Mensch. Der räuberische Teufel schnappt nach dem Köder wie ein gieriger Fisch. Er meint, diesen Menschen ebenso wie alle anderen verschlingen zu können. Doch da beißt er auf den Angelhaken, auf den unsterblichen Gottessohn. Der gierige Räuber ist überlistet. Nicht nur Jesus, sondern alle, die er verschlungen hat, muß er von sich geben und das Leben lassen.
Das ist eine Geschichte, die sicher keinen direkten biblischen Anhalt hat. Aber offenbar wurde sie auch nicht zur verbindlichen Lehre gezählt, sondern sollte lediglich im Sinne eines Gleichnisses verdeutlichen, daß Jesus nur als Gott und Mensch den Teufel besiegen kann.

---

3 Über die Jungfräulichkeit, 16. Nach: Alfons Heilmann (Hg), Texte der Kirchenväter. Nach Themen geordnet, München 1963, (Abk. TKV), Bd. II, 71.72.

4 Unterweisung für die Täuflinge 2, 5. TKV II, 235.236.

5 Vom ersten katechetischen Unterricht 2, 30. TKV I, 303.

6 G. Wenz, Versöhnungslehre I, 56.57.

Durch den ungerechtfertigten Angriff auf den Gerechten verwirkt der Generalankläger im göttlichen Gerichtshof sein Anklagerecht grundsätzlich.

Den biblischen Formulierungen viel näher kommt die Rede vom Lösegeld, das gezahlt werden muß, wenn die Gefangenschaft des Menschen beendet werden soll.[7] Während das Neue Testament jedoch nur davon spricht, daß Jesus sein Leben als Lösegeld hingibt (Mk 10,45), malen manche altkirchliche Schriftsteller das Bild so aus, daß der Teufel als Empfänger des Lösegeldes erscheint. Man weiß eigentlich, daß die Herrschaft des Teufels reinste Anmaßung darstellt und ihm eigentlich kein Recht auf irgendeinen Menschen zusteht. Dennoch, so meinen einige, habe sich Gott entschieden, dem Teufel ein Lösegeld zu zahlen und gerade so den König des Unrechts durch rechtmäßige Mittel zu überwinden.

Die Anschauung vom Teufel als einem mächtigen Sklavenhändler, dem Gott seine Gefangenen regelrecht abkaufen muß, geht allerdings über das hinaus, was die Schrift sagt. Diese Beschreibung birgt die Gefahr in sich, daß Gottes Gegenspieler als ein mindestens gleichrangiger Machthaber erscheint, der Gott die Gesetze des Menschenhandels aufdiktieren und ihn so zu einem bestimmten Erlösungspreis zwingen kann. Es muß aber klar bleiben, daß Gott sich zu nichts zwingen läßt und mit dem Satan nicht handelt.

Augustin bedenkt die Auseinandersetzung mit dem Teufel in seiner Schrift "Über den dreieinen Gott" folgendermaßen: "Würde der Teufel... mit vollem Recht besiegt werden, wenn Christus es mit ihm durch Macht, nicht durch Gerechtigkeit hätte aufnehmen wollen?"[8] Offenbar ist es notwendig, daß Christus zunächst einmal als unschuldiger Mensch dem Teufel seine unfairen Angriffe nachweist. "Zuerst hat Er also durch Gerechtigkeit und nachher durch die Macht den Teufel besiegt, durch die Gerechtigkeit, weil Er keine Sünde hatte und vom Teufel auf das ungerechteste getötet wurde, durch die Macht, weil Er, der Tote, wieder lebendig wurde, um nie wieder zu sterben."[9] Jesus kommt nur auf die Weise zu seinem triumphalen Sieg, daß er zuerst zum ohnmächtigen Opfer wird. Der Satan, der die Kreuzigung

---

7 G. Wenz, Versöhnungslehre I, 56.

8 De Trinitate, Vierzehntes Buch, XIV. Nach: Michael Schmaus (Hg), Über den dreieinen Gott, Leipzig 1936, 197.

9 A.a.O., 198.

des unschuldigen Jesus betreibt, wird sozusagen auf frischer Tat ertappt als Erzverbrecher. Diese Tat kostet ihm Kopf und Kragen. Endgültig kann ihm der Prozeß gemacht werden. Diese Erklärung macht deutlich, daß das Kreuz mit der Überwindung der Sünde, die Auferstehung mit der Überwindung des Todes und beides zusammen mit der Überwindung des Teufels zu tun hat. Allerdings scheint Augustin dem Gegner Gottes gewissermaßen ein Recht auf Jesu Leidensweg zuzugestehen. Ein solches Recht steht ihm sicher nicht zu, da sein Unrecht auch ohne die Angriffe auf Jesus schon längst offen zutage liegt.

1.3. Die Überwindung von Sünde und Tod

Die Theologen der Alten Kirche, fast alle Bischöfe, die die Fragen der Gemeindeglieder kennen, versuchen die biblischen Aussagen über Jesu Person und Werk möglichst genau zu durchdenken; nicht allein von dem Problem des Teufels her, sondern auch von dem Problem des Todes und der Sünde her.

In den Büchern "Gegen die Häresien" ("Gegen die Irrlehren") des Irenäus von Lyon (130-200) findet sich die erste ausführlichere Darstellung und Erläuterung der Heilsgeschichte, die sich in Jesus zuspitzt.[10] Irenäus sieht die Notwendigkeit der Menschwerdung des Gottessohnes im Sinne von Röm 5,12-21 und sagt von ihm: dieser nahm "Fleisch an und wurde Mensch, um die langzeitige Entwicklung der Menschen in sich zusammenzufassen, indem er uns kurz und bündig das Heil gewährte, damit wir das, was wir in Adam verloren hatten, nämlich Bild und Gleichnis Gottes zu sein, in Christus Jesus zurückerhielten".[11] Die Sündengeschichte der Menschheit wird in Christus zusammengefaßt und als Heilsgeschichte neu eröffnet.

Noch genauer versucht Athanasius von Alexandria (328-373) in seiner Schrift "Über die Menschwerdung des Wortes" die Frage zu beantworten, warum Gott die Versöhnung durch die Menschwerdung

---

[10] Karlmann Beyschlag, Grundriß der Dogmengeschichte, Bd. I, Darmstadt [2]1988, 192-201.

[11] Adversus haereses 3,18,1. Nach: Norbert Brox (Hg), Gegen die Häresien, Fontes Christiani 8/3, Freiburg 1995, 221.

seines Sohnes zustande brachte und keinen einfacheren Weg einschlug.[12]
Athanasius weist auf das Dilemma hin, das für Gott durch den Sündenfall entsteht: Einerseits kann das göttliche Gebot, das den Sünder mit der Todesstrafe belegt, nicht einfach aufgehoben werden. Gott würde seine eigene Verfügung nicht ernst nehmen. Andererseits wäre es "unziemlich", wenn das zum Ebenbild Gottes geschaffene Menschengeschöpf unaufhaltsam der totalen Vernichtung anheimfiele. Gott würde seinem eigenen Kunstwerk und seiner Liebe zu ihm nicht gerecht werden. Die Reue samt der Bekehrung des Menschen stellt für sich genommen jedoch keine Lösung des Dilemmas dar. Denn die Sünde brachte den Verlust der Gottesebenbildlichkeit mit sich. Diese aber kann nur wiederhergestellt werden durch den, der selbst das vollendete Ebenbild des Vaters darstellt: Jesus Christus, der Sohn Gottes, das "Wort Gottes" (Joh 1,1).
Um der Rettung der Menschheit willen ist es unabdingbar, daß jenes "Wort Gottes" Mensch wird. Der Unsterbliche nimmt einen sterblichen Leib an. Diesen gibt er "als eine Weihegabe und als ganz makelloses Schlachtopfer in den Tod" und verscheucht dadurch "von allen seinesgleichen den Tod durch das stellvertretende Opfer". Jesus überantwortete seinen Leib "anstatt aller dem Tode und brachte ihn dem Vater dar", formuliert Athanasius. Oder: Christus hat "ein Entgeld für das Leben aller entrichtet und die Schuld in seinem Tod bezahlt". So wird die Macht des Todes durch den neuen Adam gebrochen (vgl. 1.Kor 15, 21.22) und die Auferstehungshoffung in die Welt gesetzt. Das zutiefst entstellte Menschenbild erfährt eine Wiederherstellung durch das Christusbild.
"(Christus) wurde Mensch, damit wir vergöttlicht würden", so bringt der vielfach angefeindete, aber unerschütterliche Bischof von Alexandria seine Botschaft auf den Punkt. Bei dem Evangelium handelt es sich nicht nur um eine Lehre, die man wie andere philosophische Lehren zur Kenntnis nehmen kann oder nicht, sondern es geht um eine geistig-leibliche Verwandlung. Der Heilige Geist, der durch das Wort Gottes, durch die Taufe und das Herrenmahl in einen Menschen hineinkommt, schafft ein neues Herz und neue Sinne. Aus dem alten

---

[12] Über die Menschenwerdung des Logos 4-10. Nach: Anton Stegmann (Hg), in: Bibliothek der Kirchenväter, Athanasius Bd. II, München 1917, 86-95. Zu Athanasius: K. Beyschlag, Dogmengeschichte I, 275-283.

Menschen dieser Welt kann und soll wirklich ein Gottesmensch der kommenden Welt werden.

1.4. Hebr 2 und die Zwei-Naturen-Lehre

Athanasius betont, daß dieses Werk der Rettung und Umwandlung nur durch den vollbracht werden konnte, der ganz Gott und ganz Mensch ist. Für diesen Gedanken beruft er sich auf Hebr 2,14.15.17, wo es heißt: "Weil nun die (Menschen-) Kinder von Fleisch und Blut sind, hat auch er's (Christus) gleichermaßen angenommen, damit er durch seinen Tod die Macht nähme dem, der Gewalt über den Tod hatte, nämlich dem Teufel und die erlöste, die durch Furcht vor dem Tod im ganzen Leben Knechte sein mußten. ... Daher mußte er in allem seinen Brüdern gleich werden, damit er barmherzig würde und ein treuer Hoherpriester vor Gott, zu sühnen die Sünden seines Volkes."

Ein großer Teil der Ausführungen von Athanasius und anderen Kirchenvätern lesen sich geradezu wie ein Kommentar zu dieser einen Schriftstelle. Die Lehre von der Person Christi und von seinem Werk hängen demnach aufs engste zusammen. Nur der menschgewordene Gott erlöst von Schuld und Tod. Versöhnung ist zugänglich durch den einen Hohenpriester und sein Kreuzesopfer. Von Hebr 2 her erweist sich die Auseinandersetzung mit den drei Verderbensmächten als richtig, was das Nachdenken über die zwei Naturen in Jesus und über sein sühnendes Opfer freilich nicht ausschließt, sondern geradezu herausfordert.

Papst Leo der Große (440 - 461) etwa unterstreicht in seinem berühmten "Lehrbrief an Flavian" aus dem Jahr 449 n.Chr. die Notwendigkeit der Lehre von den zwei Naturen Christi, der göttlichen und der menschlichen: "Um unsere Schuld zu tilgen, wurde die unverletzliche Natur vereinigt mit der leidensfähigen."[13] Als der zur Menschengestalt erniedrigte Gott nimmt Christus "die Schuldsache aller" auf sich und bewältigt sie, indem er sich als Opfergabe "zu köstlichem Opferduft für Gott" (Eph 5,2) zur Verfügung stellt, sagt Leo an anderer Stelle.[14] So geschieht Versöhnung und Befreiung: "Das für

---

13 Tomus Leonis II,2,1. Zitiert nach A.M. Ritter (Hg), KTGQ I, Neukirchen 1977, 220. Zum Lehrbrief Leos des Großen: K.Beyschlag, Dogmengeschichte II.1, 90-100.111.112.

14 Brief an Kaiser Leo 4-5. TKV II, 138.139.

die Ungerechten vergossene Blut Christi war so reich an Lösekraft, daß, wenn alle Gefesselten an ihren Erlöser glaubten, die Fesseln des Teufels niemand halten könnten." Jesus wird nicht mißverstanden als ein Gott vom Olymp, der nur zum Schein eine Menschengestalt annimmt, um auf der Erde seine Pläne zu verwirklichen. Jesus tritt tatsächlich ganz auf die Seite der Menschen, um die Schuldsache der Menschheit zu tragen und blutig zu bezahlen. Bei Leo dem Großen läßt sich wie bei anderen Kirchenvätern eine starke Prägung durch die biblischen Vorgaben feststellen; in diesem Fall durch den Hymnus von Jesu Niedrigkeitsweg in Phil 2,5-11.

1.5. Die Opfertat Christi

Die Versöhnungstat Christi wird keineswegs nur als souveräner Sieg über die Unheilsmächte beschrieben, sondern auch als Opfertat verkündigt; so tut es z.B. der Brief eines unbekannten Verfassers an den Adressaten Diognet vom Anfang des 3.Jahrhunderts.[15] Obwohl sich der Mensch als ein des Lebens unwürdiges Geschöpf erwiesen hatte, heißt es dort, "haßte und verstieß er (Gott) uns nicht und gedachte nicht des Bösen, sondern er war langmütig und geduldig und nahm aus Erbarmen selbst unsere Sünden auf sich. Er selbst gab den eigenen Sohn als Lösepreis für uns, den Heiligen für die Unheiligen, den Unschuldigen für die Sünder, den Gerechten für den Ungerechten, den Unvergänglichen für die Vergänglichen, den Unsterblichen für die Sterblichen."[16] "Welch süßer Tausch", ruft der unbekannte Verfasser des Diognetbriefes aus, daß "die Gerechtigkeit eines einzigen viele Sünder rechtfertigte!" Hier geht es nicht in erster Linie um einen Kampf gegen den Teufel, sondern um die Beseitigung der Menschenschuld. Durch die Hingabe Jesu Christi zu einem stellvertretenden Opfertod für die vielen Sünder wird Sündenvergebung und Rechtfertigung möglich. Der Opfergedanke kann also ganz in den Vordergrund treten, weil die Versöhnung auf der schwierigen Ausräumung der Sünde zwischen Gott und Mensch beruht.
So weit die Einblicknahme in altkirchliches Schrifttum.

15 K. Beyschlag, Dogmengeschichte I, 106.
16 Brief an Diognet, 9. TKV II, 125.

1.6. Zusammenfassung

1. Durch die christliche Kirche der ersten Jahrhunderte geht ein Staunen darüber, daß "das Leben" "erschienen" ist (1.Joh 1,2) in einer todgeweihten Welt. "Vom menschlich-vergänglichen zum göttlichen-ewigen Leben": mit dieser Formulierung läßt sich das Hauptthema der Alten Kirche beschreiben.
2. Der Zugang zum echten Leben wird aufgebrochen durch Jesus Christus, der den Unheilsmächten Sünde, Tod und Teufel die entscheidende Niederlage beibringt und die Menschen aus dem Todesgefängnis befreit. Der Sieg des Lebens wird aber nicht durch den Triumphzug des Gottessohnes errungen, sondern durch seine tiefste "Verdemütigung" im menschlichen Leiden. Die Linie der Erniedrigung zum Kreuz und die Linie der Erhöhung durch den Auferstehungssieg sind - wie im Neuen Testament - miteinander verbunden.
3. Die Befreiungstat Jesu Christi hängt ganz wesentlich und unauflöslich mit seiner Hingabe zu einem Opfertod zusammen. Die Versöhnung mit Gott wird erst möglich durch die Versühnung der Sünden, die Gott und Mensch voneinander scheiden. Das stellvertretende Sterben Jesu ermöglicht für jeden Glaubenden den Freispruch aus dem Gericht. Das Gewicht des Opfergedankens in der altkirchlichen Theologie ist nicht zu unterschätzen.
4. An dem neuen göttlichen Leben bekommt der Mensch teil, indem er den Weg der Nachfolge einschlägt und am Gemeindeleben teilnimmt; speziell am Abendmahl, das eine wahre "Unsterblichkeitsarznei" darstellt.[17] Durch den Glauben und die Liebe zu Christus gewinnt der Mensch seine ursprüngliche Gottesebenbildlichkeit - wenigstens anfangsweise - zurück.

2. Die mittelalterliche Versöhnungslehre

Die mittelalterliche Theologie ist in der Sicht Auléns durch den sogenannten "lateinischen" Typ der Versöhnungslehre bestimmt, dessen Wurzeln in den lateinischsprachigen Westgebieten der Alten Kirche liegen.[18] Schon bei Tertullian (160 - 220/225) und Cyprian von Karthago (gest. 258) finden sich die Leitbegriffe "Genugtuung" und

---

17 Ignatius von Antiochien (gest. 107/109): Brief an die Epheser 20.2. Nach: Joseph A. Fischer, Die Apostolischen Väter, Darmstadt [9]1986, 161.

18 ZSTh 8, 513-518.

"Verdienst", die in jenem theologischen Entwurf eine wichtige Rolle spielen, den Anselm von Canterbury (1033/34 - 1109), Erzbischof von Canterbury und Primas der englischen Kirche, am deutlichsten und wirkungsvollsten entfaltet.

2.1. Anselm von Canterbury

2.1.1. "Warum mußte Gott Mensch werden?"

Das ist die Ausgangsfrage in Anselms Schrift "Cur Deus Homo".[19] Warum muß Gott in seinem Sohn vom Himmel steigen, um den Menschen zu erlösen? Die Auskunft, daß nur auf diese Weise der Teufel besiegt werden kann, der die schuldige Menschheit gefangenhält, kann den scharfsinnigen Anselm nicht befriedigen (I,7). Zwar ist der schuldige Mensch von Gott her gesehen zurecht der Unheilsmacht ausgeliefert. Der Teufel als Verführer des Menschen und Aufrührer gegen Gott hat es jedoch in keiner Weise verdient, daß er erst durch die Begegnung mit dem menschgewordenen Gottessohn auf angemessene Weise überwunden wird. Vielmehr könnte Gott in seiner Allmacht das Reich des Teufels mit vollem Recht zerschlagen, ohne zuvor Mensch zu werden. Der Grund für die Menschwerdung ist also nicht in der Beziehungsebene Gott und Teufel, sondern in der Beziehungsebene Gott und Mensch zu suchen.

Das Problem, das in der Beziehung zwischen Gott und Mensch aufgetaucht ist, ist die Sünde. Unter "Sünde" ist dies zu verstehen, daß der Wille des vernunftbegabten Geschöpfes sich gegen den Willen des Schöpfers auflehnt und ihm damit die Ehre entzieht, die ihm selbstverständlicherweise immer und überall erwiesen werden müßte (I,11). Im Grunde genommen kann die Ehre Gottes als Gottes unantastbarer Besitz vom Menschen weder vermehrt noch verringert werden (I,15). Aber weil es die Anordnung des Schöpfers ist, daß alle vernünftige Kreatur ihm willentlich untertan sein soll, wird durch ihre Verletzung auch der Schöpfer selbst verletzt. Für Gott entsteht ein echter Verlust, der nach einem angemessenen Ausgleich verlangt.

Zunächst aber ist zu erwägen, ob Gott die Sünde nicht "durch bloßes Erbarmen" aus der Welt schaffen könnte (I,12). Wenn Gott die Sünde

---

[19] Jahr der ersten Veröffentlichung: 1098 n.Chr. Zitiert nach: Franciscus S. Schmidt, Cur Deus Homo (lat.-dt.), Darmstadt [3]1970.

in einem souveränen Entschluß für vergeben erklärte, würde er über die Unordnung hinwegsehen, die in der von ihm geordneten Welt entstanden ist. "Gott aber geziemt es nicht, etwas in seinem Reiche ungeordnet zu lassen." Weil Gott der gerechte Gott ist, der für die Geltung seiner eigenen Rechtsordnung einsteht, muß er Unrecht vergelten und kann den Aufruhr des Sünders nicht einfach hinnehmen oder vergessen. Die Sünde mitsamt ihren Folgen würde durch einen grundlosen Vergebungszuspruch nicht aus der Welt geschafft, sondern in ihrer um sich greifenden Dynamik erst recht gefördert werden.
Der Ausgleich für den Schaden, der durch die Sünde entstanden ist, kann auf zwei alternativen Wegen herbeigeführt werden: Entweder durch eine angemessene Genugtuung, die der Mensch zu erbringen hat. Oder aber durch eine Bestrafung des Menschen, die darin besteht, daß Gott dem Menschen, der seine Schuld nicht freiwillig begleicht, seine Seligkeit wegnimmt und beschlagnahmt als eine angemessene Reparationszahlung (I,14).
Gott beschreitet nicht den zweiten für ihn einfacheren Weg der Bestrafung, weil er sein kostbares Geschöpf nicht der Vernichtung auszuliefern beabsichtigt. Von jeher steht sein Plan fest, die vernünftige Kreatur zu einer Vollendung zu bringen und in seine ewige Stadt heimzuführen (II,4; I,18). Dieses Ziel kann allerdings nur erreicht werden, wenn der Mensch tatsächlich eine Genugtuung leistet, die dem Maß seiner Verschuldung entspricht (I,20). "Und es genügt nicht, nur das zurückzugeben, was geraubt wurde, sondern wegen der zugefügten Entehrung muß er (der Mensch) mehr erstatten, als er genommen hat" (I,11). Doch solch eine hochwertige Erstattung kann der Mensch nicht einmal ansatzweise leisten. Denn selbst eine tadellos auf Gott ausgerichtete Lebensführung einschließlich gottgefälliger Buße, Enthaltsamkeit und Barmherzigkeitstaten stünde Gott ohnehin zu. Durch ein ganzes vorbildlich frommes Leben kann nicht eine einzige Abweichung vom Willen Gottes aufgewogen werden. Wer die geringste Genugtuungsleistung seitens des Menschen für möglich hält, hat "noch nicht erwogen, von welcher Schwere die Sünde ist" (I,21).
Die Genugtuung, die den unermeßlichen Schuldenberg des Menschen aufwiegt, muß von übermenschlicher göttlicher Qualität sein. Eine solche Genugtuung kann nur Gott selbst erbringen (II,6). Gleichzeitig ist es unabdingbar, daß der für seine Schuld verantwortliche Mensch

diese Genugtuung leistet, wenn seine Entschuldung und Vollendung in Gottes ewiger Stadt verwirklicht werden soll. Folglich kann es nur ein Gott-Mensch sein, der dieses Werk vollbringt. Ein vollkommenes Gottsein und ein vollkommenes Menschsein muß sich in einer Person vereinigen, damit eine Genugtuung von göttlicher Qualität erbracht werden kann, die den schuldigen Menschen entlastet (II,7). In Jesus Christus betritt diese Person die Erde. Der Sohn Gottes, das wahre Abbild des Vaters, schickt sich an, das angemaßte Abbild, den Teufel, auszurotten und auszulöschen (II,9).

Die außergewöhnliche Gabe, die der Gott-Mensch zu Begleichung der Menschenschuld einsetzen kann, besteht nicht in seinem gehorsamen Lebensvollzug. Denn als Menschengeschöpf hat Jesus seinem Schöpfer ohnehin Gehorsam zu leisten. Seine freiwillige Selbstauslieferung an den Tod jedoch geht über das hinaus, was von Gott her selbstverständlich gefordert ist (II,11). Denn nur der Sünder verdient den Tod. Jesus aber ist sündlos. Er liefert sich freiwillig dem Tode aus zur Ehre Gottes und gibt sich Gott-Vater hin als eine Gabe, deren unendlicher göttlicher Wert den gesamten menschlichen Schuldwert aufwiegt (II,18).

Nicht die Menschheit insgesamt, sondern allein Gottes Sohn ist es, dem eine Belohnung für seine Selbsthingabe zusteht (II,19). Der vollkommene Sohn Gottes allerdings bedarf für sich selbst keiner Belohnung. Er wendet sein Verdienst seinen Menschenbrüdern zu, die er in Schuldverstrickung zugrunde gehen sieht. Weil die Menschenschuld durch Jesus Christus bezahlt ist, stößt Gott nunmehr keinen zurück, der sich ihm im Namen Jesu nähert. So ist die Versöhnung zwischen Gott und Mensch vollbracht.

2.1.2. Anselms Denkweg

Zunächst einmal ist festzustellen, daß Anselm ähnlich wie auch schon Athanasius und andere Theologen das biblische Zeugnis von Gottes Versöhnungswerk in Christus denkend nachzuvollziehen sucht. "Ich glaube, damit ich verstehe" (*"credo ut intelligam"*): dieser kurze Satz kennzeichnet Anselms theologische Methode, die vom Geglaubtem zu dem im Zusammenhang Verstandenen fortschreitet.

Die Problemstellungen und die Problemlösungen verlaufen bei Anselm in vergleichbaren Bahnen wie in der Alten Kirche: Gott muß den gefallenen Menschen richten - und will ihn doch retten. Die Reue des Menschen ist notwendig - aber sie schafft das Schuldproblem nicht aus der Welt. Eigentlich müßte der Mensch für seine Schuld einstehen - aber nur Gott kann sie tatsächlich bewältigen. In jedem Fall laufen die Linien zusammen in dem einzigartigen Mittler zwischen Gott und Mensch, in Jesus Christus. Anselm denkt ebenso christozentrisch wie die altkirchlichen Theologen.

Allerdings tritt bei Anselm das Ringen zwischen Gott und Teufel im Vergleich zur Alten Kirche merklich zurück. Anselm kann die Heilstat des Herrn Christus auch als Kampf gegen den Feind Gottes beschreiben (II,9). Aber wenn es um die Frage nach dem tiefsten Grund für die Herablassung Gottes zum Menschen geht, scheidet der Urfeind, der sich alle Herrschaft nur angemaßt hat und letztlich der Verfügungsgewalt des Allmächtigen unterworfen ist, als auslösender Faktor aus. Das Problem, das durch die Sünde gegen Gott entstanden ist, betrifft streng genommen allein die Bezugsebene Gott - Mensch und muß in dieser Ebene gelöst werden. Anselm korrigiert also eine Anschauung, die dazu neigt, das Geheimnis des Bösen in erster Linie außerhalb des Menschen zu entdecken, weniger aber in ihm selbst. Der Mensch selbst vollzieht einen zerstörerischen unverantwortlichen Angriff auf den Schöpfer und seine Schöpfung. Dafür hat er sich zu verantworten.

Obwohl Anselm für jeden Denkschritt, den er vollzieht, eine Begründung sucht, die dem Verstand einleuchtet, liegt es ihm fern, eine neue unbiblische Lehre aus der Taufe zu heben oder gar den Glaubensinhalt vernünftig beweisen zu wollen. Seine Zuhörer bitten ihn nicht um seine Darlegungen, "damit sie durch Vernunft zum Glauben gelangten, sondern sich an der Einsicht (*intellectus*) und Beschauung (*contemplatio*) dessen, was sie glauben, erfreuen", heißt es im ersten Kapitel von "Cur Deus Homo" (I,1). Anselm ist grundsätzlich offen für eine Korrektur von der Heiligen Schrift her (I,2), obgleich er selbst der Überzeugung ist, durch einen vernünftigen einleuchtenden Denkweg das gefunden zu haben, was den zentralen Inhalt des Alten und Neuen Testaments ausmacht (II,22).

2.1.3. Die Kritik an Anselm

Für unbiblisch ist bei Anselm z.B. der Begriff der Ehre Gottes gehalten worden. Doch der Cantus firmus der beiden biblischen Testamente lautet: "Gebt unserm Gott allein die Ehre!" (5Mo 32,3). "Bin ich nun Vater, wo ist meine Ehre?" fragt Gott sein Volk (Mal 1,6). In der grundverkehrten Verehrung des Geschöpflichen besteht die Ursünde des Menschen (Röm 1,25). Sie ist erst dort wieder in Ordnung gebracht, wo der zum Kreuz herabgestiegene Christus als der unumschränkte Herr anerkannt wird und die Knie sich vor ihm beugen - letztlich "zur Ehre Gottes, des Vaters" (Phil 2,11). Die Heiligkeit und Herrlichkeit Gottes verträgt sich mit der Sünde nicht, die ihn herabsetzt und entehrt. Das ist biblisches Denken.

Als nicht schriftgemäß ist auch der Gedanke der Genugtuung angesehen worden. Doch beispielsweise das Schuldopfergesetz in 3Mo 5,15f. schreibt in aller Form eine Wiedergutmachung vor:[20] Wenn der Mensch sich an dem vergreift, was Gott geweiht ist, hat er a) das Gott entzogene Gut voll zu erstatten, b) einen Aufschlag von zwanzig Prozent an den Priester abzuführen und c) einen Widder als Schuld-opfer darzubringen. Erst dann ist Vergebung möglich. Diese alttestamentliche Vorschrift ist für das Neue Testament deswegen bedeutsam, weil der Gottesknecht in Jes 53,10 als Schuldopfer bezeichnet wird, worauf Jesus offenbar Bezug nimmt (Mk 10,45par; 14,24parr). Der Ausleger Gerhard Maier kommt deshalb zu dem Urteil, daß die "Satisfaktionslehre (Lehre von der Wiedergutmachung der Verletzung göttlicher Ehre im Sinne von 3Mo 5,13) berechtigt" ist.[21]

In engem Zusammenhang mit der Lehre von der Satisfaktion steht bei Anselm die Aussage, daß der Gott-Mensch Jesus dem Vater sein Leben als Gabe darbringt. Auch in diesem Fall ist Anselm ein echter Widerspruch zum Schriftzeugnis schwerlich nachweisbar. Denn ein von Gott angeordnetes Opfer ist stets als eine Gabe an ihn selbst zu verstehen, die er für sich selbstverständlich nicht nötig hätte, sie aber dennoch dem Menschen zum Zweck der Wiedergutmachung und Versöhnung abverlangt. Auf Eph 5,2 hat bereits das Wort von Papst Leo dem Großen hingewiesen: Christus hat sich zugunsten der Menschen hingegeben als "Gabe und Opfer, Gott zu einem lieblichen Geruch" (Eph 5,2). Noch deutlicher bringt Hebr 9,14 den Sachverhalt der Hingabe an Gott zum Ausdruck: Christus ist der, "der sich selbst als Opfer ohne Fehl durch den ewigen Geist Gott dargebracht hat". Gott empfängt die Opfergabe, die dem Menschen zugute kommt.

Noch manches andere ist an Anselms Versöhnungslehre kritisiert worden. Aulén beispielsweise beanstandet, daß in "Cur Deus Homo" Gott nur noch der Urheber der Versöhnung sein dürfe, sie aber selbst

20 Vgl. Gerhard Maier, Das dritte Buch Mose, WStB.AT 1994, 98-102.
21 A.a.O. 107.

nicht vollende; denn dafür habe Christus gemäß seiner menschlichen (!) Natur zu sorgen.[22] Bei Anselm selbst aber ist in aller Deutlichkeit festgehalten, daß nur Gott aufgrund seines gottheitlichen Wesens die Genugtuung von überragender Qualität erbringen kann (II,6). Der Gott-Mensch Christus ist das Subjekt der Versöhnung - damit aber der dreieinige Gott selbst. Gerade Anselm arbeitet jene Grundstruktur des Versöhnungsgeschehens heraus, die Aulén vor allem für die Alte Kirche reklamiert: Gott ist derjenige, der die Versöhnung aktiv ins Werk setzt und gleichzeitig derjenige, der durch die Hingabe seines Sohnes die Versöhnung passiv empfängt: er ist der versöhnte Versöhner.

Unter anderem wurde darauf hingewiesen, daß Anselms Entwurf auf Vorstellungen aus dem kirchlichen mittelalterlichen Bußwesen beruhe: der Mensch hat nach seiner Verfehlung "Genugtuung" zu erbringen und sich durch die Ableistung von Bußwerken "Verdienste" zu erwerben, die die Sündenschuld ausgleichen. Tatsächlich nimmt Anselm diese Leitbegriffe aus der mittelalterlichen Bußtheologie auf. Doch die Pointe seiner Überlegungen besteht gerade darin, daß der Mensch völlig unfähig zu verdienstlichen Werken ist. Die gültige Vergebung muß an seiner Statt derjenige Mensch erwerben, der alle Kreaturen unendlich überragt: der Mensch Christus Jesus (1Tim 2,5). Auf eine geradezu reformatorisch-evangelische Weise wird dem Menschen die Entlastung von aller Belastung durch scheinbar verdienstliche sündentilgende Werke zugesprochen.

Kritisch angemerkt wurde auch der Umstand, daß Anselm nichts von dem rechtfertigenden Glauben lehrt. Dazu ist folgendes zu sagen: Anselm spricht davon, daß Christus sein Verdienst dem Menschen gratis zuwendet (II,19). Damit ist der Glaube des Menschen nicht ausgeschlossen. Für dieses Thema verweist Anselm auf die Lehre der Heiligen Schrift. Denn die Frage, der sich die Abhandlung "Cur Deus Homo" widmet, ist nicht die Frage nach dem Glauben, sondern die Frage nach der Notwendigkeit der Menschwerdung Gottes. Diese aber hält Anselm für hinreichend beantwortet.

Zu beachten ist allerdings folgende Beobachtung von Gunther Wenz und anderen Anselm-Interpreten: der Tod Jesu Christi erscheint in "Cur Deus Homo" nicht als das Erleiden eines von Gott verhängten Strafgerichtes über die Sünde, wie das in der altkirchlichen Theologie

---

22 ZSTh 8, 514.

mit Rückbezug auf die Bibel gesehen wird (Jes 53,5; Gal 3,13; 1Petr 2,24).[23] Von einem "stellvertretenden Strafleiden in strengem Sinne" kann "bei Anselm nicht die Rede sein", stellt Wenz fest. Jesus erleidet nicht stellvertretend für die Menschheit Gottes Zorn und Fluch über den Sünder, sondern geht von sich aus auf einen Tod zu, der den Charakter einer besonderen Leistung trägt. Hier liegt m.E. die Grenze des Entwurfes von Anselm. Weil das, was auf Golgatha geschieht, nicht mit den biblischen Kategorien von Opfer und Strafleiden gemäß Jesaja 53 beschrieben wird, droht der Aspekt des tödlichen Zornes Gottes über die Sünde verdrängt zu werden.

Anselm selbst macht deutlich, daß in der Bestrafung des Menschen ein Moment der Genugtuung im Sinne einer unfreiwilligen Rückerstattung liegt (I,14). Ebenso deutlich müßte in entsprechender Weise zum Ausdruck gebracht werden, daß der Kreuzestod Jesu beide Aspekte in sich schließt: den Aspekt der Genugtuung, insofern Jesus sich als unschuldigen Menschen und zu nichts verpflichteten Gottessohn Gott selbst hingibt; dann aber auch den Aspekt des Strafleidens, insofern Jesus das unausweichliche Gericht Gottes über die Sünde trägt.

Trotz dieser Korrektur ist Anselm m.E. das Verdienst zuzugestehen, in einmaliger gedanklicher Schärfe die Schwere der Menschenschuld und die Notwendigkeit einer Versöhnung durch den Tod eines Gott-Menschen herausgearbeitet zu haben.

2.2. Thomas von Aquin

Anselms Überlegungen werden zum Vorbild mittelalterlicher Versöhnungslehre.[24] Der Dominikaner Thomas von Aquin (1225-1274) etwa nimmt Anselms Begriffe auf, ergänzt sie aber selbständig durch andere biblisch-traditionelle Begriffe. In der 48. Frage der "Summa Theologica" ist die Heilstat Jesu Christi vierfach beschrieben:[25]

1. Als Verdienst. Durch sein Leiden verdient Christus allen Kirchengliedern das Heil.

[23] G. Wenz, Versöhnungslehre I, 46.
[24] G. Wenz, Versöhnungslehre I, 61.
[25] STh III q 48 a 1-4. Nach: Adolf Hoffmann (Hg), Bd 28 der dt.-lat. Thomasausgabe, Heidelberg - Graz 1956, 82-96.

2. Als Genugtuung. Das Leiden Christi ist "nicht nur eine hinreichende, sondern eine überreiche Genugtuung für die Sünden des Menschengeschlechtes".
3. Als Opfer im Sinne einer "Ehrenbezeigung", die Gott erwiesen wird, um ihn zu versöhnen. Christus bringt sich Gott als Opfer dar und bleibt dabei doch mit dem Vater verbunden. Gleichzeitig verbindet er sich mit den Menschen, die er bei seinem Opfergang in sich hineinnimmt.
4. Als Loskauf. Christus kauft die Menschheit frei aus der Versklavung der Sünde und aus dem von Gott verhängten Strafgericht, indem er mit seinem eigenen Leben bezahlt.

Anders als Anselm hält Thomas es für möglich, daß Gott die Menschheit auch aufgrund seines freien Erbarmens erlöst - ganz ohne Christusopfer.[26] Dem Aquinaten ist offenbar daran gelegen, die Vorstellung einer zwanghaften Notwendigkeit von Gott fernzuhalten: Gott bleibt vollkommen frei in seinem Wollen und Wirken. Letzteres bejaht allerdings auch Anselm ausdrücklich, wenn er von Gott sagt: "sein Wille... ist keiner Notwendigkeit oder Unmöglichkeit untertan."[27] Doch gerade aus den willentlichen Festlegungen Gottes im Blick auf das Geschöpf und seinen sündigen Aufruhr ergibt sich die Notwendigkeit des Kreuzganges, den Jesus freiwillig auf sich nimmt.[28]

2.3. Petrus Abaelardus

Als ein Gegenmodell zu Anselm sind gelegentlich die Äußerungen des Pariser Dozenten Petrus Abaelardus (1079-1142) gesehen worden. Abaelard betont in seinem Römerbriefkommentar, daß sich im Kreuz Jesu Gottes Liebe offenbart, die im Menschen eine entsprechende freie Antwort der Liebe entbinden will.[29] Dieser Gedanke

---

26 Nach G. Wenz, Versöhnung I, 61.

27 Cur Deus Homo II, 17.

28 Der Aspekt der Freiheit Gottes in seinem Wollen und Handeln wird bei dem Franziskaner Duns Scotus (1270-1308) zu einem wichtigen Leitgedanken der Theologie (G. Wenz, Versöhnungslehre I, 61.62).

29 Zu Röm 3,19ff. sagt Abaelard: "Unsere Erlösung ist also jene grosse Liebe Christi gegen uns, die er in seinem Leiden bewiesen hat, die uns nicht nur von der Knechtschaft der Sünde erlöst, sondern uns auch die wahre Freiheit der Kinder Gottes erwirbt, so dass wir in dieser Liebe zu ihm, und nicht aus Furcht, alle Gebote erfüllen;

kann und darf aber nicht als Gegensatz zu Anselms Lehre betrachtet werden. Denn auch für Anselm ist klar, daß Jesus seinen schweren Weg aus echter Liebe zu den Menschen geht (I,8-10) und durch seine Tat die dankbare Freude des Glaubens weckt (II,19).
Abaelard wiederum hält in demselben Römerbriefkommentar fest, daß der Tod Jesu ein Opfertod war, durch den die Sündenstrafe getragen und der Loskauf vom Tod ermöglicht wurde.[30] Allerdings zeichnet sich in einer Glosse zu Röm 5,18 eine unevangelische Verdienstlehre ab: Christus erlöst die Menschen, indem er die Lücken in ihren Verdiensten durch seinen Verdienst ausfüllt.[31] Sollte Abaelard tatsächlich an ein menschliches Verdienen des Heils denken, geriete er damit in einen scharfen Gegensatz zu Anselm, der genau dies konsequent ausschließt.

2.4. Zusammenfassung

1. Für Anselm von Canterbury und andere mittelalterliche Theologen spitzt sich die Frage nach der Möglichkeit einer Versöhnung zwischen Gott und Mensch zu in der Frage nach dem Sinn des Menschwerdens, des Leidens und Sterbens des Sohnes Gottes. "Das Gewicht der Sünde und das Übergewicht der Heilstat Jesu Christi": so könnten die beiden Pole bezeichnet werden, um die das Denken Anselms kreist.
2. Die altkirchliche Erkenntnis, daß Christus Gott und Mensch zugleich sein muß, wenn die Menschheit erlöst werden soll, wird dadurch vertieft, daß sie weniger von der verlorenen Gottesebenbildlichkeit des Menschen und seiner Gefangenschaft in der Macht des Teufels her bedacht wird, sondern eher von der hoffnungslosen Verschuldung gegenüber Gott und seinem heiligen Willen her. Die eiserne Notwendigkeit eines wirklich angemessenen Schuldausgleichs

---

hat er uns doch solche Gnade erwiesen, wie sie, nach seinem eigenen Zeugnis, grösser nicht zu finden ist." PL 178, 836 A. Nach: Heinrich Rinn, Dogmengeschichtliches Lesebuch, Tübingen 1910, 258.

30 Zu Röm 4,25: "In zweifacher Weise ist Christus um unserer Sünde willen gestorben: wir haben das verschuldet, um das er starb, und wir haben die Sünde begangen, für die er die Strafe auf sich nahm; d a n n (ist er auch gestorben), damit er unsre Sünden durch seinen Tod aufhöbe, d.h. die Strafe für unsre Sünden durch das Lösegeld seines Todes von uns nähme, indem er uns den Zugang zum Paradies eröffnete". PL 178, 859. Nach: H. Rinn, Dogmengeschichtliches Lesebuch, 257.

31 PL 187, 865 BD. Zu Röm 5,18. A.a.O., 258.

schließt eine menschliche Genugtuung radikal aus und lenkt den Blick auf jenen einzigartigen Mittler, der vor Gott für den Menschen in die Bresche springt.

3. Der überwiegende Teil der Kritik an Anselm unterschätzt die biblische Verwurzelung seines Denkens oder überschätzt den Gedankengang in "Cur Deus Homo" als erschöpfende dogmatische Abhandlung. Tatsächlich vermag dieser Traktat Grundprobleme und Grundzüge einer durchdachten Versöhnungslehre vorbildlich herauszuarbeiten, wenngleich eine Ergänzung durch die Rede vom Strafleiden nottut. Von anderen mittelalterlichen Theologen wird die Notwendigkeit gesehen, den Genugtuungsgedanken enger mit dem biblischen Gedanken des von Gott angeordneten Opfers und des Strafgerichtes über die Sünde zu verbinden, als das bei Anselm geschieht.

3. Die reformatorische Versöhnungslehre

Martin Luther (1493-1546) wird zur Zeit seiner reformatorischen Entdeckung von der Frage umgetrieben, wie er als Sünder einen gnädigen Gott bekomme. Luther weiß als spätmittelalterlicher Theologe sehr wohl um das Versöhnungswerk Gottes. Aber darüber ist er im Zweifel, ob die Versöhnung für ihn selbst tatsächlich in Kraft sei. Die Theologie, die der Reformator in der Kirche und auf der Universität gelernt hat, kann für ihn die entscheidende Frage nach der persönlichen Aneignung der Versöhnung offenbar nicht befriedigend beantworten. Bei Thomas von Aquin deutet sich der verhängnisvolle Gedanke an, daß der Verdienst, den Christus anstelle der Menschen für die Menschen erwirbt, ergänzt werden muß durch jenen Verdienst, den der Mensch durch ein heiliges Leben erarbeitet.[32] Die Genugtuung durch Christus bedarf der Vervollständigung durch menschliche Genugtuung. Diese Vorstellung stürzt den Menschen in eine unendliche Ungewißheit bezüglich seiner Stellung zu Gott. Denn es ist immer fraglich, ob das Leben des Menschen verdienstlich genug ist, um die endgültige Aussöhnung mit Gott zu erlangen.

Für Luther löst sich das Problem durch die Einsicht, daß die Heilstat Christi vollständig genügt, das Verderben des Menschen abzuwenden. Es ist allein der Glaube, durch den der Mensch das ergreift, was Christus am Kreuz von Golgatha ihm zugute vollbracht hat. Der Glauben-

[32] STh III q 48 a 1 (respondeo).

de ist sich herrlich gewiß, daß er aus Sünde, Tod und Hölle herausgerissen und hineinversetzt ist in den Frieden mit Gott und das ewige Leben.

3.1. Martin Luther

3.1.1. Der Anschluß an die Versöhnungslehre der Alten Kirche

Gustaf Aulén meinte, Luther habe mit seiner Versöhnungslehre eindeutig das altkirchlich-klassische Modell aufgenommen und vertieft, den mittelalterlich-lateinischen Theologietyp dagegen ganz hinter sich gelassen.[33] Zweifellos hat Luther viel mit der Alten Kirche gemein:

An erster Stelle ist das Motiv des Kampfes gegen den Teufel zu nennen. Luthers Theologie hallt wider von einem kämpferischen und sieghaften Ton, weil sie weiß: "es streit für uns der rechte Mann, den Gott selbst hat erkoren".[34] Die "Sünde der Welt, den Tod, den Fluch und Zorn Gottes in sich selbst überwinden, das ist nicht das Werk einer Kreatur", sagt Luther, "sondern der göttlichen Macht. Daher muß der, der in sich selbst dies besiegt hat, wahrhaft und wesenhaft Gott sein".[35] Christus befreit aus dem Unwesen der Sünde kraft seines sündlosen, göttlichen Wesens. Die Lehre von der Person Christi und seinem Werk hängen auch bei Luther sachlich eng zusammen.

Ähnlich wie die altkirchlichen Theologen kann der Reformator das Sterben Jesu als denjenigen Vorgang betrachten, in dem sich der Tod zu Unrecht an einem Unschuldigen vergreift und deshalb sein Anrecht auf alle Toten verwirkt.[36] Auch der altkirchliche Gedanke von der Überlistung des Teufels findet sich bei Luther: "Hier kannst du sagen, dass der Teufel Christum angefallen, so, wie der Fisch die Speise und Aetze, und darüber mit der Angel gefangen wird... Der Wurm an der Angel ist Christus gewesen...; als nun der Satan dieses Wesen verschlingen wollte, hat er gestossen auf den Angel der Gottheit und ist herausgezogen worden."[37]

---

[33] ZSTh 8, 518-524.

[34] Choral "Ein feste Burg ist unser Gott", EG 362, Strophe 2.

[35] WA 40 I, 441, 16-19 (lat.).

[36] WA 10 I/1, 516, 6-13.

[37] WA 10 III, 100, 24-30.

Versöhnung bedeutet: vom Tode zum Leben gelangen. Das arbeitet der Bibelausleger Luther in immer neuen Variationen heraus. Z.B. so: "Denn also hat er (der Teufel) den Tod in Christus gewirkt, welchen Christus durch die Unsterblichkeit seiner Gottheit ganz und gar verschlungen hat in sich selber und ist herrlich auferstanden... Gleichwie somit in dem Herzog der Seligkeit, in dem Heiligen der Heiligen, in Christus unserm Haupte, der Tod und alle Werke des Teufels zunichte worden sind, gleichermaßen soll und muß es in jeglichem seiner Glieder geschehen."[38]

3.1.2. Die Aufnahme der mittelalterlichen Versöhnungslehre

Die Übereinstimmung zwischen Luther und vielen Grundzügen altkirchlicher Theologie besagt aber nicht, daß die reformatorische Theologie auf Begriffe und Gedanken der mittelalterlichen Theologie verzichten konnte und wollte.

Luther predigt nämlich auch mit folgenden Worten von der Vergebung der Sünde: "Doch ist diese barmherzige Vergebung nicht geschehen ohne Verdienst, sondern es ist ein Mittler dazu kommen, der es für uns und an unserer Statt verdienet hat. Das ist Christus, der Herr. Denn Gott wollte gleichwohl genug gethan haben für die Sünde, und seine Ehre und Recht bezahlt haben. Das konnten wir nicht; aber Christus thats, welcher aus grundloser Barmherzigkeit des Vaters dazu gesandt und zu uns kommen ist, solches auszurichten", nämlich "Vergebung verdienen und erwerben zur ewigen Seligkeit."[39] Die Begriffe Ehre, Recht, Genugtuung, Bezahlung und Verdienst können von Luther in demselben Sinne verwendet werden wie es die mittelalterlichen Scholastiker im Gefolge Anselms taten. Insofern ist Auléns tiefe Zäsur zwischen mittelalterlicher und reformatorischer Versöhnungslehre nicht berechtigt.[40]

---

[38] Vorlesung über den Hebräerbrief 1517/1518; zu Hebr 2,14. Nach: Emanuel Hirsch, Hilfsbuch zum Studium der Dogmatik, Berlin [4]1964, 54.

[39] Predigt über Lk 1, 57-80 im Jahr 1525. W^2 (= Walch, 2.Auflage) XI, 2295 = WA 17 I, 316,30.36.39; 317,1.

[40] Schon Paul Althaus urteilte, Luther verbinde "klassische" und "lateinische" Gedanken so, daß er "entscheidend in der lateinischen Linie" gehe (P. Althaus, Die Theologie Martin Luthers, Gütersloh [6]1983, 194). Auléns Interpretation, die das klassische Motiv durch undurchbrochene Gottestat und durchbrochene Rechtsordnung, das lateinische Motiv durch ungebrochene Rechtsordnung und durchbrochene Gottestat gekennzeichnet sieht, trifft nicht zu (ZSTh 8, 525). Denn auch für Luther kann Gottes Recht nicht gebrochen, sondern nur erfüllt werden. Vgl. P. Althaus:

Das wird auch in der folgenden Beschreibung des priesterlichen Amtes Christi durch Luther deutlich: "Sollt er (Christus) aber Priester sein und uns nach priesterlichem Amt mit Gott versöhnen, must er Gottes Gerechtigkeit für uns genugtun; da war aber kein ander Genugttun, er must sich selbst dargeben, sterben und also Sünde mit dem Tod in sich selber überwinden; also ist er durch Sterben zum Priestertum, durchs Priestertum zum Königreich kommen".[41] Es ist heilsnotwendig, daß Jesus sich in einer bereitwilligen Selbstaufopferung Gott hingibt, weil Gottes Rechtsforderung nicht einfach aufgehoben werden kann, sondern eine tatsächliche Erfüllung und Genugtuung verlangt.[42]

Es fällt allerdings auf, daß bei Luther die Erklärungen der Heilstat Christi stärker in biblischer Sprache formuliert sind. Die Rückbindung an die Redeweise der Heiligen Schrift ist eine strengere als etwa bei Anselm. Luther sieht die Gefahr, daß sich andernfalls theologische Begriffe verselbständigen und zur Irrlehre führen können.[43] Von daher ist die harsche Kritik des Reformators beispielsweise an dem mittelalterlichen Verständnis des Begriffs "Genugtuung" zu verstehen: "Und dies Stück, die satisfactio, Genugthuung, ist der Anfang und Ursprung, Thür und Eingang zu allen Greueln im Papstthum... Wo die Genugthuung nicht entstanden wäre, so wäre Ablaß, Wallfahrt, Brüderschaft, Messen, Fegfeuer, Klösterei, Stifte... nicht erfunden und das Papsttum nicht so dick und fett worden."[44] Wohlgemerkt geht es Luther hier um die Abwehr der Irrlehre, als könne der Mensch

---

"Die von Gottes Gerechtigkeit erforderte Genugtuung ist der primäre und entscheidende Sinn des Werkes Christi, insonderheit seines Sterbens. Daran hängt alles andere, die Entrechtung und Entmächtigung der Mächte." (A.a.0., 193)

41 WA 10 I/1, 720, 18 - 721, 2. Das deutsche Wort "versöhnen" gibt das lateinische "reconciliare" wieder.

42 Paul Althaus weist darauf hin, daß bei Luther die Heilstat Christi a) vom königlichen Amt Christi her verstanden wird: Christus als Herr über Hölle, Tod und Teufel; und b) vom priesterlichen Amt Christi her: Christus wendet durch sein Opfer den Zorn Gottes ab. Der priesterliche Dienst begründet und trägt den königlichen Dienst, weil Hölle, Tod und Teufel nur aufgrund des Zornes Gottes eine Gefahr für den Menschen darstellen. (P. Althaus, Die Theologie Martin Luthers, 194).

43 In der Schrift "An die Ratsherren aller Städte Deutschlands, daß sie christliche Schulen aufrichten und halten sollen" von 1524 sagt Luther: "Denn es gar gefährlich ist, von GOttes Sachen anders reden, oder mit andern Worten, denn Gott selbst gebraucht." W^2 X, 475 = WA 15, 43, 12-13.

44 Wider Hans Worst, 1541. W^2 XVII, 1327 = WA 51, 487, 29.30; 488, 20-24.

Gott gegenüber eine Genugtuung erbringen, die ihm die Seligkeit bringt.
An anderer Stelle macht Luther im Blick auf denselben Begriff deutlich, daß sich die Theologie durch richtige Einzelbegriffe nicht den biblischen Sprach- und Denkhorizont verengen lassen darf: "Und ob man gleich das Wort Genugthuung wolt behalten und dahin deuten, daß Christus hat für unsere Sünde genug gethan, so ist es doch zu schwach und zu wenig von der Gnade Christi geredt, und das Leiden Christi nicht genug geehret, welchem muß man höher Ehre geben, das er nicht allein für die Sünde genug gethan, sondern auch erlöst von des Todes, Teuffels und der Hellen Gewalt."[45] Einzelne Begriffe und Gedanken sind einzuzeichnen in die Linien des biblischen Gesamtzeugnisses von der Befreiung aus der Herrschaft der Verderbensmächte, damit das Evangelium in seiner ursprünglichen kraftvollen Gestalt erhalten bleibt.
So gewinnt Luther das zurück, was bei Anselm aus dem Blick zu geraten droht, nämlich das Verständnis des Todes Jesu "als wirkliche Übernahme der göttlichen Sündenstrafe", wie Gunther Wenz es ausdrückt.[46] Jesus begibt sich ins Sterben hinein nicht "als innerlich unbeteiligter Träger der Sünde", sondern als der, "welcher selbst zur Sünde und zum Fluch geworden" ist.[47] Luther spricht es Paulus nach: "Um unseretwillen... ; er ist für uns ein Fluch worden, er hat Gottes Zorn getragen, und für unsere Sünde bezahlen wollen, auf daß wir zum Segen kämen, das ist, den Heiligen Geist empfingen, von Sünden ledig und Kinder Gottes würden."[48]

3.1.3. Der Zuspruch der Versöhnung

Das Versöhnungswerk Gottes kommt nun so zum Ziel, daß die Heilstat Jesu dem Menschen durch das Wort von der Versöhnung zugesagt wird. Im Großen Katechismus macht Luther den Unterschied zwischen der abgeschlossenen Versöhnungstat damals dort und ihrer Zueignung hier und jetzt deutlich: "Das Werk ist geschehen und ausgericht; denn Christus hat uns den Schatz erworben und gewonnen durch sein Leiden, Sterben und Auferstehen etc. Aber wenn das Werk

45 Predigt über Lk 24, 36-47. WA 21, 264, 27-32. Schreibweise modernisiert; T.E.
46 G. Wenz, Versöhnung I, 63.
47 A.a.O.
48 Predigt über Mt 27, 33-56. W^2 XIIIa, 435 = WA 52, 807, 10-13.

verborgen bliebe, daß niemand wüßte, so wäre es ümbsonst und verloren. Daß nu solcher Schatz nicht begraben bliebe, sondern angelegt und genossen würde, hat Gott das Wort ausgehen und verkünden lassen, darin den heiligen Geist geben, uns solchen Schatz und Erlösung heimzubringen (= nahezubringen) und zueignen."[49] Insbesondere diejenigen Worte, die sich stiftungsgemäß mit den Elementen Wasser, Brot und Wein verbinden, tragen dem Menschen Gottes Versöhnungstat zu. "Und wer denselbigen Worten gläubt", sagt Luther im Blick auf die Einsetzungsworte des Abendmahls, "der hat, was sie sagen und wie sie lauten, nämlich 'Vergebung der Sünden'".[50] Wort und Sakrament, das sind die Mittel, die dem Menschen Vergebung, Versöhnung und Heil bringen, wenn er sie im Glauben als Gottes Mittel anerkennt.

Luthers berühmter Satz aus dem Kleinen Katechismus faßt sein Verständnis von Versöhnung so zusammen: "Ich glaube, daß Jesus Christus, wahrhaftiger Gott... und auch wahrhaftiger Mensch... sei mein Herr, der mich verlorenen und verdammten Menschen erlöst hat, erworben und gewonnen von allen Sünden, vom Tod und von der Gewalt des Teufels nicht mit Gold oder Silber, sondern mit seinem heiligen teuren Blut und mit seinem unschuldigen Leiden und Sterben, auf daß ich sein eigen sei..."[51] Durch das blutige Sühnopfer Christi ist der Teufel besiegt und das Lösegeld bezahlt. Deswegen ist die uneingeschränkte Verbindung zwischen Gott und Mensch wiederhergestellt. So hält es der Glaube fest in froher Gewißheit.

3.2. Philipp Melanchthon

Philipp Melanchthon, der andere große Reformator aus Wittenberg (1497 - 1560), vertritt keine andere Versöhnungslehre als Luther. Ebenso wenig wie Luther sieht sich Melanchthon genötigt, den Sinn des Kreuzestodes Jesu selbst neu zu erschließen. Denn darin sind sich die Reformatoren mit der kirchlichen Tradition einig, daß der Sinn des Kreuzes in der Versühnung der Sünden besteht. Dagegen ist die Lehre vom Glauben und der Rechtfertigung, wie sie auf römisch-

---

[49] Bekenntnisschriften der evangelisch-lutherischen Kirche (BSLK), Göttingen [10]1986; 654, 38.

[50] BSLK 520, 38-40.

[51] BSLK 511, 4.

katholischer Seite vertreten wird, von der Schrift her anzufechten und biblisch neu zu gewinnen.
Dementsprechend bemüht sich Melanchthon in seinen “Loci Communes” von 1521 den Glauben zu erklären im Anschluß an Hebräer 11,1. Schon bei Abel ist derjenige Glaube zu finden, “der Gott verherrlicht, der mit Gott gute Erfahrungen macht und auf die göttliche Barmherzigkeit vertraut”.[52] Der Glaube traut Gott alles Gute zu und wartet auf den Erweis seiner Barmherzigkeit in einer alles Dagewesene überbietenden Heilstat, die so zu beschreiben ist: “Nun hat aber Christus den guten Willen (Gottes) verdient, den er als Mittler für uns, den er als Opfer (*victima*) und Genugtuung (*satisfactio*) für uns gab.” Nach dem Verweis auf Joh 3,16 fährt Melanchthon fort: “Weil Gott ihm (Christus) zugeneigt ist, ist er uns zugeneigt, weil er ihm alles unterworfen hat, hat er uns alles unterworfen. So sind alle Verheißungen auf ihn zurückzuführen, der uns wirklich die Barmherzigkeit des Vaters verdient hat und uns mit dem Vater versöhnt hat, wie Joh 1 sagt: ‘Von seiner Fülle haben wir alle genommen Gnade um Gnade’; Gunst gegen uns für Gunst gegen Christus.”[53]
Ganz selbstverständlich spricht Melanchthon von Verdienst, Opfer und Genugtuung. Es bedarf dieser Worte, um die Heilstat Christi zu beschreiben. Ebenso bedarf es der Rede von der Bezahlung der Schuld[54] und der am Kreuz geschehenen Versühnung[55], auf die Philipp an anderer Stelle zurückgreift. Allerdings denkt der Reformator nicht relativ abstrakt über Gottes Versöhnungswerk nach, sondern läßt das Leben, Leiden und Sterben Jesu aufleuchten als überzeugenden Erweis der Liebe und Barmherzigkeit Gottes. Das Wort vom Kreuz kommt als Evangelium zum Leser und Zuhörer. Der Mensch, der eigentlich nur das Mißfallen Gottes verdient hätte, darf vernehmen, daß nunmehr Gottes Wohlgefallen um Jesu willen auf ihm ruht. Im Glauben erkennt der Mensch die barmherzige Zuwendung Gottes in Christus und bekommt aufgrund dieses Glaubens die Gerechtigkeit Christi zugerechnet.[56]

---

52 Horst Georg Pöhlmann (Hg), Loci Communes (1.Auflage 1521), Gütersloh 1993, 253.
53 Loci, 247. Ergänzungen in Klammer von T.E.
54 BSLK 171, 58.
55 BSLK 176, 80.81.
56 Loci, 249.

Im vierten Artikel des Augsburger Bekenntnisses faßt Melanchthon die Lehre von der Rechtfertigung so: Es wird gelehrt, "daß wir Vergebung der Sunde bekommen und vor Gott gerecht werden aus Gnaden umb Christi willen durch den Glauben, so wir glauben, daß Christus für uns gelitten habe und daß uns umb seinen (sic!) willen die Sunde vergeben, Gerechtigkeit und ewiges Leben geschenkt wird."[57] Im entsprechenden lateinischen Text taucht wiederum der Begriff "Genugtuung" (satisfactio) auf. Wie in der Alten Kirche und bei Anselm wird gelehrt: allein das Genugtun Christi bahnt den Weg zur Versöhnung, nicht das Genugtun des Menschen. Wo der Mensch dieses im Glauben einsieht, wird Sünde abgenommen, Gerechtigkeit geschenkt und Versöhnung zwischen Gott und Mensch verwirklicht.

3.3 Johannes Calvin

Johannes Calvin (1509-1564), der Begründer der evangelisch-reformierten Lehrtradition, bietet in seiner "Institutio" - anders als die lutherische Gruppierung - eine systematisch geordnete Darlegung der Versöhnungslehre.[58] Ebenso wie bei Luther und Melanchthon verbindet sich altkirchliches und mittelalterliches theologisches Erbe mit der Erschließung des neu entdeckten Evangeliums von der Fülle des Schriftzeugnisses her. Der einzig merkliche Unterschied zur lutherischen Seite im Blick auf die Lehre von der Versöhnung besteht in der Betonung der Erwählungslehre. Daß der Gott-Mensch Christus zur Erde kommt, um durch sein Opfer die Menschen zu erlösen, liegt im Ratschluß Gottes vor aller Zeit beschlossen (Institutio II, 12,1; II, 12,5).

Calvin malt groß und unübersehbar den Mittler vor Augen, den Immanuel, der allein die menschliche Ungerechtigkeit beseitigen kann, die sich wie eine Wolke vor Gottes Angesicht geschoben hat (II,12,1). Der Gottessohn nimmt Fleisch und Blut an, um die Todesmächte in dieser Welt zu überwinden (II,12,2). Dies erreicht er dadurch, daß er die Sündenstrafe der Menschen auf sich nimmt und sich Gottes Gericht ausliefert (II,12,3). Sein vergossenes Blut wendet den Haß Gottes über den Sünder ab und reinigt von aller Sünde (II,12,4;17,3). So kommt Versöhnung zustande.

---

57 BSLK 56.

58 Otto Weber (Hg), Johannes Calvin, Unterricht in der christlichen Religion - Institutio christianae religionis - letzte Auflage, Neukirchen 1955.

Ausdrücklich wendet sich Calvin gegen die Meinung, zwischen der Rede von Gottes Barmherzigkeit und der Rede vom Verdienst Christi bestehe ein Widerspruch (II,17,1): "der Mensch wird aus Gnade gerecht durch Gottes reines *Erbarmen* - und: Christi Verdienst tritt für uns ein. Denn dieses Verdienst Christi ist ja der Barmherzigkeit Gottes *unter*geordnet." Genauso gut kann das, was Christus für den Menschen tut, als Bezahlung eines Lösegeldes bezeichnet werden, durch welches der Mensch von der Todesschuld losgekauft wird (II,17,5). Calvin nimmt die überkommenen Redeweisen auf und interpretiert sie im Licht des biblisch-reformatorischen Evangeliums.

3.4. Zusammenfassung

1. Die Reformatoren sehen sich in ihrer kirchlisch-theologischen Situation nicht in erster Linie dazu genötigt, danach zu fragen, ob es eine Versöhnung zwischen Gott und Mensch gibt, sondern danach, wie diese Versöhnung vom einzelnen Menschen als gültiger Freispruch und zuverlässige Lebensgrundlage ergriffen werden kann. "Gibt es für mich Sünder eine echte zuverlässige Versöhnung mit dem gerechten heiligen Gott?" - von dieser Frage ist die reformatorische Theologie umgetrieben.
2. Es wird neu entdeckt, daß das Trauen und Sich-Verlassen auf Gottes Verheißung alles erschließt, was Gott in Christus dem Menschen zugute schon vollbracht hat: die Befreiung von Sünde, Tod und Teufel, die Entlastung von Gesetz, Sünde, Gotteszorn und Strafe, die Versöhnung mit dem Vater im Himmel. Altkirchliche und mittelalterliche Traditionen werden aufgenommen und in einer dem Evangelium und der Heiligen Schrift angemessenen Weise verwendet.
3. Damit der Mensch in die Aussöhnung mit Gott eintreten kann, ist es nötig, daß ihm das Evangelium als Wort von der Versöhnung zugesagt und das Sakrament als Unterpfand der Versöhnung ausgeteilt wird. Derjenige Mensch, der die Evangeliumspredigt im Glauben als Gottes eigenes Wort hört und die Gabe des Sakraments als Gottes eigene Gabe empfängt, läßt sich versöhnen mit Gott.

4. Fazit

Nachdem die Lehre von der Bedeutung der Heilstat Christi in den drei älteren kirchengeschichtlichen Epochen in Augenschein genommen worden ist, läßt sich feststellen, daß in jeder Epoche eine bestimmte Fragerichtung im Blick auf Kreuz und Auferstehung im Vordergrund der theologischen Diskussion steht. Die Alte Kirche fragt nach der Überwindung von Sünde, Tod und Teufel; das Mittelalter fragt nach der Möglichkeit der Stellvertretung für den schuldverfallenen und vor Gott verantwortlichen Menschen; die Reformation fragt nach der Gültigkeit der Heilstat Christi für den einzelnen. Auch wenn sich jede Epoche durch eine in ihr besonders hervortretende Frage kennzeichnen läßt, so können die verschiedenen Beiträge jener kirchengeschichtlichen Großabschnitte keineswegs durch eine einzige Kennzeichnung in festgefügte Epochenschemata gepreßt werden. Denn in jeder Zeit wurde die Heilstat Christ von verschiedenen biblischen Aussagereihen und von verschiedenen Menschheitsfragen bzw. Gemeindefragen her bedacht.

Die Umbrüche in der theologischen Lehre, die die Aufklärungszeit mit sich bringt, werfen ein Licht auf ganz bestimmte lehrmäßige Übereinstimmungen in der voraufklärerischen Kirchengeschichte. An erster Stelle ist hier die Tatsache zu nennen, daß niemals das Wort Gottes der Heiligen Schrift Alten und Neuen Testaments als solches in Frage gestellt oder in seinen Aussagen über den Sühnetod Christi in Zweifel gezogen wurde. Auch der mittelalterliche Katholizismus, der tatsächlich zur Entstellung des Evangeliums geführt hat, will eigentlich an dem Wort Gottes der Bibel als Grundlage und Maßstab der Lehre festhalten. Des weiteren läßt sich beobachten, daß die Christen in allen 1600 Jahren Kirchengeschichte mit der lebensvernichtenden Realität von Sünde, Tod und Teufel rechnen, die allein durch die objektiv wirksame Lebensmacht des Versühners Christus besiegt wird. In der weltweiten Kirche wird vor der Aufklärung niemals auf breiter Front in Zweifel gezogen, daß allein das blutige Opfer Christi die Sünde der Menschheit tilgt. Von Anfang an wird gegenüber anderslautenden Lehren festgehalten, daß nur ein Christus, der wesenhaft Gott und Mensch zugleich ist, den verlorenen Menschen retten kann. Dieser im Wortlaut der Bekenntnisse der verschiedenen Kirchen bis heute festgehaltene, gewaltige Konsens muß der Kirche der Gegenwart, in der die theologische Kritik der Aufklärung wirksam ist und einen entsprechenden Dissens zeitigt, zu denken geben.

Neben der Übereinstimmung in grundlegenden Aussagen zur Versöhnungslehre sprechen aus den einzelnen Epochen der früheren Kirchengeschichte im Sinne der genannten Fragerichtungen charakteristische Hinweise in die Gegenwart herüber. So weist die Alte Kirche auf das Geschenk eines von Schuld und Vergänglichkeit befreiten, ewigen Lebens hin. Die Überlegungen Anselms machen auf die Verantwortlichkeit und Verschuldung des Menschen aufmerksam, ebenso wie auf das Wunder der Stellvertretung. Die Reformation erinnert an die vor allem im volkstümlichen mittelalterlichen Katholizismus, aber auch in der früheren und späteren Geschichte der Christenheit immer wieder verschütteten Wahrheit, daß der Mensch allein durch den Glauben - den lebendigen Glauben des Herzens! - an der Versöhnung mit Gott Anteil bekommt.

Die Selbsterlösung des neuzeitlichen Menschen oder die radikale Modernisierung der christlichen Versöhnungslehre

von Dr. Rolf Hille

Einleitung

Mit zitternder Hand und unter Tränen schreibt der gerade achtzehn Jahre alt gewordene Friedrich Daniel Ernst Schleiermacher (1768-1834) an seinen Vater, einen preußischen Militärpfarrer, am 21. Januar 1787:

"Der Glaube ist ein Regale (d.h. Hoheitsrecht) der Gottheit, schrieben Sie mir. Ach, bester Vater, wenn Sie glauben, daß ohne diesen Glauben keine, wenigstens nicht die Seligkeit in jenem, nicht die Ruhe in diesem Leben ist, als bei demselben, und das glauben Sie ja, o, so bitten Sie Gott, daß er mir ihn schenke, denn für mich ist er jetzt verloren. Ich kann nicht glauben, daß der ewiger, wahrer, Gott war, der sich selbst nur den Menschensohn nannte, ich kann nicht glauben, daß sein Tod eine stellvertretende Versöhnung war, weil er es selbst nie ausdrücklich gesagt hat, und weil ich nicht glauben kann, daß sie nöthig gewesen; denn Gott kann die Menschen, die er offenbar nicht zur Vollkommenheit, sondern nur zum Streben nach derselben geschaffen hat, unmöglich darum ewig strafen wollen, weil sie nicht vollkommen geworden sind."[1]

Der tiefgreifende Traditionsabbruch, die Revolution im theologischen Denken der Neuzeit, läßt sich kaum knapper fassen als in diesem Selbstbekenntnis des jungen Schleiermacher, der rasch zum führenden evangelischen Theologen des 19. Jahrhunderts aufstieg. Was war geistesgeschichtlich geschehen, daß ein von Herzen gläubiger junger Mann, der von seinem Vater völlig in die Frömmigkeit des frühen Pietismus Herrnhuter Prägung hineingenommen war und sich als angehender Theologe an der Bibel und dem reformatorischen

---

[1] L. Jonas und W. Dilthey (Hgg.), Aus Schleiermachers Leben. In Briefen. Erster Band: Von Schleierrmachers Kindheit bis zu seiner Anstellung in Halle October 1804. Berlin 1858, 45.

Grundartikel von der Rechtfertigung des Sünders allein aus Gnaden orientierte, in so schwerwiegende Zweifel und Glaubensanfechtungen geriet?
Zunächst ist festzuhalten: Schleiermacher waren die Grundlinien der klassischen biblischen Versöhnungslehre wohl vertraut:
Der von Gott gut geschaffene Mensch hat auf Grund seiner ursprünglichen Freiheit gegen seinen Schöpfer rebelliert und ist von ihm abgefallen. Damit geriet er unter die Versklavung der Sünde und des Todes. Aus der zeitlichen und ewigen Verlorenheit erlöst Gott den Menschen, indem er in Jesus Christus selbst Mensch wird und stellvertretend den Fluchtod erleidet. Durch diese Heilstat Gottes wird der Mensch befreit von der Macht der Sünde und des Todes. Er wird in eine neue Gemeinschaft mit Gott, dem Vater, gestellt, wenn er die durch Christus geschenkte Vergebung der Sünde im Glauben annimmt. Als begnadigter Sünder wird der Christ zum Gehorsam gegen Gottes Gebot ermächtigt. In einer Welt des Leides und des Todes darf er auf die Erfüllung der Verheißung Gottes im ewigen Leben hoffen. Ziel der Versöhnung Gottes in Christus ist "der neue Himmel und die neue Erde, in denen Gerechtigkeit wohnt"[2]. Das Heilswerk der stellvertretenden Versöhnung vollendet sich im Reich der Himmel, an dem alle Glaubenden Anteil haben.
Warum erscheint Schleiermacher die oben skizzierte Botschaft des christlichen Glaubens, in der das Geschenk der Versöhnung des heiligen Gottes mit dem sündigen Menschen im Mittelpunkt steht, nicht mehr vertrauenswürdig? Immerhin hatte die Theologie durch 16 Jahrhunderte der Kirchengeschichte hindurch eben dieses Evangelium entfaltet. Gewiß rückten in verschiedenen Epochen der Kirchen auch unterschiedliche Aspekte des Versöhnungsgeschehens in den Blickpunkt. Aber die biblische Heilslehre galt insgesamt unangefochten als Fundament des Glaubens. Die Offenbarung über das Werk der göttlichen Erlösung wurde als unveränderliche Wahrheit bekannt.
Wir versuchen in diesem Kapitel an einigen wesentlichen philosophischen Positionen der europäischen Aufklärung und des deutschen Idealismus deutlich zu machen, wie es zu den radikalen Veränderungen des Denkens gekommen ist und wie diese auf bedeutende Theologen der Neuzeit Einfluß genommen haben. Das kann im Rahmen eines kurzen Aufsatzes natürlich nur holzschnittartig an einigen be-

[2] 2Petr 3,13.

sonders repräsentativen Quellentexten aufgewiesen werden. Wichtig ist uns in diesem Essay, die elementaren biblischen Sachverhalte exemplarisch mit Überzeugungen des modernen Denkens zu konfrontieren, um dadurch aufzuzeigen, wie bis in die Gegenwart hinein, philosophische (Vor-)Urteile für das theologische Verständnis der Versöhnung maßgeblich geworden sind.

Dabei ist zunächst unbestreitbar deutlich, daß sich die großen Denker der Aufklärung und des Idealismus der grundstürzenden Veränderung ihrer Ansätze gegenüber der klassischen Versöhnungslehre voll bewußt waren. Von Schleiermachers Krise, die ja durchaus nicht nur ein intellektuelles, sondern zugleich ein zutiefst existentielles Problem war, sind wir deshalb bei unserer Darstellung ausgegangen. Bei Immanuel Kant (1724-1804) und Georg Wilhelm Friedrich Hegel (1770-1831) läßt sich die Abkehr des Denkens von der traditionellen christlichen Versöhnungslehre in allen wesentlichen Argumenten, die für die Neuzeit repräsentativ sind, beispielhaft nachweisen. Durch sie ist der "idealistische Typus" des christlichen Versöhnungsverständnisses begründet worden, den Graf Aulén aus Lund in seinem Aufsatz über "Die drei Haupttypen des christlichen Versöhnungsgedankens"[3] sachkundig darstellt. Schleiermacher, Albrecht Ritschl (1822-1889) und Wilhelm Herrmann (1846-1922) haben den idealistischen Typus der Versöhnungslehre im 19. Jahrhundert aufgenommen und damit die christliche Dogmatik in dem Bemühen, die moderne Kultur mit dem Evangelium zu vermitteln, konsequent umgeformt. Im 20. Jahrhundert haben Rudolf Bultmann (1884-1976) und Paul Tillich (1886-1965) diese Konzeptionen weitergeführt. In den aktuellen Modetheologien des Feminismus, der tiefenpsychologischen Exegese usw. finden sie ihre zum Teil trivialisierten Fortsetzungen.

Da die hier erörterte Fragestellung ganz primär theologisch orientiert ist, kann es nicht darum gehen, die Lehrsysteme der untersuchten Philosophen bzw. Theologen insgesamt in den Blick zu nehmen. Wir begnügen uns vielmehr mit jenen Einzelaspekten ihres Werkes, die zur Umformung der biblischen Versöhnungslehre maßgeblich beigetragen haben. Die kritische Darstellung ist deshalb in ihrer Konzeption nicht philosophie- oder theologiegeschichtlich, sondern an den dogmatischen Problemstellungen ausgerichtet.

---

[3] ZsTh 8, 1930. Vgl. hierzu auch das vorige Kapitel.

Im einzelnen handelt es sich um die folgenden grundlegenden Veränderungen der Versöhnungslehre:[4]

1. Versöhnung als Beruf des „lieben Gottes" - theologische Kritik der Versöhnungslehre

1.1. Ablehnung des Attributs „Zorn Gottes"

Zentral für die Entfaltung der christlichen Gotteslehre ist die Besinnung über das Wesen und die Eigenschaften Gottes, seine sogenannten Attribute. Die Gottesattribute werden in der Theologie natürlich nicht aus dem spekulativen Nachdenken des Menschen darüber, wie Gott theoretisch sein könnte oder sein müßte, erschlossen, sondern gehen auf die in der Heiligen Schrift vorgegebene geschichtliche Selbstoffenbarung zurück. Religionsphilosophische Spekulation verfällt sehr schnell und mit guten Gründen der psychologisch argumentierenden Religionskritik. Der Mensch legt sich den Gott seiner offenen oder verborgenen Wunschträume zurecht. Wenn dies so ist, dann ist Gott in der Tat nur eine an den Himmel geworfene Projektion des Menschen im Sinne der Kritik des Philosophen Ludwig Feuerbach (1804-1872).

Für das vom humanen Menschenbild ausgehende Denken der neuzeitlichen Theologie ist die Vorstellung vom Zorn Gottes ein unerträglicher Gedanke, der sich nicht mit dem modernen Konzept der Liebe harmonisieren läßt. Diese Position vertritt nicht zuletzt einer der bedeutensten liberalen Theologen des 19. Jahrhunderts, Albrecht Ritschl.

Nach Ritschl ist Zorn kein Attribut Gottes und Versöhnung kann sich nicht angemessen in rechtlichen Ordnungen und Strukturen vollziehen. Denn die Sphäre der Sittlichkeit ist theologisch nicht das Recht, sondern die Liebe.

Die Vorstellung vom Gott der Liebe ist dabei weniger der biblischen Heilsgeschichte entnommen, als vielmehr einer rein idealistischen Konzeption, die Ritschl durch eine philosophische Definition festlegt:

---

[4] Damit sich der Leser ein möglichst objektives Bild von den neuzeitlichen Konzeptionen der Versöhnungslehre machen kann, werden einschlägige Quellentexte ausführlich zitiert und mit Aussagen der Schrift und vor allem Luthers kontrastiert.

"Erstens sind die Objecte der Liebe nothwendig dem liebenden Subjecte gleichartig, nämlich geistige Personen... Zweitens ist die Liebe ein in seiner Richtung stetiger Wille. Man kann in dem Wechsel der Objecte Liebhabereien üben, aber nicht lieben. Drittens ist die Liebe auf die Förderung des erkannten oder geahnten Selbstzweckes des Andern gerichtet... Viertens wird die Liebe nur dann ein stetiger Wille sein, und es wird die Aneignung und die Förderung des Selbstzwecks des Andern nicht in Abwechselung aus einander treten, sondern in jedem Act zusammen sein, wenn der Wille der Liebe den Selbstzweck des Andern in den eigenen persönlichen Selbstzweck aufnimmt."[5] Kurz: Liebe ist "... derjenige Wille, welcher den Selbstzweck anderer gleichartiger persönlicher Wesen dauernd zu fördern als Aufgabe in den eigenen Selbstzweck aufnimmt"[6].
Dem steht die biblische Erkenntnis über Gottes Zorn kontradiktorisch entgegen: "Denn Gottes Zorn wird vom Himmel her offenbart über alles gottlose Wesen und alle Ungerechtigkeit der Menschen, die die Wahrheit durch Ungerechtigkeit niederhalten" (Röm 1,18). "Du aber mit deinem verstockten und unbußfertigen Herzen häufst dir selbst Zorn an auf den Tag des Zorns und der Offenbarung des gerechten Gerichtes Gottes, der einem jeden geben wird nach seinen Werken: ewiges Leben denen, die in aller Geduld mit guten Werken trachten nach Herrlichkeit, Ehre und unvergänglichem Leben; Ungnade und Zorn aber denen, die streitsüchtig sind und der Wahrheit nicht gehorchen, gehorchen aber der Ungerechtigkeit. Trübsal und Angst über alle Seelen der Menschen, die Böses tun, zuerst den Juden und ebenso den Griechen" (Röm 2,5). Bemerkenswert ist, daß diese Zeugnisse dem neutestamentlichen Grunddokument zur Versöhnungslehre, dem Römerbrief des Paulus entstammen, an dem Luther seine entscheidende reformatorische Erkenntnis über die Rechtfertigung gewann. Entsprechendes gilt für das Selbstzeugnis Jesu in Joh 3,36: "Wer an den Sohn glaubt, der hat das ewige Leben. Wer aber dem Sohn nicht gehorsam ist, der wird das Leben nicht sehen, sondern der Zorn Gottes bleibt über ihm."[7]

---

5 A. Ritschl, Die christliche Lehre von der Rechtfertigung und Versöhnung. Dritter Band: Die positive Entwickelung der Lehre. Dritte verbesserte Auflage, Bonn 1888, 263 f. Im weiteren zitiert: "RuV III".

6 A.a.O., 360.

7 Vgl. auch Joh 3,16 und Hes 5,15.

In Verkennung des Liebeshandelns Gottes meint Ritschl belegen zu können, "daß die Behauptung der Nothwendigkeit einer Strafgenugthuung an Gott als Bedingung für die Wirkung seiner Gnade keinen Grund in der biblischen Gottesidee hat; sie stammt vielmehr auf dem Wege des Verstandesschlusses aus dem Grundsatze der hellenischen Religion, daß die Götter die doppelte Vergeltung üben..."[8]. Bei genauem Hinsehen erweist sich das gerade Gegenteil als zutreffend: Dem menschlichen Verstand ist die Vorstellung einer Strafgenugtuung an Gott anstößig,[9] wohingegen die Schrift darin den Grund unserer Erlösung sieht: „Christus aber hat uns erlöst von dem Fluch des Gesetzes, da er zum Fluch wurde für uns; denn es steht geschrieben (5Mo 21,23): 'Verflucht ist jeder, der am Holz hängt'“ (Gal 3,13).[10]

1.2. Absage an Gott, den Weltenrichter

Unmittelbar mit der Infragestellung des Zornes Gottes als einer unangemessenen und damit unwürdigen Gottesvorstellung ist die Ablehnung seiner richterlichen Aufgabe verbunden. Wenn Gottes Liebe seinen heiligen Zorn über die Sünde und den unbußfertigen Sünder ausschließt, dann bleibt Vergebung das einzige Geschäft des „lieben Gottes“; ganz im Sinne der polemischen Formulierung Voltaires (1694-1778) *„pardonner c'est son métier“* (Verzeihen ist sein Beruf). Nach Schleiermacher gilt: "Die Scheidung also, welche im jüngsten Gericht vorgenommen werden soll, bleibt... teils unzureichend, teils überflüssig... (wird sie um der Verdammten willen gefordert, so heißt das,) entweder teils dem höchsten Wesen Mißgunst zuschreiben, wogegen schon das gesundere Heidentum gewarnt hat; oder es läge dabei allein die bekannte und weit verbreitete Ansicht der göttlichen Gerechtigkeit zum Grunde, welche bei ihrer Einseitigkeit so sehr als Willkür erscheint, daß in der Tat der Ursprung dieser Vorstellung viel unzweideutiger, die Aussprüche viel entscheidender, und der Gebrauch, den die Apostel davon machen, viel umfassender sein müßte,

---

8 RuV III.

9 1Kor 1,23: "... den Griechen eine Torheit."

10 Vgl. auch: 1Petr 3,18: „Denn auch Christus hat einmal für die Sünden gelitten, der Gerechte für die Ungerechten, damit er euch zu Gott führte.“

wenn wir auch nur berechtigt, geschweige denn verpflichtet sein sollten, dies für eine Anschauung Christi zu halten".[11]
Deutlich zeigt sich in der Aussage Schleiermachers, wie sehr gerade dem modern empfindenden Menschen der Romantik die Vorstellung von Gottes Gerichtszorn zuwider ist. Er vermag Zorn und Gericht Gottes nicht mehr mit Heiligkeit und Gerechtigkeit Gottes zu verbinden, sondern nur noch mit der blinden Willkür und rachgierigen Bosheit heidnischer Götter.
Nach Ritschl ist die Straftgerechtigkeit eines Richtergottes ebenfalls nicht mit göttlicher Freiheit und Liebe vereinbar: "Indem aber die göttliche Gerechtigkeit im Verhältniß zu der Sünde der Menschen nur die einseitige Wirkung in der Strafgewalt findet, so setzt sich das juristische Gepräge der Vorstellung in dem Merkmal fort, daß die Strafgerechtigkeit Gottes in derselben sachlichen Unparteilichkeit erscheinen soll, welche dem Richter in jedem einzelnen Falle der Anklage ziemt. Wie derselbe in der Beurtheilung einer straffälligen Handlung von allem abzusehen hat, was an sittlichen Nachtheilen für die Angehörigen eines Verbrechers und für ihn selbst aus seiner Bestrafung folgen wird, so soll Gott in seiner Strafgerechtigkeit so gebunden sein, daß das Schicksal des Menschengeschlechtes, wie es durch die Bestrafung sich gestalten wird, ihm gänzlich gleichgiltig wäre. Der Spruch mit welchem man die Unparteilichkeit eines einzelnen Strafurtheils beleuchtet: *Fiat iustitia, pereat mundus* (Es geschehe Gerechtigkeit, auch wenn die Welt zugrundegeht!), findet auf die behauptete Ausübung der göttlichen Weltordnung wörtliche Anwendung."[12]
Während Schleiermacher mit religionsgeschichtlichen Argumenten den Richtergott in die Nähe eines Götzen rückt, rollt Ritschl das Problem von den Vorstellungen des rechtsstaatlichen Prozesses her auf. Gott muß zumindest den elementaren Erfordernissen des Prozeßrechtes genügen. Wiederum wird damit eine spezifische Vorgabe des neuzeitlichen Humanismus kritisch gegen das Gericht Gottes gewandt, um dieses letztlich ad absurdum zu führen. Denn ein Gott, der sich

11 Der christliche Glaube nach den Grundsätzen der Evangelischen Kirche im Zusammenhange dargestellt von Friedrich Schleiermacher. Siebente Auflage. Zwei Bände. Auf Grund der zweiten Auflage neu hg. v. M. Redeker, Berlin 1960, § 162, 432. Im weiteren zitiert: "Glaubenslehre".

12 RuV III, 243.

nicht an den vom Menschen definierten Spielregeln orientiert, kann auch nicht gut und gerecht sein. Übersehen wird, daß Gottes Wesen in sich heilig ist und deshalb sein gegenwärtiges und endzeitliches Gericht am Jüngsten Tage gerecht ist bzw. sein wird. Was Gerechtigkeit ist, kann theologisch nicht aus dem vorfindlichen Rechtsbewußtsein des Menschen, sondern muß theologisch normativ aus Gottes Wesen abgeleitet werden; - und zwar so, wie er sich in der biblischen Heilsgeschichte faktisch offenbart und erwiesen hat.

Die moderne Traumvorstellung vom „lieben Gott", die besonders das 19. Jahrhundert intensiv pflegte, zerbrach bereits im Grauen des Ersten Weltkriegs als traumatischem Kulturschock. Nach der Katastrophe des Dritten Reiches lehnte sich Wolfgang Borchert mit seinem Bühnenstück „Draußen vor der Tür" gegen den „... tintenblütigen lieben Gott" auf. In den Katastrophen des 20. Jahrhunderts konnte sich die naive kulturprotestantische Rede von der Liebe Gottes, ohne seinen Zorn und sein Gericht einzuschließen nicht mehr bewähren. Mit der Anfechtung über den lieben Gott, auf den sich angesichts der Weltwirklichkeit kein Reim mehr machen ließ, wurde Gott von vielen ganz und endgültig geleugnet. Ritschls und Schleiermachers Gotteslehre scheiterten an der Realität.[13]

2. Das stolze Ich bedarf keiner Versöhnung - anthropologische Kritik der Versöhnungslehre

2.1. Der moralische Protest des autonomen Menschen

Unter den Philosophen der Neuzeit ist für den Protestantismus kein anderer so einflußreich geworden wie Immanuel Kant. Die Bedeutung, die Thomas von Aquin (1225-1274) für die gesamte römisch-katholische Philosophie und Theologie erlangte, kommt im Neuprotestantismus dem Königsberger Denker zu. Nicht zuletzt hat sein Verständnis des autonomen sittlichen Menschen die protestantische Kritik an der reformatorischen Rechtfertigungs- und Versöhnungslehre geprägt.

Nach Kant befähigt das Gesetz den Menschen dazu, das Gesetz zu erkennen und zu tun: "Die Moral, sofern sie auf dem Begriffe des

[13] Vgl. dazu: Jes 13,9; Jak 5,8f; Apg 10,42.

Menschen als eines freien, ebendarum aber auch sich selbst durch seine Vernunft an unbedingte Gesetze bindenden Wesens gegründet ist, bedarf weder der Idee eines anderen Wesens über ihm, um seine Pflicht zu erkennen, noch einer anderen Triebfeder als des Gesetzes selbst, um sie zu beobachten".[14]

Damit ist nicht weniger gesagt als dies: Der ganz auf seine subjektive Freiheit und Moralität gestellte Mensch ist in sich autonom. Er bedarf Gottes weder zur Erkenntnis noch zur Begründung sittlicher Normen, da diese sich aus der Vernünftigkeit der moralischen Forderung von selbst ergeben. Auch die innere Motivation, der als vernünftig erkannten Pflicht zu entsprechen, bedarf keines Gottes. Für den so von Gott emanzipierten Menschen erübrigt sich letztlich damit auch die Frage nach Vergebung und Versöhnung. Beides wäre angesichts des auf sich gestellten freien Individuums eine Zumutung, die den Stolz des Menschen verletzen würde.

Demgegenüber beschreibt Paulus in seiner Analyse der menschlichen Existenz, wie jeder Mensch rückhaltlos mit seiner Schuldverstrickung vor Gott und Mitmenschen konfrontiert ist. Jede Selbstrechtfertigung führt in die Verzweiflung und ist aussichtslos.

Röm 7,15-19: "Denn ich weiß nicht, was ich tue. Denn ich tue nicht, was ich will; sondern was ich hasse, das tue ich. Wenn ich aber das tue, was ich nicht will, so gebe ich zu, daß das Gesetz gut ist. So tue nun nicht ich es, sondern die Sünde, die in mir wohnt. Denn ich weiß, daß in mir, das heißt in meinem Fleisch, nichts Gutes wohnt. Wollen habe ich wohl, aber das Gute vollbringen kann ich nicht. Denn das Gute, das ich will, das tue ich nicht; sondern das Böse, das ich nicht will, das tue ich."

Nach Kant wird die eigene Verantwortlichkeit erst durch die freie Handlung des Subjekts begründet. Paulus weiß um die Verfallenheit des Menschen unter die Macht der Sünde. Der Mensch ist in sich selbst verkrümmt und kann sich aus der Bindung an das Ich mit allen seinen Abgründen nicht selbst befreien. Im Gegensatz zu dieser grundlegenden Einsicht verweist Kant den Menschen ganz auf sich selbst zurück. Der Mensch wird als sittlich autonome, d.h. absolut freie Persönlichkeit verstanden, die ganz durch das je eigene Tun bestimmt und festgelegt ist. Es ist nämlich „nichts sittlich böse, als

[14] I. Kant, Die Religion innerhalb der Grenzen der bloßen Vernunft, hg. v. K. Vorländer (PhB 45), 6. Aufl. 1956, III. Im weiteren zitiert: "Religion".

was unsere eigene Tat ist“[15], schreibt der Königsberger Philosoph. Damit wird der Selbstwiderspruch von moralischer Forderung (bei Kant der kategorische Imperativ des allgemeinen Sittengesetzes), der ethischen Einsicht, über die jeder Mensch auf Grund seiner praktischen Vernunft verfügt, und dem tatsächlichen Scheitern im sittlichen Handeln unüberwindlich.
Durch die ganze Bibel zieht sich hingegen die Erkenntnis, daß der Mensch von Geburt an in Feindschaft zu Gott steht (Erbsünde) und dafür verantwortlich ist, obwohl er sich nicht „aus eigener Vernunft noch Kraft“ für oder gegen Gott entscheiden kann: "Siehe, ich bin als Sünder geboren, und meine Mutter hat mich in Sünden empfangen." (Ps 51,7). "Deshalb, wie durch einen Menschen die Sünde in die Welt gekommen ist und der Tod durch die Sünde, so ist der Tod zu allen Menschen durchgedrungen, weil sie alle gesündigt haben“ (Röm 5,12).[16]

2.2. Moralischer Protest im Namen der Willensfreiheit des Menschen

Der moralische Optimismus Kants wurzelt in seiner anthropologischen (d.h. den Menschen betreffenden) Grundüberzeugung von der unbegrenzten Willensfreiheit des Individuums.
"Ein jedes Ding der Natur wirkt nach Gesetzen. Nur ein vernünftiges Wesen hat das Vermögen, nach der Vorstellung der Gesetze, d. i. nach Prinzipien, zu handeln, oder einen Willen. Da zur Ableitung der Handlungen von Gesetzen Vernunft erfodert wird, so ist der Wille nichts anders, als praktische Vernunft. Wenn die Vernunft den Willen unausbleiblich bestimmt, so sind die Handlungen eines solchen Wesens, die als objektiv notwendig erkannt werden, auch subjektiv notwendig, d. i. der Wille ist ein Vermögen, nur dasjenige zu wählen, was die Vernunft, unabhängig von der Neigung, als praktisch notwendig, d. i. als gut erkennt."[17]
Nach dem Zeugnis der Schrift und dem Bekenntnis der Reformatoren hat der Mensch aufgrund der Sünde diesen freien Willen verloren und

---

15 A.a.O., 25.

16 Vgl. auch Röm 5,15-19; Eph. 2,3. Joh 3,6: "Was vom Fleich geboren ist, das ist Fleisch; und was vom Geist geboren ist, das ist Geist."

17 I. Kant, Grundlegung zur Metaphysik der Sitten, Werkausgabe in 12 Bd., Bd 7, 10. Aufl., Frankfurt / M. 1989, 41.

ist seinen Neigungen und Begierden unterworfen: "Wer Sünde tut, der ist der Sünde Knecht" (Joh 8,34).
Für das reformatorische Verständnis ist die Lehre von der grundlegenden Verlorenheit des natürlichen Menschen unter die Macht der Sünde eine unaufgebbare biblische Wahrheit, die gegen das philosophische Dogma von der Willensfreiheit festgehalten werden muß.
Luther: "Liberum arbitrium post peccatum res est de solo titulo, et dum facit quod in se est, peccat mortaliter."[18] (Nach dem Eintreten der Sünde gibt es den freien Willen nur noch dem Namen nach. Wenn der Mensch das tut, was in ihm (nach seinem Willen) ist, begeht er Todsünden.)[19]

3. Sünde, die defizitäre Trübung des Gottesbewußtseins - hamartiologische Kritik der Versöhnungslehre

Worin besteht eigentlich die Macht bzw. die Kraft der Sünde? Nach Ritschl ist Sünde lediglich das Zweckwidrige, das dem christlichen Lebensideal widersteht.[20] Das einzige „Sein", das der Sünde zukommt, ist ihr „Zum-Verschwinden-Gebrachtwerden". Diese harmlose Vorstellung von der Macht des Bösen entspricht völlig der idealistischen Philosophie. Das Böse hat keine selbständige Macht bzw. kein Sein in sich, sondern ist nur eine Mangelerscheinung, eine „privatio boni", d.h. ein Defizit an Gutem. Deshalb ist für diese liberale Theologie Ritschls, die ganz im Schlepptau des Idealismus befangen ist, die paulinische Verknüpfung von Sünde und Übel hinfällig. Krankheit, Leid und Tod sind keine Auswirkungen des Sündenfalls. Denn nach biblischem Verständnis sind die Übel als solche die nach außen sichtbare Macht und Folge der im Inneren, dem Herzen des Menschen, wirksamen Versklavung unter die Sünde.[21] Das äußere Übel dient im Gegensatz dazu bei Ritschl lediglich als Erziehungs-

18 Heidelberger Disputation, These 13, WA 1,359.

19 Vgl. auch Luther, Nun freut euch, Lieben Christen g'mein, EG 341,3: "Mein guten Werk' die galten nicht, es war mit ihn' verdorben; der frei Will haßte Gotts Gericht, er war zum Gut'n erstorben; die Angst mich zu verzweifeln trieb, daß nichts denn Sterben bei mir blieb, zur Höllen mußt ich sinken."

20 Vgl.: RuV III, 317.

21 Röm 6,23: „... der Sünde Sold ist der Tod".

mittel zur moralischen Besserung. Hier wird eine schwerwiegende Konsequenz der Verharmlosung der Sünde in der modernen protestantischen Theologie sichtbar. Wenn es sich bei der Sünde um keine umfassende Wirklichkeit handelt, aus deren Machtbereich wir durch Gottes Heilshandeln erlöst und befreit werden müssen, dann gibt es auch keine umfassende Erlösung und Befreiung mehr aus den Übeln unseres persönlichen Lebens und der gefallenen Welt insgesamt. Die Überwindung von Krankheit, Leid und Tod wird neben der Sünde ebenfalls unwirklich und kraftlos. Es geht schließlich nur noch um die Annahme und ein neues christliches Verständnis der Übel, aber nicht mehr um deren endgültige Beseitigung durch den neuen Himmel und die neue Erde, die Christus bei seiner Wiederkunft als Weltvollendung heraufführen wird.

Das Verhältnis von Sündenstand und Heilsstand ist nicht als unvermittelter Gegensatz zu betrachten, sondern "der frühere und der spätere Zustand (sc. müssen) in einem Selbstbewußtsein zusammengefaßt werden"[22]. Dabei ist die Strafe bereits das Schuldbewußtsein und demgemäß die Versöhnung die "Aufhebung des Schuldbewußtseins"[23]. "Die Schuld im sittlichen Sinne", so Ritschl, "ist der Ausdruck derjenigen Störung des bestimmungsmäßigen Wechselverhältnisses zwischen Sittengesetz und Freiheit, welche aus dem gesetzwidrigen Mißbrauch der Freiheit folgt, und als solche durch die begleitende Unlust des Schuldgefühls bezeichnet wird. Die Schuld ist also der bestehende Widerspruch zwischen dem objectiven und subjectiven Factor des sittlichen Willens, welcher durch den Mißbrauch der Freiheit in der Nichterfüllung des Gesetzes hervorgebracht, und dessen Unwerth für das sittliche Subject in dem Schuldbewußtsein ausgedrückt ist."[24]

Aufgelöst wird im Prozeß der Versöhnung genaugenommen nicht die Schuld als solche, sondern das aus ihr resultierende Mißtrauen im Sinne der Entfremdung zwischen Gott und Mensch. „Unter den Verhältnissen, in welchen die Getrenntheit der Sünder von Gott besteht, überragt das Schuldbewußtsein die anderen, theils als Bedingung der verschiedenen Abstufungen der Strafe, theils insofern, als sie nicht ein objectives Attribut des Sünders, sondern eine subjective Function

---

22 RuV III, 48.
23 A.a.O., 52.
24 A.a.O., 56.

derselben ist. Deshalb ist die Aufhebung der Trennung der Sünder von Gott vielmehr umzusetzen in die Aufhebung des Schuldbewußtseins."[25]

Wird die Eigendynamik der Sünde im Sinne Ritschls so verharmlost, dann wird der gesamte Zusammenhang von Schuld und Versöhnung zu einer Angelegenheit, die sich lediglich im Innenbereich des menschlichen Subjekts abspielt; sie stellt gewissermaßen einen bloßen Sturm im Wasserglas dar.

Nach gesamtbiblischem Zeugnis und christlicher Überzeugung hat die Sünde jedoch nicht nur im Bewußtsein des Menschen ihren Ort, sondern ist eine reale Macht, die ihn objektiv von Gott trennt, die über ihn herrscht und die ihm den zeitlichen und ewigen Tod bringt, wenn er nicht durch Christus aus der Macht der Sünde befreit wird. Obwohl auch der Christ zeitlebens Sünder bleibt, steht er doch nicht mehr unter der Herrschaft der Sünde:

"Gott sei aber gedankt, daß ihr Knechte der Sünde gewesen seid, aber nun von Herzen gehorsam geworden der Gestalt der Lehre, der ihr ergeben seid." (Röm 6,17)[26]

Der Grund des Bösen liegt nach Kant im willkürlichen Gebrauch menschlicher Freiheit. Zu diesem Mißbrauch der Freiheit kommt es dadurch, daß das empirische Subjekt, d.h. der ganz konkrete einzelne Mensch, sowohl von moralischen wie auch von unmoralischen - vor allem sinnlich triebhaften - Impulsen bestimmt wird. Um diese verhängnisvolle Vermischung von Moralität und Unsittlichkeit in der menschlichen Existenz zu überwinden, bedarf es nach Kant des Gebrauchs der praktischen Vernunft. Diese praktische bzw. moralgeleitete Vernunft bewirkt die Einsicht in das moralisch Gute, welcher der Mensch aus freiem Willen dann auch zu folgen vermag. Weil der Mensch wissen kann, was gut und böse ist, kommt ihm mit der Vernunfteinsicht auch die Kraft zu, das zu tun, was er einsieht und was gut ist. Obwohl Kant geradezu in Aufnahme des biblischen Wortes an anderer Stelle vom radikal Bösen reden kann, bleibt er doch seinem idealistischen Optimismus verhaftet, der schlicht behauptet: Wer das Gute kennt, der kann es auch tun. Das Böse, besser die Sünde, ist ein

---

25 A.a.O., 52.

26 Vgl. auch: 1Mo 2,17; Jes 6,5; Röm 6,23. Von der von Gott trennenden Macht der Sünde weiß auch Jochen Klepper EG 379,1: "Gott wohnt in einem Lichte, dem keiner nahen kann. Von seinem Angesichte trennt uns der Sünde Bann."

nur relativer Defekt, den der Mensch Kraft seiner autonomen Vernunft selbst zu überwinden vermag.[27]
Entsprechend lehrt auch Hegel in seiner etwas eigenwilligen philosophischen Terminologie, daß „schon in der Moralität, noch mehr in der Sphäre der Religion der Geist als frei gewußt wird, als affirmativ in sich selbst, so daß diese Schranke an ihm, die bis zum Bösen fortgeht, für die Unendlichkeit des Geistes ein Nichtiges ist: der Geist kann das Geschehene ungeschehen machen; die Handlung bleibt wohl in der Erinnerung, aber der Geist streift sie ab“[28].
Im biblischen Kontrast dazu wird deutlich, daß die Sünde nicht als relativ verstanden werden darf, sondern daß ihr als Rebellion des Geschöpfes gegen den Schöpfer absolutes Gewicht zukommt: "Wer Sünde tut, der ist vom Teufel; denn der Teufel sündigt von Anfang an." (1Joh 3,8)[29]

4. Versöhnung spielt sich lediglich im Kopf ab - soteriologische Kritik der Versöhnungslehre

4.1. Allein das Schuldbewußtsein muß aufgehoben werden

Nach Schleiermacher ist Sünde zunächst und vor allem Sache des menschlichen Bewußtseins. Schleiermachers Sündenlehre bleibt damit völlig im Gefühl, d.h. der Existentialität, des frommen Subjekts verhaftet. Sünde ist das, wodurch das Gottesbewußtsein getrübt wird, Sünde geschieht da, wo das sinnliche Selbstbewußtsein ohne Einfluß des Gottesbewußtseins bleibt. Ist die Sünde etwas rein Subjektives, so fehlt auch der Vorstellung von Versöhnung und Erlösung der objektive Aspekt. Versöhnung ist dann nicht als Christi einmalige Tat vor

---

27 "Erstlich ist es die Schwäche des menschlichen Herzens in Befolgung genommener Maximen überhaupt oder die Gebrechlichkeit der menschlichen Natur; zweitens der Hang zur Vermischung unmoralischer Triebfedern mit den moralischen (selbst wenn es in guter Absicht und unter Maximen des Guten geschähe), d.i. die Unlauterkeit; drittens der Hang zur Annehmung böser Maximen, d.i. die Bösartigkeit der menschlichen Natur oder des menschlichen Herzens." Religion, 21f.

28 G. F. W. Hegel, Werke in 20 Bd, Bd. 17: Vorlesungen über die Philosophie der Religion II, neu ed. Ausgabe, 1. Aufl., Frankfurt / M. 1986, 295. Im weiteren zitiert: "RPh".

29 Vgl. auch: Eph 2,1f.

Gott verstanden, sondern besteht "in der Ausgleichung der Disharmonie zwischen dem sinnlichen (natürlichen) und göttlichen Bewußtsein der Menschen"[30]. "Wir haben das Bewußtsein der Sünde, sooft das in einem Gemütszustand mitgesetzte oder irgendwie hinzutretende Gottesbewußtsein unser Selbstbewußtsein als Unlust bestimmt, und begreifen deshalb die Sünde als einen positiven Widerstreit des Fleisches gegen den Geist."[31]
Schleiermacher definiert also "Sünde als eine... durch die Selbständigkeit der sinnlichen Funktionen verursachte... Hemmung der bestimmenden Kraft des Geistes..."[32] In diesem Sinne betont auch W. Joest den Entwicklungsgedanken in Schleiermachers Sündenlehre.[33]
Die Deutung der Sünde als von Gott gesetztem, rein subjektivem Vorgang im Menschen, läßt sich nicht mit dem Ernst vereinbaren, mit dem in der Bibel der Sünde gegenübergetreten wird. Die Tatsache des Zornes Gottes und des Kreuzes Christi (s.o.) wehren aller Verharmlosung der Sünde.
Der Traditionsabbruch spiegelt sich mit unüberbietbarer Schärfe, wenn man die neuzeitlichen Positionen zum Thema Sünde mit der Radikalität des Sündenverständnisses etwa von Anselm von Canterbury (1033/34-1109) vergleicht: "*nondum considerasti quanti ponderis sit peccatum*"[34] (Du hast noch nicht bedacht, wie schwer die Sünde wiegt). Anselms Ansatz in der Schrift „Cur deus homo“ (Warum Gott Mensch wurde) gründet in einem tiefen Erschrecken über die Macht der Sünde, die keinesfalls durch einen menschlichen Bewußtseinsakt überwunden werden kann.

---

30 C. G. Seibert, Schleiermacher's Lehre von der Versöhnung in ihrem Zusammenhang mit der Schleirmacher'schen Christologie überhaupt, sowie in ihrem Verhältnis zur rationalistischen, altorthodoxen und rein biblischen Lehre dargestellt und beleuchtet, Wiesbaden 1855, 25.

31 Glaubenslehre § 66, 355.

32 Ebd.

33 So verstehe Schleiermacher "Sünde als Hemmung der bestimmenden Macht des Gottesbewußtseins durch die vordergründig sich aufdrängenden Welteindrücke; eine Hemmung, die durch die ungleichmäßig voranschreitende Entwicklung der menschlichen Seelenkräfte notwendig bedingt und in gewissem Sinn auch von Gott selbst gewollt ist, denn ohne Bewußtsein der Sünde könnten wir kein Bewußtsein seiner Gnade haben." (W. Joest, Dogmatik, Bd. 2: Der Weg Gottes mit dem Menschen, 2., durchges. Aufl., Göttingen 1990, 421.)

34 Cur deus homo, lat. und dt., besorgt und übersetzt von F.S. Schmitt, München 1986, 74.

4.2. Erlösung durch Gesinnungswandel

Anselm war in seiner Erörterung des Rechtfertigungsgeschehens von dem Grundgedanken der verletzten Ehre Gottes ausgegangen. Jede Sünde, selbst wenn sie dem Menschen geringfügig und unbedeutend erscheint, ist Rebellion gegen Gott. Mit jeder Sünde wird die Herrschaft Gottes seitens des Menschen grundlegend in Frage gestellt, ja bestritten. Das macht das unendliche Gewicht der Sünde aus. Kant knüpft nun im Sinne seiner neuzeitlichen Philosophie ebenfalls am Ehrbegriff an. Allerdings wird durch das moralisch Böse nicht mehr Gottes Ehre, sondern die des Menschen verletzt. Das „Transzendentale Subjekt", also die umfassende Wirklichkeit des Ich, wird durch Amoralität in ihrer Würde angegriffen. Der Mensch versündigt sich nicht gegen Gott, sondern gegen sich selbst.

Andererseits ist nach Kant jedoch die Unangemessenheit der Vorstellung festzustellen, Gott trage begangene Sünden nach. Diesem Konflikt entgeht Kant, indem er dem Vorgang der Sinnesänderung neben der *vivicatio* (Lebendigmachung) des neuen auch die *mortificatio* (Tötung) des alten Menschen zuschreibt und letzterer einen Sühnwert beimißt. Der sich zur transzendentalen Subjektivität aufschwingende Mensch leistet so Sühne für die Sünden des vergehenden alten Menschen. Sühne geschieht, indem die Strafen im Sinneswandel enthalten gedacht sind, "... die der neue gutgesinnte Mensch als von ihm (in anderer Beziehung) verschuldete und als solche Strafen ansehen kann, wodurch der göttlichen Gerechtigkeit ein Genüge geschieht"[35]. Versöhnung, dies muß hier deutlich unterstrichen werden, ist mithin keineswegs die Versöhnung zwischen Gott und Mensch, sondern die Aussöhnung des Menschen mit sich selbst. Alles geschieht im Innern der Person, ihrer Gesinnung und ihres Selbstbewußtseins. [36].

[35] Religion, 97f.

[36] "Das gute Prinzip ist also in der Verlassung der bösen ebensowohl als in der Annehmung der guten Gesinnung enthalten, und der Schmerz, der die erste rechtmäßig begleitet, entspringt gänzlich aus der zweiten." (A.a.O., 98.) Unerachtet dessen, daß der Mensch "gleich Physisch ebenderselbe strafbare Mensch ist und als ein solcher vor einem moralischen Gerichtshofe, mithin auch von ihm selbst gerichtet werden muß, so ist er doch in seiner neuen Gesinnung (als intelligibeles Wesen) vor einem göttlichen Richter, vor welchem diese die Tat vertritt, moralisch ein anderer, und diese in ihrer Reinigkeit, wie die des Sohnes Gottes" (A.a.O., 98ff.)

Soweit die Gottesbeziehung jedoch bei Kant überhaupt in den Blick kommt, so vollzieht sich Versöhnung dann auf Grund des schon hinlänglich bekannten „professionellen Vergebenmüssens“ eines letztlich gutmütigen Großvatergottes.
Die Heiligkeit Christi (der moralischen Idee) bleibt uns als Vorbild zwar stets unendlich fern,[37] aber Gott ist nicht an unsere Beschränkung gebunden, sondern sieht auf Grund der Gesinnung die sittliche Tat als ein bereits vollendetes Ganzes.
Die zurückliegende Verschuldung des Menschen ist zwar nie völlig zu tilgen und kann auch künftig nicht durch einen Überschuß an guten Werken eingeholt werden, sondern Gott verzichtet angesichts der moralischen Gesinnung auf Strafe "da der Mensch schon im neuen Leben wandelt und moralisch ein anderer Mensch ist"[38].
Es ist offensichtlich, daß sich hiernach der Mensch aufgrund seiner geänderten Gesinnung selbst rechtfertigt und des Verdienstes Christi nicht mehr bedarf. Christus ist lediglich das historische Vorbild bzw. die philosophische Idee (Urbild), der es ähnlich zu werden gilt (s. u.).
Daß sich Erlösung im Bewußtsein abspielt, ist auch von Schleiermacher vertreten worden. Der Grad des Gottesbewußtseins entspricht dem Grad des Erlöstseins. Erlösung und Versöhnung sind demnach rein subjektive Vorgänge. "Der Erlöser ist sonach allen Menschen gleich, vermöge der Selbigkeit der menschlichen Natur, von allen aber unterschieden durch die stetige Kräftigkeit seines Gottesbewußtseins, welche ein eigentliches Sein Gottes in ihm war."[39]
Nach biblischer Lehre ist demgegenüber die Frucht des Werkes Christi, die am Kreuz geschehene Versöhnung, unabhängig von der jeweiligen Bewußtsseinslage des Menschen gültig. Der Mensch erfährt die Erlösung weder aufgrung seiner Gesinnungsänderung, noch aufgrund des Grades seines Gottesbewußtseins. "So liegt es nun nicht an

---

37 A.a.O., 84ff.

38 A.a.O., 96.

39 Glaubenslehre § 94, 43. Für das Heilshandeln gilt entsprechend: Der Erlöser nimmt die Gläubigen in die Kräftigkeit seines Gottesbewußtseins auf, und dies ist seine erlösende Tätigkeit." Glaubenslehre § 100, 90. "Der Erlöser nimmt die Gläubigen auf in die Gemeinschaft seiner ungetrübten Seligkeit, und dies ist seine versöhnende Tätigkeit." (Glaubenslehre § 101, 97.) "Das dem in die Lebensgemeinschaft Christi Aufgenommenen eigentümliche Selbstbewußtsein wird dargestellt unter den beiden Begriffen der Wiedergeburt und der Heiligung" (Glaubenslehre § 106, 147.)

jemandes Wollen oder Laufen, sondern an Gottes Erbarmen" (Röm 9,16)[40].

5. Stellvertretende Versöhnung ist unsittlich - moralische Kritik der Versöhnungslehre

5.1. Gegen die juridischen Vorstellungen der Versöhnung

Unter den Vorzeichen einer bloß subjektivistisch verstandenen Sünden- und Versöhnungslehre schwindet notwendig auch die tiefe Freude über das unverdiente Geschenk der Vergebung, die die Mitte des Evangeliums ausmacht. Wenn der Mensch letztlich sittlich stark und deshalb autonom ist, kann das Geschenk der stellvertretenden Gnade nicht akzeptiert werden.

Kant lehrt, daß Schuld "keine transmissibele (d.h. übertragbare) Verbindlichkeit (sei), die etwa, wie eine Geldschuld (bei der es dem Gläubiger einerlei ist, ob der Schuldner selbst oder ein anderer für ihn bezahlt), auf einen anderen übertragen werden kann, sondern die allerpersönlichste, nämlich eine Sündenschuld, die nur der Strafbare, nicht der Unschuldige, er mag auch noch so großmütig sein, sie für jenen übernehmen zu wollen, tragen kann"[41].

Es ist nach Kant "gar nicht einzusehen, wie ein vernünftiger Mensch, der sich strafschuldig weiß, im Ernst glauben könne, er habe nur nötig, die Botschaft von einer für ihn geleisteten Genugtuung zu glauben und sie (wie die Juristen sagen) utiliter anzunehmen, um seine Schuld als getilgt anzusehen, und zwar dermaßen (mit der Wurzel sogar), daß auch fürs künftige ein guter Lebenswandel, um den er sich bisher nicht die mindeste Mühe gegeben hat, von diesem Glauben und der Acceptation der angebotenen Wohltat die unausbleibliche Folge sein werde"[42].

Dem schließt sich Hegel grundsätzlich an in der "Bestimmung, daß jeder bleibt, was er ist; hat er Böses getan, so ist er böse: das Böse ist ihm als seine Qualität"[43].

40 Vgl. auch Hebr 9,15.
41 Religion, 95.
42 A.a.O., 170.
43 RPh, 295.

D. h. der Mensch ist das, wozu er sich gemacht hat. Diese Verantwortung kann ihm nicht abgenommen werden: "... nicht ein fremdes Opfer ist gebracht, nicht ein anderer gestraft [worden], damit Strafe gewesen sei. Es muß jeder für sich selbst aus seiner eigenen Subjektivität und Schuld das sein und leisten, was er sein soll"[44].

Die "Grundlehre von dem genugtuenden Leiden und Tod Christi"[45] ist für Hegel mit dem Gesetz der Moral unmöglich vereinbar. Ein Schulderlaß durch fremdes Verdienst gilt ihm "als illegitime(r) Dispens von menschlicher Selbstverantwortlichkeit"[46].

Die Vorstellung vom Sühnetod Christi erhebt seiner Ansicht nach ein unredliches Schielen nach fremder Gerechtigkeit zum Dogma.

Analoge Positionen vertritt auch Schleiermacher. Dieser nimmt Abaelards Verständnis vom Leiden Christi auf, verabschiedet sich jedoch von einer juridischen Fassung der Versöhnungslehre, wie sie etwa Anselm behauptet hatte. Mit der Satisfaktionslehre lehnt Schleiermacher zugleich die Strafleidenstheorie ab. Christus, so Schleiermacher, kann weder Gottes Zorn "als sein persönliches Selbstbewußtsein" erfahren haben, noch ist überhaupt von einer Notwendigkeit göttlicher Strafen auszugehen ("widersinnige Vergeltungsnotwen-

---

44 A.a.O., 294.

45 H. Nohl (Hg.), Hegels theologische Jugendschriften nach den Handschriften der Kgl. Bibliothek in Berlin, Tübingen 1907, 63. Im weiteren zitiert: "Jugendschriften".

46 P. Cornehl (Die Zukunft der Versöhnung. Eschatologie und Emanzipation in der Aufklärung, bei Hegel und in der Hegelschen Schule, 1971, 107 Anm. 22.) faßt Hegels Auffassung so zusammen: "So vollzog sich die Umwandlung der Tugendreligion Jesu in eine kirchliche Erlösungsreligion schnell und reibungslos. Mit Hilfe einer doppelten Operation gelang es, das Christentum als soteriologische Heilslehre dauerhaft zu stabilisieren. Zunächst wurde in einem Subtraktionsverfahren der menschlichen Natur als solcher alle Kraft zum Guten abgesprochen, dann wurde diese Fähigkeit in ein einziges Individuum projiziert, Christus, von der her sie dann den Gläubigen als Geschenk der erbarmenden Gnade Gottes sekundär wieder vermittelt werden konnte." A.a.O., 103. Diese Berner Kritik des jungen Hegel wird in Frankfurt neu formuliert:"Druck und Schmerz des bösen Gewissens (, dem der Mensch infolge der Unversöhnlichkeit des Gesetzes ausgeliefert ist, treibt ihn dazu,) sich selbst und damit dem Gesetz und der Gerechtigkeit... zu entlaufen zu suchen;... er wirft sich dem Handhaber der abstrakten Gerechtigkeit, seine Güte zu erfahren, in den Schoß, von welcher er hofft, daß sie ein Auge bei ihm zudrücken, ihn anders ansehen möchte, als er ist; er selbst leugnet zwar seine Vergehen nicht, aber er tut den unredlichen Wunsch, daß die Güte sich selbst seine Vergehen leugne, und findet Trost in dem Gedanken, in der unwahren Vorstellung, die 'ein' anderes Wesen sich von ihm mache." Jugendschriften, 279.

digkeit"). Daß Christus zur Genugtuung der göttlichen Strafgerechtigkeit alle Sünden der Welt getragen habe, sei abzulehnen, weil die daraus notwendig folgende Forderung der Unendlichkeit der Leiden Christi nicht vorstellbar sei, ohne daß davon auch die göttliche Natur betroffen werde. Die Stellungnahme der Konkordienformel, daß die göttliche Natur selbst nicht leide, die menschliche Natur aber nur durch ihre Verbindung mit der göttlichen dazu befähigt sei dieses unendliche Leid zu tragen, lehnt Schleiermacher ausdrücklich ab.[47]

Den Unterschied zwischen der biblischen und Schleiermachers Lehre von Christi Werk bringt H. Stephan auf den Punkt: "...mit dem kirchlichen Begriff der stellvertretenden Genugthuung hat sie (sc. Schleiermachers Lehre) einfach nichts gemein... Sachlich ruht der Hauptunterschied darin, daß der kirchliche Begriff eine Leistung in erster Linie an den Richtergott, der Schleiermachersche an die Menschen enthält."[48]

Schließlich kann von einer Heilsbedeutung des Todes Christi auch bei Ritschl nicht mehr die Rede sein. Jeder stirbt für sich selbst und seine Sünden. "Christus hat für uns den Tod übernommen, nicht als ein

---

47 Glaubenslehre § 104, 129 Anm. 1. Mit innerer Konsequenz entfaltet Schleiermacher alle weiteren Folgerungen aus seinem christologischen Ansatz: "...die Vollendung dieses Mißverständnisses ist erst in der Annahme, das Leiden Christi sei in dem noch engern Sinn Übertragung der Strafe, daß Gott, der doch nach der kirchlichen Lehre selbst überall nicht Urheber der Strafe ist, für den Erlöser sein Leiden als Strafe geordnet habe, so daß Christus auch die erste und unmittelbarste, nämlich den göttlichen Zorn über die Sünde, als ihn treffend und auf ihm ruhend solle empfunden haben. Denn diese Theorie hebt auf der einen Seite alle menschliche Wahrheit in dem menschlichen Bewußtsein Christi auf, wenn er was der Natur der Sache nach nur Mitgefühl in ihm sein konnte, als sein persönliches Selbstbewußtsein gehabt haben soll; auf der andern Seite liegt dabei unleugbar die Voraussetzung zum Grunde von einer absoluten Notwendigkeit göttlicher Strafen auch ohne Rücksicht auf ihren Naturzusammenhang mit dem Bösen, und diese wiederum ist schwerlich zu trennen von einer Vorstellung der göttlichen Gerechtigkeit, welche von den rohesten menschlichen Zuständen her auf Gott übertragen ist. Nehmen wir nun diese Elemente zusammen, welche in dem Ausdruck *stellvertretende Genugtuung* vereinigt sind: so müssen wir wohl gestehen, daß es nicht zweckmäßig sei, ihn als denjenigen zu stempeln, in welchem diese Teile des hohenpriesterlichen Geschäftes Christi zusammengefaßt würden. (A.a.O., 129f.)
Im übrigen gilt: "...da nur das Vollkommene vor Gott bestehen kann, (kann) auch Christus selbst nichts gleichsam übrig (haben), was unter uns zur Verteilung kommen könnte." (A.a.O., 125)

48 H. Stephan, Die Lehre Schleiermachers von der Erlösung, Tübingen/Leipzig 1901, 61.

Strafleiden, sondern weil er zum Elend des menschlichen Lebens gehört. Indem wir an ihn glauben, sterben wir mit ihm, leiden also auch den Tod, aber als Strafe für die Sünden, und sind durch dies Abbüßen δίκαιοι (d.h. Gerechte). Hierin und in Christi Auferstehung liegt der Beweis a posteriori für den Sieg Christi über die Sünde und den Tod; aber inwiefern in dem Tod des sündlosen Christus die Besiegung der Sünde und des Todes liegt, das kann ich noch nicht begrifflich entwickeln."[49] Später äußert er: "Es bleibt deshalb hier nur übrig nachzuweisen, daß der Gedanke einer stellvertretenden Strafleistung, wie sie behauptet wird, ebenso wenig zu den Bedingungen des sittlichen Daseins einer Person paßt, als sie in den Reden Christi auftritt ... Die Lehre von der Strafsatisfaction Christi steht nun in einem so directen Verhältniß zu jenem Begriff der Strafe, welcher auf ungenauer Beobachtung beruht, daß schon dadurch die Geltung jener Behauptung hinfällig wird. Denn Christus hat sein Leiden nicht mit Schuldgefühl begleitet, also hat er es nicht als Strafe beurtheilen können, auch nicht als die Strafe, welche er anstatt der Schuldigen, oder um von der Sünde abzuschrecken, über sich ergehen ließ."[50]

Daß sich der Neuprotestantismus mit seiner Ablehnung des stellvertretenden Sühneleidens Jesu vom Herzstück des reformatorischen Glaubens, der im "fröhlichen Wechsel", im Empfang der fremden Gerechtigkeit Christi gründet, verabschiedet, mag an einem bewegenden Luthervers deutlich werden:

"Er sprach zu mir: Halt dich an mich, es soll dir jetzt gelingen;
ich geb mich selber ganz für dich, da will ich für dich ringen;
denn ich bin dein und du bist mein,
und wo ich bleib, da sollst du sein,
uns soll der Feind nicht scheiden.
Vergießen wird er mir mein Blut, dazu mein Leben rauben;
das leid ich alles dir zugut, das halt mit festem Glauben.
Den Tod verschlingt das Leben mein,
mein Unschuld trägt die Sünde dein,
da bist du selig worden."[51]

---

[49] O. Ritschl, Albrecht Ritschls Leben, 1. Band: 1822-1864, Freiburg im Br. 1892; 2. Band: 1864-1889, Freiburg im Br. und Leipzig 1896, I, 55.

[50] RuV III, 449f.

[51] Nun freut euch, lieben Christen g'mein, EG 341,7f. Vgl. auch: Luther, Ein klein Unterricht, 1522, WA 10 II, 11: "Das Hauptstück und Grund des Evangeliums ist, daß du Christus zuvor, ehe du ihn zum Exempel fassest, aufnehmest und erkennest

5.2. Strafe - nur zur moralischen Besserung

Die einzige Bedeutung, die die Strafe nach Ritschl haben kann, wenn ihr Strafcharakter geleugnet ist, besteht in der moralischen Besserung bzw. Erprobung:

"Schon die alten Dogmatiker haben gesehen, daß für die Gläubigen alle Übel Erziehungsstrafen sind, die zur Läuterung oder Erprobung dienen (§ 9). Oder wenn man die 'Kreuzigung' der Gläubigen als innern Vorgang verstehen soll, so ist es die Umwandlung des alten Menschen durch den neuen, welche durch Selbstzucht und Tugendbildung geschieht, innerhalb welcher jeder Schmerz des Absterbens durch die Seligkeit des Auflebens unmittelbar compensirt wird. Diese Erfahrungen sind der einfachen Vergeltungsstrafe durchaus unähnlich. Aber sollen sie nun den Leidenserfahrungen Christi gleichartig sein, so folgt daraus das, was oben festgestellt ist, daß jene für Christus als Mittel der Erprobung seiner Berufstreue und zu nichts Anderem gedient haben."[52]

Charakteristisch für den aufklärerischen Optimismus des Neuprotestantismus ist seine oberflächliche Beurteilung des menschlichen Dilemmas. Es geht um die mögliche und schrittweise sittliche Vervollkommnung des Menschen. Alles, was dieser dient, ist gerechtfertigt; alles, was diesen Optimismus in Frage stellt, wird abgelehnt. Die Strafe und das Gericht sind, soweit sie überhaupt Relevanz haben, rein als moralische Erziehungsmittel zu betrachten. Daraus ergibt sich mit natürlicher Folgerichtigkeit, die Entmythologisierung von Himmel und Hölle.

5.3. Abschied von Himmel und Hölle

Ist Christi Strafleiden als moralisch nicht mehr vertretbar erledigt, so trifft dieses Urteil umso mehr die Vorstellung einer ewigen Strafe für

als eine Gabe und Geschenk, das dir von Gott gegeben und dein eigen sei, also daß, wenn du ihm zusiehst oder hörst, daß er etwas tut oder leidet, daß du nicht zweifelst, er selbst, Christus, mit solchem Tun und Leiden sei dein, darauf du dich nicht weniger mögest verlassen, denn als hättest du es getan, ja, als wärest du derselbige Christus... Wenn du nun Christus also zum Grund und Hauptgut deiner Seligkeit hast, dann folgt das andre Stück, daß du ihn auch zum Exempel fassest, ergebest dich auch also deinem Nächsten zu dienen, wie du siehst, daß er sich dir ergeben hat."

52 RuV III, 451.

alle Menschen. Dies versucht Schleiermacher mit logischer Argumentation zu verdeutlichen:
"Betrachten wir... die ewige Verdammnis in bezug auf die ewige Seligkeit: so ist leicht zu sehen, daß diese nicht mehr bestehen kann, wenn jene besteht... (Es hat) also große Schwierigkeiten vorzustellen, der endliche Erfolg der Erlösung sei ein solcher, daß einige zwar dadurch der höchsten Seligkeit teilhaftig würden, andere aber, und zwar nach der gewöhnlichern Vorstellung der größte Teil des menschlichen Geschlechts, in unwiederbringlicher Unseligkeit verlorenginge. So daß wir eine solche Vorstellung nicht festhalten sollten ohne so entschiedene Zeugnisse davon, daß Christus selbst es so vorhergesehen, wie wir sie keinesweges haben."[53]
Daß Schleiermacher zu Unrecht das Fehlen eindeutiger Jesusworte für diesen Zusammenhang anmahnt, mag aus folgendem Zitat der Bergpredigt exemplarisch belegt werden: "Ich aber sage euch:... wer aber sagt: Du Narr!, der ist des höllischen Feuers schuldig." (Mt 5,22)[54]
Ist einmal die Denkbarkeit zum Kriterium der Aussagen über die Eschatologie (d.h. die Lehre von den letzten Dingen) erhoben, so ist nicht nur die Vorstellung einer Hölle unerträglich, auch die von der Bibel in Aussicht gestellte ewige Seligkeit wird, wie sich bei Ritschl zeigen läßt, auf die Rede von gelingender zwischenmenschlicher Beziehung reduziert: "Die Hervorbringung der Liebesgemeinschaft unter den Menschen ist demgemäß nicht blos der Zweck der Welt, sondern zugleich die vollendete Offenbarung Gottes selbst, über welche hinaus keine andere und höhere vorgestellt werden kann."[55]

---

53 Glaubenslehre § 163, 438f.

54 Vgl. auch Mk 9,43; Mt 25,34.41; Offb 20,10 und Mt 25,46: "Und sie werden hingehen: diese zur ewigen Strafe, aber die Gerechten in das ewige Leben." Desweiteren Offb 20,14f: "Und der Tod und sein Reich wurden geworfen in den feurigen Pfuhl. Das ist der zweite Tod: der feurige Pfuhl. Und wenn jemand nicht gefunden wurde geschrieben in dem Buch des Lebens, der wurde geworfen in den feurigen Pfuhl."

55 RuV III, 276.

6. Versöhnung braucht keinen Mythos vom Gottessohn - christologische Kritik der Versöhnungslehre

6.1. Menschliche Selbsterlösung bedarf keines Gottessohnes

Ist die Vorstellung eines richtenden Gottes aufgegeben, so ist damit auch die Notwendigkeit einer Rechtfertigung des Menschen vor seinem Schöpfer fallengelassen. Der Mensch kennt als höchste Instanz der Verantwortung nur noch sein eigenes Gewissen. Diesem kann durch redliches Bemühen Genüge getan werden. Bei einem etwaigen relativen Defizit des menschlichen Vermögens, darf sich der Mensch einer wie auch immer beschaffenen "übernatürlichen" Überbrückung beruhigen. Das ganze Gewicht der Sünde, das nur Gott selbst in Christus zu tragen vermochte, ist damit bagatellisiert. In diesem Sinne erklärt Schleiermacher:

"Wo das eigene Tun zur Rechtfertigung des Menschen vor seinem eigenen (strenge richtenden) Gewissen nicht zulangt, da ist die Vernunft befugt, allenfalls eine übernatürliche Ergänzung seiner mangelhaften Gerechtigkeit (auch ohne daß sie bestimmen darf, worin sie bestehe) gläubig anzunehmen."[56]

Auch bei Ritschl wird die Botschaft vom Sohn Gottes im sittlichen Ansporn aufgelöst: "... wie die Offenbarung Gottes durch seinen Sohn sich auf die Gemeinde erstreckt, ... wird dadurch erläutert, daß Gott sich dem Sohne und der Gemeinde als der Liebeswille bewährt."[57] Bei der folgenden Erläuterung seines Liebesgedankens handelt es sich dann um eine "praktische Willensmaxime"[58].

Demgegenüber malt Luther den Liebeswillen Gottes nicht als Forderung, sondern als Geschenk für uns in Christus vor Augen: "Siehst du das Bild des Gekreuzigten, so sieh es an als ein Bild, das dich billig

---

56 Der Streit der Facultäten in drey Abschnitten von I. Kant, Königsberg 1798, in: ders., Werke in zehn Bänden hg. v. W. Weischedel, Bd. 9: Schriften zur Anthropologie, Geschichtsphilosophie, Politik und Pädagogik. Erster Teil, Darmstadt 1975 (4. Nachdruck der Ausgabe von 1964), 60f.

57 RuV III, 260.

58 G. Wenz, Geschichte der Versöhnungslehre in der evangelischen Theologie der Neuzeit, Bd. II, München 1986, 97 Anm. 77. Vgl. auch Anm. 5 und 6.

erschrecke, so daß dein Herz spricht: O weh, ist meine Sünde und Gottes Zorn so groß über mich!"[59]

6.2. Jesus der gute Mensch aus Nazareth - auf die Idee von den zwei Naturen Christi kann verzichtet werden

Grundlegend für die Tatsache der Versöhnung ist nach dem Neuen Testament, daß Jesus wahrer Gott und wahrer Mensch ist. Die göttliche und menschliche Natur kommen in der Person Jesu vollkommen und untrennbar zusammen. Diese christologische Tatsache ist Grundlage der sühnenden Heilswirksamkeit Christi. Weil Gott in der Gestalt des sündigen Menschen auf diese Welt kam, besiegte er die Sünde im Fleisch und versöhnte so Gott und Mensch. Da die neuere Philosophie und in ihrer Folge auch Theologie die klassische Zwei-Naturen-Lehre (wahrer Gott und wahrer Mensch) als unangemessene und unzumutbare Seinsmetaphysik ablehnt, hat sie auch die faktische Basis der neutestamentlichen Versöhnungslehre aufgegeben und zerstört.

Die historische Gestalt des Jesus von Nazareth wird in Kants Versöhnungstheorie in das Prinzip des Guten aufgelöst. Christus ist letztlich identisch mit der Idee des Sittengesetzes, die als Forderung an den Menschen herantritt. So kann Kant mit den herkömmlichen Formulierungen der Tradition einen ihr entgegengesetzten Inhalt präsentieren. Gott wird nicht Fleisch, sondern die Idee des Sittengesetzes wird Mensch. Letztlich ist Christus nur Symbol für eine Erlösung, die der Mensch sich durch entsprechendes Handeln selbst erarbeitet.[60]

---

59 Karfreitagspredigt 1538, WA 46,286. Vgl. auch: Sermon von der Betrachtung des Leidens Christi, 1519, WA 2,137: "Wenn du die Nägel Christi siehst durch seine Hände dringen, glaube sicher, daß es deine Werke sind! Siehst du seine Dornenkrone, glaube, es sind deine bösen Gedanken! Nun siehe, wo Christus ein Dorn sticht, da sollen dich billig mehr denn hunderttausend stechen, ja, ewiglich sollten sie dich also und viel ärger stechen. Wo Christus ein Nagel seine Hände und Füße durchmartert, solltest du ewig solche und noch ärgere Nägel erleiden. Der Nutz Christi ist gar daran gelegen, daß der Mensch zu seiner Selbsterkenntnis komme und vor sich selbst erschrecke."

60 Die Idee des sittlichen Gesetzes bzw. deren Personifizierung, der Sohn Gottes, trägt für den Menschen "und so auch für alle, die an ihn (praktisch) glauben, als Stellvertreter die Sündenschuld, tut durch Leiden und Tod der höchsten Gerechtigkeit als Erlöser genug und macht als Sachverwalter, daß sie hoffen können, vor ihrem Richter als gerechtfertigt zu erscheinen, nur daß (in dieser Vorstellungsart) jenes

Auch für den jungen Hegel ist Christus lediglich als Idee des sittlich vollkommenen Menschen interessant, als welche er zum Vorbild der Menschheit dient: "Das Wunderbare seiner Erscheinung besteht in seinem Dagewesensein, in dem Faktum, daß hier ein Mensch war, aus der ihn bedingenden Geschichte unableitbar, der eine neue Zuversicht zum Menschen faßt, ihm zutraut, dem aus der eigenen Vernunft genommenen Gesetz zu folgen, das Gute zu tun, nur weil es gut ist, ohne nach Lohn oder Nutzen zu fragen."[61]

Im Gegensatz zur rationalistischen Theologie ist Schleiermacher daran gelegen, Werk und Person Christi zusammenzuhalten: "Die eigentümliche Tätigkeit und die ausschließliche Würde des Erlösers weisen aufeinander zurück und sind im Selbstbewußtsein der Gläubigen unzertrennlich eins".[62] Schleiermacher ist also durchaus an der Einmaligkeit Christi gelegen: "...das Urbildliche mußte in ihm vollkommen geschichtlich werden und jeder geschichtliche Moment desselben zugleich das Urbildliche in sich tragen".[63] In dieser Einheit von Idee und geschichtlicher Wirklichkeit sieht Schleiermacher die Einheit von Gott und Mensch in Christus. Schleiermachers Angebot zwischen Glauben und Wissenschaft in dieser Weise zu vermitteln stieß zurecht auf Ablehnung, da für ihn die Gottheit Christi lediglich in der "stetige(n) Kräftigkeit seines Gottesbewußtseins, welche ein eigentliches Sein Gottes in ihm war",[64] besteht. Christus unterscheidet sich von den Christen also nur im Grad der Kräftigkeit seines Gottesbewußtseins; von einer Wesensidentität der irdischen Gestalt Jesu mit Gott kann nach Schleiermacher nicht die Rede sein. Besteht Jesu Gottheit aber in der "Kräftigkeit seines Gottesbewußtseins" (s. o.), so ist damit jede Art der Anfechtung und des Leidens Jesu nach Schleiermacher ausgeschlossen. Ein klassisches Beispiel für dieses Christusbild ist Schleiermachers Auslegung der Schilderung von Jesu Gottverlassenheit (Mt 27,46), die mit größter Sebstverständlichkeit

---

Leiden, was der neue Mensch, indem er dem alten abstirbt, im Leben fortwährend übernehmen muß, an dem Repräsentanten der Menschheit als ein für allemal erlittener Tod vorgestellt wird" (Religion, 98ff).

61 G. Rohrmoser, Subjektivität und Verdinglichung. Theologie und Gesellschaft im Denken des jungen Hegel, Gütersloh 1961, 32.

62 Glaubenslehre § 92, Grundsatz.

63 Glaubenslehre § 93, Grundsatz.

64 Glaubenslehre § 94, 43.

gegen den Wortlaut bestritten wird.[65] Daß mit der Rede vom Gottesbewußtsein Jesu keineswegs ein Gottsein Jesu zum Ausdruck gebracht werden soll, zeigt auch das Fehlen einer Trinitätslehre in seiner Glaubenslehre an.[66]

Nach Ritschl ist Christus unüberholbares Vorbild in der Erfüllung der Aufgabe der "Entwicklung der geistigen Persönlichkeit". Die Behauptung seiner Gottheit ist lediglich ein Werturteil, das sich auf Christi normatives Verhalten bezieht.

Die Gemeinde ist "in der Person des Stifters vorgebildet, und in ihr als der fortwirkenden Kraft zu aller Nachbildung begründet, weil derselbe den eigensten Zweck Gottes, die Vereinigung der Menschen in dem Reiche Gottes, als seine persönliche Lebensaufgabe ergriffen, und eben dadurch die Selbständigkeit über der Welt erlebt hat, welche von den Mitgliedern seiner Gemeinde nacherlebt werden soll. Diese Aufgabe der eigentlichen Entwicklung der geistigen Persönlichkeit kann nun nicht richtig und vollständig vorgestellt werden, wenn man von der Beobachtung des Urbildes dieser menschlichen Bestimmung absieht. Was wir also in dem geschichtlich abgeschlossenen Lebensbilde Christi als den eigentlichen Werth seines Daseins erkennen, gewinnt durch die Eigenthümlichkeit dieser Erscheinung und durch ihre normgebende Abzweckung auf unsere religiös-sittliche Bestimmung den Werth einer bleibenden Regel, weil wir zugleich feststellen, daß wir nur aus der anregenden und Richtung gebenden Kraft dieser Person heraus im Stande sind, in deren Stellung zu Gott und zur Welt einzutreten."[67]

Die dargestellten Positionen zeigen, daß die verschiedenen Versuche, das Wunder der Menschwerdung Gottes für den menschlichen Verstand plausibel zu machen, letztlich bei einer Auflösung der historischen Person Jesu (Urbildchristologie) oder bei der Reduzierung seiner Gottheit auf die Einzigartigkeit seines Gottesbewußtseins bzw. seines sittlichen Lebens (Vorbildchristologie) endet. Beide Wege haben den Christus, den ins Fleisch gekommenen Gottessohn, wie ihn die Bibel vor Augen malt, verloren: "Und das Wort ward Fleisch und wohnte unter uns, und wir sahen seine Herrlichkeit, eine Herrlichkeit

---

65 Fr. Schleiermacher's sämmtliche Werke. Zweite Abtheilung. Predigten. Zweiter Band. Neue Ausgabe, Berlin 1843, 401f.

66 Vgl. § 170ff, 458ff.

67 RuV III, 366.

als des eingeborenen Sohnes vom Vater, voller Gnade und Wahrheit." (Joh 1,14)[68].

6.3. Das einmalig starke Gottesbewußtseins Jesu genügt

Christi Gehorsam hat für uns nach Schleiermacher keinerlei stellvertretende Bedeutung. Sein Gehorsam wird für uns nur insofern wirksam, als das in uns bereits angelegte Gottesbewußtsein durch das Vorbild seines Gottesbewußtseins kräftig wird. Es gilt: "... der Gesamtgehorsam ... Christi gereicht nur insofern zu unserm Besten, als durch denselben unsere Aufnahme in die Lebensgemeinschaft mit ihm bewirkt wird, und in dieser wir von ihm bewegt werden, mithin das ihn bewegende Prinzip auch das unsrige wird; eben wie wir auch durch die Sünde Adams nur mit verdammt werden, sofern wir in der natürlichen Lebensgemeinschaft mit ihm und auf dieselbe Weise bewegt auch alle selbst sündigen."[69]

Würde es sich nur um Bewußtseinsvorgänge in Christus handeln, so wäre die Versuchung Jesu, seine Anfechtung in Gethsemane, eine Art Schaukampf. Letztlich wäre das Ringen Jesu mit der Versuchung und dem satanischen Widersacher Gottes keinesfalls das Ringen um Sein oder Nichtsein der Welterlösung gewesen. Im Grunde wäre faktisch bei der Sendung Jesu nichts auf dem Spiel gestanden, weil auch nichts Reales zu verlieren oder zu gewinnen war.

Die Schrift lehrt hingegen, daß wir nicht durch Christi Bewußtsein, sondern durch seine Tat Erlösung haben: "denn es ist ein Gott und ein Mittler zwischen Gott und den Menschen, nämlich der Mensch Christus Jesus, der sich selbst gegeben hat für alle zur Erlösung..." (1Tim 2,5f)[70].

6.4. Jesus, das Vorbild protestantisch-preußischer Berufstreue

Christi Tod ist nach Schleiermacher nicht mit der durch ihn geschenkten Erlösung in Verbindung zu bringen, sein Tod ist vielmehr

---

68 Vgl. auch Joh 20,28; Tit 2,13; Hebr 1,8; Röm 9,5.

69 Glaubenslehre §104,3/II, 125.

70 Vgl. auch Eph 1,7: "In ihm haben wir die Erlösung durch sein Blut, die Vergebung der Sünden, nach dem Reichtum seiner Gnade..."

Folge seiner Berufstreue. Hierin kommt Jesu Vorbildcharakter zum Ausdruck.[71]

Ritschl, der, wie wir gesehen haben, Schleiermachers Reserven gegenüber der Vorstellungen eines zürnenden Gottes teilt, übernimmt folgerichtig auch dessen reduziertes Verständnis der Heilsbedeutung des Todes Jesu: "...nicht das 'Widerfahrniß' des Todes Christi bedingt den Opferwerth desselben; sondern die Einwilligung in dieses Verhängniß der Gegner als in eine Fügung Gottes und höchste Probe der Berufstreue macht diesen Lebensausgang bedeutsam für die Anderen. Deshalb wird die Deutung des Opfers Christi im Tode nicht passen, welche ihn unter dem Titel der Genugthuung nur oberflächlich mit dem activen Leben zusammenfaßt, im Grunde aber dem Tode Christi eine verschiedenartige Beziehung beilegt, nämlich die der stellvertretenden Strafe."[72]

Christus als Vorbild dankbar anzuerkennen ist durchaus biblisch, doch darf dadurch niemals die Bedeutung seines stellvertretenden Sühneleidens geschmälert werden. Eine Stelle aus dem Petrusbrief mag verdeutlichen, welche Berechtigung und bleibende Bedeutung beiden Aspekten zukommt: "Denn dazu seid ihr berufen, da auch Christus gelitten hat für euch und euch ein Vorbild hinterlassen, daß ihr sollt nachfolgen seinen Fußtapfen; er, der keine Sünde getan hat und in dessen Mund sich kein Betrug fand; der nicht widerschmähte, als er geschmäht wurde, nicht drohte, als er litt, er stellte es aber dem anheim der gerecht richtet; der unsre Sünde selbst hinaufgetragen hat an seinem Leibe auf das Holz, damit wir, der Sünde abgestorben, der

---

71 "...dies eine Mißverständnis ist... zu verhüten, ...nämlich daß die Hingebung Christi mit dem Beharren in der erlösenden Tätigkeit eins und dasselbe gewesen sei, diese Hingebung in den Tod glaubt als einen freien Entschluß aufstellen zu müssen. Denn alsdann erscheint das Leiden Christi, sofern es als seine Handlung betrachtet werden muß, als willkürlich, weil er sich dann gradezu zum Leiden als solchem müßte bestimmt haben; und was als göttliche Institution betrachtet jene widersinnige Vergeltungsnotwendigkeit wäre, das wäre als freie Tat Christi eine willkürliche Selbstpeinigung, und das Vorbild für die willkürlichen Kasteiungen der römischen Kirche, durch deren Übernahme auch einer könne den andern von der Strafe lösen... Er muß es also als seine Berufspflicht aufgenommen gehabt haben, ohnerachtet seines Vorherwissens auf diesem Fest in der heiligen Stadt zu erscheinen; und es gehört unstreitig mit zu der Verwicklung dieses großen Wendepunktes, daß Christus ebenso im Eifer für seinen Beruf auch mit Bezug auf das väterliche Gesetz seinen Tod fand..." (Glaubenslehre § 104, 132f).

72 RuV III, 449.

Gerechtigkeit leben. Durch seine Wunden seid ihr heil geworden" (1Petr 2,21-24).

7. Versöhnung entspricht Gottes dialektischer Logik - philosophische Kritik der heilsgeschichtlich begründeten Versöhnungslehre

Das Neue Testament macht deutlich: Versöhnung des heiligen Gottes mit dem sündigen Menschen ist ein höchst unerwartetes und erstaunliches Geschehen. Der Mensch kann nicht darauf spekulieren, daß Gott ihm gnädig ist. Gottes Zuwendung in Jesus Christus ereignet sich ohne unser Verdienst und unseren Vorsatz. Die Menschwerdung Jesu und sein Gehorsam bis zum Tod am Kreuz vollzieht sich in absoluter Freiheit. Der Mensch kann die Erlösung nicht einfordern und erst recht nicht logisch aus der Wirklichkeit Gottes ableiten.
An dieser Stelle setzt die philosophische Konzeption Hegels mit ihrer rational durchstrukturierten Kritik der Versöhnung ein. Hegel beschreibt die Wirklichkeit als dialektisch sich vollziehende Selbstentfaltung des absoluten Geistes in der Geschichte. Gemeint ist folgendes: Aller Realität dieser Welt liegen die Macht des absoluten Geistes, der mit Gott identisch ist, zugrunde. Dieser absolute Geist entfaltet sich in einem dialektischen Prozeß, d.h. in dem Dreischritt von These, Antithese und Synthese. Der Ursprungswirklichkeit, also der These, steht ein fruchtbarer Gegensatz, nämlich die Antithese gegenüber. Der Widerspruch von These und Antithese ist nun aber kein sich absolut ausschließender, sondern ein produktiver. Die These nimmt die Antithese in sich auf und gewinnt so neue Gestalt und Dynamik in der Synthese, die wiederum zu einer neuen These wird, aus der ebenfalls eine fruchtbare Antithese erwächst. Aus diesem Grundgesetz der Dialektik leitet Hegel in einem logischen Verfahren die gesamte Wirklichkeit der Welt und ihrer Geschichte ab. Da die Struktur der Dialektik der ontologischen (seinsmäßigen) Logik entspricht und diese ihren Ursprung und ihr Ziel in Gott, dem absoluten Geist hat, lassen sich auch alle Offenbarungswahrheiten der Theologie aus der Vernunft ableiten. Die Heilsgeschichte folgt notwendig dem Gang der dialektischen Logik der Welt. Die natürliche (vernunftgemäße) Theologie weiß bereits um alle Geheimnisse der Inkarnation, der zwei Naturen Christi (wahrer Mensch und wahrer Gott) und der Trinität

Gottes. Der philosophisch gebildete Mensch vermag mit zwingender Konsequenz - und ohne besondere Offenbarung -, die Versöhnung Gottes durch das Kreuz Christi vorherzusagen.
Das Titanische der Hegelschen Philosophie besteht in dem universalen Anspruch in einem gedanklichen System die gesamte Wirklichkeit unmittelbar nicht nur zu deuten, sondern auch zu erfassen. Hegel beschränkt sich bei seiner Analyse des Wirklichen gerade nicht auf das bloß phänomenologisch Vorfindliche, sondern erschließt alle Dimensionen des Daseins aus der Eigendynamik des dialektischen Weltprozesses. Diesem unterliegt auch Gott, der damit als ontologische Größe in der Wirklichkeit aufgeht und dessen Geschichte aus der Logik der Vernunft notwendig erschlossen werden kann. Heilsgeschehen und Versöhnung ist dann kein unvorhersehbares Wunder der Gnade mehr, sondern das der Welt notwendig Zukommende. Gott kann als Gefangener des dialektischen Systems nur der Logik der Versöhnung folgen.

7.1. Die anthropologische Dialektik von Ich und Du

Der Mensch kommt nach Hegel zu seinem wahren Sein, verwirklicht sich selber nicht durch die Konzentration auf das eigene Ich, sondern ereignet sich in der Hingabe an den andern. Erst im anderen kommt das Individuum zu sich selbst: "Der Geliebte ist uns nicht entgegengesetzt, er ist eins mit unserm Wesen; wir sehen nur uns in ihm - und dann ist er doch wieder nicht wir - ein Wunder, das wir nicht zu fassen vermögen".[73]
Dieses dialektische Verhältnis von Ich und Du ist der Schlüssel für Hegels Geschichtsphilosophie und Theologie.

---

[73] Jugendschriften, 377. Dieses Sichfinden im Anderen wird als Liebe definiert „In der Liebe ist dies Ganze nicht als in der Summe vieler Besonderer, Getrennter enthalten; in ihr findet sich das Leben selbst, als eine Verdoppelung seiner Selbst, und Einigkeit desselben... In der Liebe ist das Getrennte noch, aber nicht mehr als Getrenntes - als Einiges und das Lebendige fühlt das Lebendige" (A.a.O.,379.).

7.2. Die hamartiologische Dialektik von Sünde und Tod als Antithese zu Gottes Moralität und Schöpfermacht

Das Böse und Satanische steht in diesem System Gott und seinem Heil nicht mehr kontradiktorisch gegenüber, sondern wird selbst zum positiven und notwendigen Element der Selbstentwicklung Gottes. Es ist in letzter Konsequenz in Gott antithetisch integriert, um dann synthetisch in ihm aufgenommen zu werden: Da das eine im anderen, im Gegensatz, erst wirklich zu sich selbst kommt, verschwimmt die Unterscheidung zwischen Ich und dem Anderen, Gott und Welt, Gut und Böse. Das Böse in Gestalt der Sünde und des Dämonischen wird nicht mehr in seiner absoluten Unvereinbarkeit mit dem heiligen Gott gesehen, sondern als notwendige Ergänzung im Gegenüber zu Gott. Gott braucht die Sünde und das Böse, um sich zu dem zu entwickeln, was er als höhere Synthese seiner selbst werden soll. Damit erübrigen sich selbstverständlich grundlegende Inhalte der neutestamentlichen Versöhnungsbotschaft.

"Dieses Anderssein ist das ewig sich Setzende, ewig sich Aufhebende, und dieses sich Setzen und Aufheben des Andersseins ist die Liebe, der Geist. Das Böse, die eine Seite, ist abstrakt bestimmt worden als nur das Andere, Endliche, Negative, und Gott als das Gute, Wahrhafte auf die andere Seite gestellt. Aber dies Andere, Negative enthält in sich selbst auch die Affirmation, und das muß im endlichen Sein zum Bewußtsein kommen, daß das Prinzip der Affirmation darin enthalten ist, daß in diesem Prinzip der Affirmation das Prinzip der Identität liegt mit der anderen Seite; so wie Gott nicht nur als das Wahre die abstrakte Identität mit sich ist, sondern das Andere, die Negation, das Sichanderssetzen seine eigene wesentliche Bestimmung, die eigene Bestimmung des Geistes ist."[74]

Eine weitere Gefahr dieser radikalen Dialektik besteht darin, aufgrund des Systemzwanges das Endliche schon mit dem Bösen gleichzusetzen: "Es ist ihre Endlichkeit, die Christus angenommen hat, diese Endlichkeit in allen ihren Formen, die in ihrer äußersten Spitze das Böse ist. Diese Menschlichkeit, die selbst Moment im göttlichen Leben ist, wird nun als ein Fremdes, Gott nicht Angehöriges bestimmt.

[74] RPh, 272f.

Diese Endlichkeit aber in ihrem Fürsichsein gegen Gott ist das Böse, ein ihm Fremdes; er hat es aber angenommen, um es durch seinen Tod zu töten."[75]

Die Grenze der Einheit von Göttlichem und Menschlichem ist in der Schrift bezüglich der Person Jesu klar formuliert: "Denn wir haben nicht einen Hohenpriester, der nicht könnte mit leiden mit unserer Schwachheit, sondern der versucht worden ist in allem wie wir, doch ohne Sünde." (Hebr 4,15).

7.3. Die christologische Dialektik von Kreuz und Auferstehung - darum ist der „speculative Karfreitag“ eine ausgemachte Sache menschlicher Logik

Da in der Christusidee die Entzweiung von Gott und Mensch aufgehoben ist, stellt das Christentum erwiesenermaßen die absolute Religion dar. Religion verstanden als Rückbindung des Menschen an Gott kommt in der Identität des Menschen mit Gott, also in einem rational notwendigen *vere deus* (wahrer Gott) und *vere homo* (wahrer Mensch) zur Vollendung; die Soteriologie kann philosophisch im spekulativen Denkprozeß aus dem Gang der Geschichte - und jenseits aller kontingenten, d.h. zufälligen und damit auch rein gnadenhaften Heilsgeschichte - erschlossen werden. Die Theologie wird letztlich durch die Philosophie aufgehoben und im philosophischen Begriff nicht nur eingeholt, sondern überboten.

Da Gott nicht "etwas" offenbart, sondern sich selbst, um sich im Anderen zu finden, ist seine Menschwerdung vernunftnotwendig: "Insofern nun dem Menschen geoffenbart werden soll, was die Natur des Geistes ist, die Natur Gottes in der ganzen Entwicklung der Idee offenbar werden soll, so muß darin diese Form auch vorkommen, und das ist eben die Form der Endlichkeit. Das Göttliche muß in der Form der Unmittelbarkeit erscheinen. Diese unmittelbare Gegenwart ist nur Gegenwart des Geistigen in der geistigen Gestalt, welche die menschliche ist."[76]

War dem jungen Hegel die herkömmliche soteriologische Deutung des Todes Jesu ein Greuel, so gelangte er spätestens mit seiner Schrift

---

[75] A.a.O., 292.

[76] A.a.O., 277.

"Glauben und Wissen" zu seiner neuen und vertieften philosophischen Deutung:
"... was 1798/99 als Tadel formuliert wurde, daß nämlich die Erniedrigung 'in dem Gotte zu seinem Wesen gehören' soll, das wird 1802 zur Forderung des Denkens, insofern nun das Gefühl 'Gott selbst ist todt' als Moment der höchsten Idee begriffen werden soll."[77] "Der reine Begriff aber, oder die Unendlichkeit, als der Abgrund des Nichts, worinn alles Seyn versinkt, muß den unendlichen Schmerz, der vorher nun in der Bildung geschichtlich und als das Gefühl war, worauf die Religion der neuen Zeit beruht, das Gefühl: Gott selbst ist todt, ... rein als Moment, aber auch nicht als mehr denn als Moment, der höchsten Idee bezeichnen, und so dem, was etwa auch entweder moralische Vorschrift einer Aufopferung des empirischen Wesens oder der Begriff formeller Abstraktion war, eine philosophische Existenz geben, und also der Philosophie die Idee der absoluten Freyheit, und damit das absolute Leiden oder den speculativen Charfreitag, der sonst historisch war, und ihn selbst, in der ganzen Wahrheit und Härte seiner Gottlosigkeit wiederherstellen, aus welcher Härte allein ... die höchste Totalität in ihrem ganzen Ernst und aus ihrem tiefsten Grunde, zugleich allumfassend, und in die heiterste Freyheit ihrer Gestalt auferstehen kann, und muß."[78]

---

77 E. Jüngel, Gott als Geheimnis der Welt. Zur Begründung der Theologie des Gekreuzigten im Streit zwischen Theismus und Atheismus, 1977[2], 99 Anm. 74.

78 G. F. W. Hegel, Glauben und Wissen, in: Jenaer kritische Schriften, hg. v. H. Buchner u. Pöggeler (Bd. 4 der im Auftrag der Dtsch. Forschungsgemeinschaft hg. Gesammelten Werke), Hamburg 1968, 413f.
In Gott ist das Leben gerade weil er den Tod in sich aufgenommen und so überwunden hat: "Am Tode Christi ist dieses Moment zuletzt noch hervorzuheben, daß Gott es ist, der den Tod getötet hat, indem er aus demselben hervorgeht; damit ist die Endlichkeit, Menschlichkeit und Erniedrigung als ein Fremdes an Christo gesetzt als an dem, der schlechthin Gott ist... Der schmachvolle Tod als die ungeheure Vereinigung dieser absoluten Extreme ist darin zugleich die unendliche Liebe. Es ist die unendliche Liebe, daß Gott sich mit dem ihm Fremden identisch gesetzt hat, um es zu töten.
Dies ist die Bedeutung des Todes Christi. Christus hat die Sünde der Welt getragen, hat Gott versöhnt, heißt es.
Dieser Tod ist ebenso wie die höchste Verendlichung zugleich das Aufheben der natürlichen Endlichkeit, des unmittelbaren Daseins und der Entäußerung, die Auflösung der Schranke. Diese Aufhebung des Natürlichen ist im Geistigen wesentlich so zu fassen, daß sie die Bewegung des Geistes ist, sich in sich zu erfassen, dem Natürlichen abzusterben, daß sie also die Abstraktion vom unmittelbaren Willen und unmittelbaren Bewußtsein ist, sein Sich-in-sich-Versenken, und aus diesem

"'Gott selbst ist tot', heißt es in jenem lutherischen Liede (Joh. Rist: 'O Traurigkeit, o Herzeleit', 2. Strophe); dies Bewußtsein drückt dies aus, daß das Menschliche, das Endliche, Gebrechliche, die Schwäche, das Negative göttliches Moment selbst ist, in Gott selbst ist; daß das Anderssein, das Endliche, das Negative, nicht außer Gott ist... Es ist gewußt das Anderssein, die Negation als Moment der göttlichen Natur selbst. Die höchste Erkenntnis von der Natur der Idee des Geistes ist darin enthalten."[79]

Ist hier die eindeutige Unterscheidung von Göttlichem und Menschlichem schon im Zerfließen begriffen, so zeigt das folgende Zitat, daß Hegels Lehre vom Gottmenschen letztlich im Panentheismus endet: "Es ist damit gesetzt, daß die göttliche und menschliche Natur nicht an sich verschieden ist: Gott in menschlicher Gestalt. Die Wahrheit ist, daß nur eine Vernunft, ein Geist ist, daß der Geist als endlicher nicht wahrhafte Existenz hat."[80]

7.4. Die theologische Dialektik der Trinität - das synthetische Zusammenspiel von Vater, Sohn und Heiligem Geist

Im Schema 'These-Antithese-Synthese' entfaltet Hegel schließlich auch das trinitarische Dogma:

Ausgangsthese ist das An-Sich-Sein Gottes. Antithese im Sinne eines zur Selbstentfaltung Gottes notwendigen Prozesses ist die Schöpfung der Welt als Selbstentäußerung Gottes. Sie impliziert in der radikalen Konsequenz der (theo-)logischen Eigenbewegung den Tod Gottes (speculativer Karfreitag, s. o.).

Die Synthese, durch die die Antithese in die These hinein aufgehoben und überboten ist, stellt dann die Realität des Heiligen Geistes als absoluter Geist in der Weltgeschichte dar; avantgardistisch repräsentiert in der religiösen Gemeinschaft der Kirche.

"... das Subjekt... fühlt den Schmerz des Bösen und seiner eigenen Entfremdung, welche Christus auf sich genommen, indem er die Menschlichkeit angezogen, aber durch seinenTod vernichtet hat. In-

---

Schachte nur seine Bestimmung, sein wahres Wesen und seine absolute Allgemeinheit sich zu nehmen" (RPh 292).

79 A.a.O., 297.

80 A.a.O., 278.

dem der Inhalt sich auch auf diese Weise verhält, so ist die religiöse Seite, und hierin fängt die Entstehung der Gemeinde an. Es ist dieser Inhalt dasselbe, was die Ausgießung des Heiligen Geistes genannt worden: es ist der Geist, der dies geoffenbart hat."[81]

"Dies ist für die Gemeinde die Geschichte der Erscheinung Gottes; diese Geschichte ist göttliche Geschichte, wodurch sie zum Bewußtsein der Wahrheit gekommen ist. Daraus bildete sich das Bewußtsein, das Wissen, daß Gott der Dreieinige ist. Die Versöhnung, an die geglaubt wird in Christo, hat keinen Sinn, wird Gott nicht als der Dreieinige gewußt, wird nicht erkannt, daß er ist, aber auch als das Andere, als das sich Unterscheidende [ist] so daß dieses Andere Gott selbst ist, an sich die göttliche Natur an ihm hat, und daß das Aufheben dieses Unterschieds, Andersseins, diese Rückkehr, diese Liebe der Geist ist."[82]

Festzuhalten ist, daß Hegel mit seinem universalen Denksystem die Freiheit Gottes in einen, menschlich deutbaren, Selbstfindungsprozeß hinein auflöst. Das steht zu der christlichen Grundüberzeugung in eklatantem Widerspruch. Für den Christen gibt es in Anbetracht der Heilsgeschichte Gottes nur den staunenden Lobpreis, nicht aber eine aus der dialektischen Weltvernunft logisch ableitbare Welterlösung.

Röm 11,33: "O welch eine Tiefe des Reichtums, beides, der Weisheit und der Erkenntnis Gottes! Wie unbegreiflich sind seine Gerichte und unerforschlich seine Wege!“

8. Zusammenfassung

Die heute gängige Kritik der biblisch-reformatorischen Versöhnungslehre wurzelt zutiefst in dem von der Aufklärung bestimmten Verständnis Gottes, der Sünde und des Menschen. Aus diesen Positionen ergibt sich mit sachlicher Notwendigkeit die Ablehnung der klassischen Christologie und Soteriologie. Bei allen Unterschieden der philosophischen und theologischen Entwürfe im einzelnen, ist der radikale Traditionsabbruch durchgängig. Am Ende braucht der Mensch keinen göttlichen Erlöser, weil er mit sich selbst moralisch zurechtkommt und in seinem Bewußtsein die Selbsterlösung voll-

81 A.a.O., 296.
82 A.a.O., 298.

zieht; - ob nun individuell wie bei Kant, Schleiermacher und Ritschl oder universal wie bei Hegel.

Deutungen des Versöhnungsgeschehens im 20. Jahrhundert

von Dr. Eberhard Hahn

Einleitung

Im 20.Jahrhundert wirken die verschiedenen Bemühungen um eine Neuinterpretation der Versöhnungslehre, wie sie seit der Aufklärung angestellt wurden, weiter. Dabei können vier unterschiedliche Strömungen ausgemacht werden, die sich allerdings vielfach kreuzen und gegenseitig beeinflussen.[1] Das entscheidende Zentrum der Auseinandersetzung ist dabei jeweils die stellvertretende Sühne Christi, die Lehre von der Satisfaktion in der Anselmschen Fassung und in ihrer Fortführung durch die Reformation und altprotestantische Orthodoxie. Im folgenden sollen die wesentlichen Positionen kurz schematisch vorgestellt werden, um dann im zweiten Teil drei bedeutende Versöhnungskonzeptionen dieses Jahrhunderts zu untersuchen. In einem abschließenden dritten Schritt werden wir die aktuelle Diskussion in den Blick nehmen, die seit einigen Jahren - angestoßen u.a. von der Befreiungstheologie und der Feministischen Theologie - neu aufgeflammt ist.

1. Unterschiedliche Interpretationsformen des Versöhnungsgeschehens

1.1. Die radikale Umdeutung der Satisfaktion

Jesus ist in den modernen Versöhnungskonzeptionen in erster Linie eine beeindruckende Persönlichkeit, die im Leben und bis in den Tod ihrer Berufung treu bleibt. Er erschließt damit eine Gottesbeziehung, in die seine Nachfolger ebenfalls aufgenommen werden sollen. Jesus ist Lehrer, Vorbild bis zur letzten Konsequenz. Im Kreuzestod Jesu erweist sich Gottes Liebe zu uns. Überwältigt von diesem Liebeser-

---

[1] Vgl. dazu F.H. Kettler, Art. „Versöhnung V. Dogmengeschichtlich", RGG[3] VI, 1376f.

weis können und sollen wir Menschen unsere Rebellion gegen Gott aufgeben. Wir dürfen uns als Versöhnte verstehen, als Menschen, die ihre Schuldgefühle als gegenstandslos betrachten können.
R. Bultmann begründet in seinem berühmten Vortrag "Neues Testament und Mythologie"[2], warum "die Lehre von der stellvertretenden Genugtuung durch den Tod Christi" vom heutigen Menschen nicht mehr verstanden werden kann und deshalb entmythologisiert werden muß: "Wie kann meine Schuld durch den Tod eines Schuldlosen (wenn man von einem solchen überhaupt reden darf) gesühnt werden? Welche primitiven Begriffe von Schuld und Gerechtigkeit liegen solcher Vorstellung zugrunde? Welch primitiver Gottesbegriff? Soll die Anschauung vom sündetilgenden Tode Christi aus der Opfervorstellung verstanden werden: welch primitive Mythologie, daß ein Mensch gewordenes Gottwesen durch sein Blut die Sünden der Menschen sühnt! Oder aus der Rechtsanschauung, so daß also in dem Rechtshandel zwischen Gott und Mensch durch den Tod Christi den Forderungen Gottes Genugtuung geleistet wäre: dann könnte die Sünde ja nur juristisch als äußerliche Gebotsübertretung verstanden sein, und die ethischen Maßstäbe wären ausgeschaltet! Und zudem: war Christus, der den Tod litt, Gottes Sohn, das prä-existente Gottwesen, was bedeutete dann für ihn die Übernahme des Sterbens? Wer weiß, daß er nach drei Tagen auferstehen wird, für den will offenbar das Sterben nicht viel besagen!"[3]
Gemeint ist - nach Bultmann - vielmehr, daß sich der Mensch als von Gottes Liebe umfangen versteht, daß er dadurch befreit wird von der Eigenmächtigkeit als seiner eigentlichen Sünde und er damit frei wird zur Hingabe an die anderen.[4]

1.2. Die Kritik am Satisfaktionsdogma von der Erfahrung der göttlichen Liebe her

Hier wird der Tod Christi zwar als Sühnetod festgehalten. Abgelehnt wird jedoch die Anschauung, daß Gott versöhnt werden muß. Versöhnung braucht vielmehr der Mensch, da er sich von Gott abgewandt

[2] R. Bultmann, Neues Testament und Mythologie, in: ders., Kerygma und Mythos I, Hamburg ²1951, 15-53.
[3] a.a.O., 20f.
[4] Vgl. a.a.O., 43.

hat. Gott ist Liebe; daher kann nicht sein Zorn als das eigentlich ausschlaggebende Wesensmerkmal Gottes betrachtet werden.
Vielmehr wird in der persönlichen Bekehrung die Liebe Gottes als neuschaffende Macht erfahren. Daraus erwächst die Kritik an Aufklärung und lutherischer Orthodoxie: Christentum ist weder bloße Moral noch starre Kirchenlehre. Durch die Heilige Schrift begegnet Gott dem Menschen als lebendiges Gegenüber. So faßt etwa Gottfried Menken (gest. 1831) die Bibel als "ein geschichtlich harmonisches Ganzes" auf, das einen lebendigen Organismus darstellt. Von diesem Ansatz her kritisiert er jedoch gleichzeitig die Rede von Gottes Zorn und die Deutung des Todes Christi als Strafleiden.[5]

1.3. Die Verteidigung des Satisfaktionsdogmas

Zwar wird Gott durch den Sühnetod Christi nicht "umgestimmt"; dennoch ermöglicht er ein neues Verhalten Gottes gegenüber dem Sünder. Versöhnung ist weder nur ein Vorgang in Gott (objektiv), noch nur ein solcher im Menschen (subjektiv), sondern ein Ereignis der Weltgeschichte (2Kor 5,19: "Gott war in Christus und versöhnte die Welt mit sich selbst"). Dadurch geschieht, was kein Sünder hätte tun können; der Glaubende erhält, was er sich nicht hätte selbst beschaffen können: die Versöhnung mit Gott.
So betont z.B. M. Kähler (gest. 1912), daß Jesu stellvertretende Schuldabstattung im Sinne einer Bürgschaft für uns zu verstehen sei: Damit soll unsere eigene Hingabe gerade nicht überflüssig gemacht, sondern ermöglicht werden.[6] Der Tod Christi am Kreuz ist somit kein Geschehen, bei dem wir distanzierte Zuschauer bleiben könnten; vielmehr werden wir umfassend einbezogen.

1.4. Das Satisfaktionsdogma aus der Perspektive der unendlichen Entfernung zwischen Gott und Mensch

Die Versöhnung durch Christus am Kreuz offenbart, daß der sündige Mensch unendlich vom heiligen Gott getrennt ist. Nur indem das Unerhörte geschieht, daß sich Gott unter den Bedingungen des Opfertodes ihm nähert, ergibt sich eine Beziehung zwischen Gott und Mensch. Damit wird erkennbar, daß sich Gott nicht spotten läßt, daß

---

5 Vgl. E. Busch, Art. „Menken, Gottfried", ELThG 2, Wuppertal 1993, 1317f.

6 Vgl. Kettler, a.a.O., 1377.

sein Gesetz in letzter Konsequenz aufrechterhalten wird (so z.B. E. Brunner).

2. Tendenzen der Versöhnungslehre im 20. Jahrhundert

2.1. Karl Barth

Der Schweizer Karl Barth (1886-1968) war der bekannteste, vielleicht auch der bedeutendste Theologe dieses Jahrhunderts. Ursprünglich der religös-sozialen Bewegung verpflichtet erfolgte noch im Pfarramt der Bruch mit dieser Bewegung. Seine Predigtnot, als Pfarrer Gottes Wort sagen zu sollen und es letztlich doch nicht sagen zu können, führte ihn - angestoßen durch die Lektüre des Römerbriefes - zu einer "Theologie des Wortes Gottes", bekannter unter dem Titel "Dialektische Theologie". Während des Kirchenkampfes engagierte sich Barth stark in der Bekennenden Kirche und war maßgeblich an der Abfassung der Theologischen Erklärung von Barmen (1934) beteiligt. Nach seiner politischen Ausweisung aus Deutschland (1935) lehrte Barth bis 1962 in Basel. Seit Beginn der 20er Jahre arbeitete Barth an seinem monumentalen Lebenswerk, der "Kirchlichen Dogmatik" (kurz: KD).

2.1.1. Die Schlüsselrolle der Prädestination

Barths Theologie muß von seiner Prädestinationslehre her entschlüsselt werden; denn "die Erwählungslehre ist die Summe des Evangeliums"[7]. Dabei ist zu beachten[8]:

Der erwählende Gott und der erwählte Mensch werden in Jesus Christus als Einheit in der Person des Gottmenschen gesehen. Die beiden Naturen Christi repräsentieren die beiden Partner im Bund zwischen Gott und Mensch. Damit sind Zweinaturenlehre und Bundesgedanken miteinander verschmolzen. Gleichzeitig bildet sich bereits in der Prä-

---

[7] KD II, 2, §32.

[8] In dem hier gesteckten Rahmen ist es unmöglich, Barths System auch nur andeutungsweise darzulegen. Dafür sollen einige Ergebnisse einer umfangreichen Studie von Regin Prenter referiert werden, die auf die "Tiefenstruktur" des Barthschen Denkens aufmerksam macht: R. Prenter, "Karl Barths Umbildung der traditionellen Zweinaturlehre in lutherischer Beleuchtung" [1957], in: Ders., Theologie und Gottesdienst. Gesammelte Aufsätze, Arhus/Göttingen 1977, 28-115.

destinationslehre die Christologie und Versöhnungslehre ab[9]: "Christus als Sohn Gottes ist der versöhnende Gott, Christus als der Menschensohn ist der versöhnte Mensch."[10]

Die Erwählung verbindet Erwählung zum Heil und zur Verdammnis in einem gleichzeitigen Geschehen. An die Stelle der zwei zeitlich aufeinanderfolgenden Stände[11] tritt die Gleichzeitigkeit von Erhöhung und Erniedrigung Jesu Christi: "In der Erwählung Jesu Christi, die der ewige Wille Gottes ist, hat Gott dem Menschen das Erste, die Erwählung, die Seligkeit und das Leben, sich selber aber das Zweite, die Verwerfung, die Verdammnis und den Tod zugedacht."[12] In Jesus Christus ist also Gott, der Richter, zur stellvertretenden Verwerfung und damit zum Heil für alle erwählt. Damit wird die Christologie zur "universalistische[n] Soteriologie"[13].

2.1.2. Barths Versöhnungslehre

Der "Grundriß"[14] des gesamten Gebäudes der Versöhnungslehre findet sich bei Barth zu Beginn von KD IV,1 in Kap. 13: "Der Gegenstand und die Probleme der Versöhnungslehre". Der Unterschied zur traditionellen Anordnung des "Stoffes" besteht darin, daß die Lehre vom Menschen als Sünder erst nach der Christologie behandelt, sowie Person und Werk Christi ineinander gesehen wird.

Dabei ist der ewige Bund die Voraussetzung der Versöhnung, es ist die Tat des "Gott mit uns". Versöhnung ist jedoch nicht ein zu Gott hinzukommendes Zweites neben seiner "an sich" vorzustellenden Ewigkeit. Wir haben es in der "Jesusgeschichte" vielmehr "mit der Wirklichkeit zu tun ..., die als Gottes erstes und ewiges Wort aller anderen Wirklichkeit zugrunde liegt und vorangeht, ... mit dem Boden

9 "Im Grunde ist die ganze Theologie Barths in dieser Prädestinationslehre enthalten. Und es gibt nicht einen einzigen Gedanken in der Christologie und Versöhnungslehre, dem nicht hier deutlich vorgegriffen ist. Man kann mit Gefasstheit feststellen, dass einem beim Lesen der zwei dicken Bände IV,1 und IV,2 nichts Neues begegnet, was man nicht bereits aus Band II,2 kennt." (Prenter, a.a.O. 99).

10 Prenter, a.a.O., 96.

11 Die Lehre von den "Ständen Christi" unterscheidet im Rahmen der Lehre von Person und Werk Jesu Christi traditionell den Stand der Erniedrigung (von seiner Menschwerdung bis zum Kreuzestod) vom Stand der Erhöhung (beginnend Höllenfahrt, Auferstehung und Himmelfahrt).

12 KD II,2, 177.

13 Prenter, a.a.O., 100.

14 O. Weber, Karl Barths Kirchliche Dogmatik. Ein einführender Bericht, Neukirchen-Vluyn [8]1977, 191.

und dem Raum, mit der Atmosphäre des Seins jedes Menschen, gleichviel ob er tausend Jahre vor oder nach Jesus lebte"[15].
Gott ist in seinem Gnadenbund der Freie und macht darin den Menschen nicht zu einem neutralen Beobachter, sondern als den zum Empfang dieser Wohltat bestimmten Geschöpf. Entsprechend ist dieser Bund von Gottes Selbstbestimmung zur Versöhnung gekennzeichnet. Sünde veranlaßt Versöhnung, aber begründet sie nicht. Denn Sünde ist das Nichtige[16], das nur vom Nein Gottes her "ist"; sie ist der "Zwischenfall", "geradezu das Urphänomen aller Zwischenfälle, der Inbegriff des Nicht-Notwendigen, Nicht-Ordnungsmäßigen, alles Sinn- und Planwidrigen"[17]. Demgegenüber ist die Versöhnung gerade kein Zwischenfall, sondern die "Bestätigung und Ausführung der ursprünglichen Absicht seines Verhältnisses zu uns Menschen". Jesus Christus ist "das in der Zeit gehaltene und erfüllte erste und ewige Wort Gottes"[18].
Indem Barth Christologie und Soteriologie ineinander verschränkt, läßt sich auch nicht losgelöst von Versöhnung sprechen. Im einzelnen nimmt Barth folgende Kombinationen vor: Er verbindet paradoxerweise zum einen das Bekenntnis zum "wahren Gott" (*vere Deus*) mit Christi Stand der Erniedrigung (*status exinanitionis*) und dem hohepriesterlichen Amt Jesu (*officium sacerdotale*), zum anderen das Bekenntnis zum "wahren Menschen" (*vere homo*) mit Christi Stand der Erhöhung (*status exaltationis*) und dem königlichen Amt Jesu (*officium regium*), sowie die Personeinheit zwischen Gott und Mensch (*unio personalis*) mit dem prophetischen Amt Jesu (*officium propheticum*).[19]

2.1.3. Die Umdeutung der reformatorischen Versöhnungslehre

2.1.3.1. Vorordnung der Offenbarung

Der Unterschied zur traditionellen Christologie und Soteriologie, nach der Christus sein Mittlerwerk in beiden Naturen gleichzeitig ausführt, liegt darin, daß Barth "Christus sein hohespriesterliches [sic] Werk als göttliche Person ausüben läßt, sein königliches Werk als

[15] KD IV, 1, 55f.
[16] Vgl. KD III, 3.
[17] KD IV, 1, 48.
[18] KD IV, 1, 50.
[19] Vgl. § 58, KD IV, 1, 83.

menschliche Person und das prophetische als Gottmensch."[20] So gewinnt das "prophetische Amt" den Vorrang gegenüber den beiden anderen Ämtern: Damit steht die geschichtliche Erscheinung des Gottmenschen Jesus Christus in Raum und Zeit weniger unter dem Aspekt der Erlösung als vielmehr unter dem Aspekt der Offenbarung dessen, was Christus schon von Ewigkeit her war und in alle Ewigkeit sein wird, nämlich der hohepriesterliche Erlöser und König.

2.1.3.2. Inkarnation als Erniedrigung

Das Werk der Versöhnung "hat seinen Schwerpunkt im Inkarnationsakt selbst"[21], da "die Erniedrigung ... der eigentliche Akt der Inkarnation"[22] ist. Demgegenüber betonte die traditionelle Dogmatik, daß in der Inkarnation die menschliche Natur mit der göttlichen vereinigt wird (und insofern an deren Majestätseigenschaften teilhat), der Gottmensch dann jedoch auf diese Eigenschaften verzichtet, bis mit Höllenfahrt, Auferstehung und Himmelfahrt erneut "die Majestät seiner menschlichen Natur offenbar" wird[23]. Denn in seiner göttlichen Natur kann sich Jesus Christus nicht erniedrigen. Nur deshalb ist Jesus Christus der Retter: Es bedarf der Erniedrigung (*exinanitio*), daß Jesus das Heilswerk (*factum passionis*, d.h. die Tatsache des Leidens) am Kreuz vollbringen kann. Dann aber bedarf es der Erhöhung (*exaltatio*), damit dieses Opfer machtvoll jedem Sünder ausgeteilt werden kann (*usus passionis*, d.h. der Nutzen des Leidens). Bei Barth aber verschwimmen die Unterschiede zwischem dem Gekreuzigten und dem Erhöhten.

2.1.3.3. Gott als Subjekt der Versöhnung

Versöhnung geschieht nach Barth durch Gott als handelndes Subjekt gegenüber dem Menschen als dem empfangenden Objekt. Gott bewirkt des Menschen Umkehr zu ihm. Somit wird die Soteriologie in die Versöhnungslehre einbezogen und mit ihr identifiziert.

In der objektiven Versöhnungslehre des Neuen Testaments und der Reformatoren ist dagegen die Versöhnung als Grund des Heils von der Verwirklichung der Versöhnung im Menschen (= Soteriologie)

---

20 Prenter, a.a.O., 29.

21 Prenter, a.a.O., 31, mit Verweis auf KD IV, 1, 171.

22 Prenter, a.a.O., 32.

23 Prenter, a.a.O., 33.

getrennt. Dies wird beispielhaft in 2Kor 5,19f. deutlich: In V.19 wird die objektive und am Kreuz vollzogene Versöhnung der Welt konstatiert, und in V.20 bittet Paulus seine Leser, die von Gott geschenkte Versöhnung nun auch selbst an sich geschehen zu lassen[24].

2.1.3.4. Geschichtliche Offenbarung und ewige Wirklichkeit

Der Punkt der Ewigkeit in der Zeit ist die Auferweckung Christi, die den Kreuzestod als Voraussetzung hat: Im Tod Christi wird der Mensch (= die Menschheit) erledigt. "Erst in der Auferstehung als dem rein göttlichen Handeln ... tritt die Bedeutung des Todes Jesu an den Tag. Es ist die Offenbarung von Gottes ewiger Erwählung des Sohnes."[25]

Die Offenbarungsgeschichte bildet dabei das "Erkenntnismedium" der ewigen Urgeschichte Gottes, die sich innerhalb der immanenten Trinität als Selbstliebe Gottes ereignet: "Die Inkarnation soll uns ermöglichen, hier in der Zeit zu erkennen, was wir ewig sind. Wir sollen jedoch hier in der Zeit nur insofern errettet werden, als wir erkennen, was wir ewig sind."[26] Die "Bewegung des Heils" reicht von Gottes ewigem Erwählen seiner selbst und des Menschen im Sohn hinunter zur Erde; sie gewinnt ihren Haftpunkt in den 40 Tagen als der "eigentliche[n] Offenbarungszeit", in der der ewige Sinn des Todes Jesu manifest wird, und weist zurück auf den ewigen Grund der Erkenntnis in der immanenten Trinität. Barths Denkbewegung verläuft "von der ewigen Wirklichkeit zu deren zeitlichen Wahrheit und von dort aus zurück zu der ewigen Wirklichkeit dieser Wahrheit in Gott selbst."[27]

Die Pole "Ewigkeit" und "Zeit" sind dialektisch aufeinander bezogen und dürfen nicht einseitig betrachtet werden. "Die Geschichte ist als solche niemals Offenbarung, sondern nur 'Zeugnis', nur Erkenntnismedium der ewigen göttlichen Wirklichkeit"[28] Die göttliche Wirklichkeit ist nicht zeitlos und abstrakt, "sondern die Wirklichkeit und die Wahrheit in der Offenbarungsgeschichte."[29] Damit wird alle Geschichte im tiefsten relativiert und lediglich zum Spiegelbild des Ei-

24 Gleiches läßt sich auch an Röm 5,10f. zeigen.
25 Prenter, a.a.O., 102.
26 Prenter, a.a.O., 104.
27 Prenter, ebd.
28 Prenter, a.a.O., 105.
29 Ebd.

gentlichen, d.h. der Ewigkeit: "Durch das Analogiedenken wird die Brücke geschlagen von dem universalistischen Christomonismus zur geschichtlichen Relativität."[30]

2.1.4. Fazit

Prenter kommt abschließend zu der Einschätzung: Letztlich trennt Barth von Luther (und der traditionellen Christologie und Versöhnungslehre) der Unterschied zwischen dem "*Est*" („Es ist“) und "*Significat*" („Es bedeutet“)[31]:

Für Barth ist im ewigen Beschluß Gottes der Gottes- und der Menschensohn eins. In der Offenbarungsgeschichte aber stellt das Göttliche das Subjekt der Erwählung und Versöhnung dar, während das Menschliche das Objekt bildet. Christi Menschenwort ist nur indirekt Wort Gottes; das Abendmahl ist lediglich indirekt Zeichen des göttlichen Lebens.

Für Luther ist dagegen gerade in Jesus Christus die Einheit von Gott und Mensch für den Glauben greifbar, in der "menschlichen Nahrung" ist nicht weniger als Gottes Leben.[32]

Daraus erwachsen grundlegende Differenzen im Gottes- und Menschenbild. Wir beschränken uns auf die Unterschiede im Verständnis des Heils:

---

30 Ebd.

31 Mit den beiden lateinischen Prädikaten "Est" ("Es ist" bzw. im Kontext der Abendmahlsworte "Das ist") und "Significat" ("Es bedeutet" bzw. "Das bedeutet") läßt sich der Dissenz zwischen der lutherischen und schweizerisch-reformierten Abendmahlstheologie auf den Nenner bringen, wie er sich auf dem Marburger Religionsgespräch (1529) zwischen Luther und Zwingli darstellte. Im Hintergrund steht die Frage, ob sich Christus dem Glaubenden in der Tat "leibhaftig" in Brot und Wein schenkt (so Luther), oder ob die Deuteworte symbolisch zu verstehen sind (so Zwingli).
Der Dissens, der sich zunächst auf die Bedeutung der Einsetzungsworte beim Abendmahl bezog, offenbarte letztlich die tiefgreifenden Unterschiede im Hinblick auf die gesamte Christologie.

32 "Von hier aus, von der Predigt und dem Abendmahl aus, wo also (im Gegensatz zu Barth) die Einheit Gottes und des Menschen kein Problem ist, sieht Luther direkt auf den geschichtlichen Jesus zurück und erblickt in ihm die gleiche Einheit, und sieht dahinter wiederum weit zurück auf das Geheimnis in der ewigen Erwählung Gottes. Während aber die Einheit Gottes und des Menschen im Wort, im Abendmahl und im geschichtlichen Jesus eine direkte ist, ist sie in der Erwählung Gottes nur indirekt. Denn der fleischgewordene Sohn Gottes ist nicht real präexistierend in der Ewigkeit, dies ist nur der Sohn als *Logos asarkos*." (Prenter, a.a.O. 110).

Nach Barth besteht Gottes Gnade darin, "dass er tut, was er nicht zu tun brauchte"; er hätte auch die Freiheit gehabt, in "ewige[r] Selbstgenügsamkeit zu verharren"[33]. Schöpfung und Erlösung sind daher so zu deuten, daß sich hier lediglich das spiegelt, was in der Ewigkeit bereits stattfindet. Das heißt, die ganze Welt existiert schon in Gottes Heil. Gottes Handeln in der Welt ist daher nur Bild, Hinweis, Gleichnis für sein eigentliches Tun über aller Zeit. Jesus Christus weist als der ewige Zeuge auf unsere unumstößliche Erwählung hin, ist jedoch "nicht in Menschengestalt der handelnde Gott selbst"[34]. Barth ist deshalb "unzweideutiger Heilsuniversalist"[35].

Demgegenüber ist nach Luther das *Heilsangebot* universalistisch, die *Heilsaneignung* jedoch partikular. "Die Begründung hierfür liegt darin, dass Gott wirklich in der Zeit handelt, dass der Mensch wirklich hier in der Zeit errettet und verworfen wird."[36] Dem entspricht, daß für Barth die Prädestinationslehre rational dargelegt werden kann, während sie für Luther ein Rätsel ist, das erst im *lumen gloriae* (im Licht der Herrlichkeit) seine Lösung finden wird. Diesseits dieser Schwelle ist allein auf das Kreuz Christi zu verweisen, in dem sich die ewige Liebe Gottes inmitten aller Rätsel offenbart hat.

Nach Luther ist das Heil in Christus "mehr als die Überwindung einer falschen Erkenntnis, eine neue Einsicht in das, was der Mensch immer wirklich gewesen ist, nämlich von Ewigkeit her im Beschluss Gottes"[37]: „Es ist ein realer Übergang vom Tod zum Leben, von der Hölle zum Paradies, der hier in der Zeit vor sich geht, an bestimmten Daten eines bestimmten Jahres, in bestimmten Kirchengebäuden, eingetragen in bestimmten Taufregistern ...“[38].

---

33 Prenter, a.a.O., 111.

34 Prenter, a.a.O., 112.

35 Prenter, a.a.O., 113.

36 Ebd.

37 Prenter, a.a.O., 114.

38 Ebd. "Hier liegt der Hauptunterschied zwischen der Christentumsauffassung Barths einerseits und der Luthers und des Athanasius andererseits. Für Barth besteht das Unerschütterliche und Frohe des Evangeliums darin, dass Alles hier in der Zeit im Grunde nur ein 'Schatten' des ewigen Heils vor und über allen Zeiten ist. Für Athanasius und Luther ist das Unerschütterliche und Frohe im Heil die Tatsache, dass unser durch die Möglichkeit des Verderbens konstant bedrohte [sic] Heilsweg wohl und sicher in den Händen liegt, die sich uns entgegenstrecken, wenn der Leib und das Blut Jesu immer wieder von neuem uns hier in der Zeit dargereicht werden." (Prenter, a.a.O., 115).

2.2. Paul Tillich

Ähnlich wie Karl Barth verlor auch Paul Tillich (1886-1965) als einer der führenden Köpfe des religiösen Sozialismus bereits 1933 seinen Lehrstuhl, was ihn zur Emigration in die USA veranlaßte. Bis zu seinem Ruhestand lehrte er philosophische Theologie am Union Theological Seminary in New York und anschließend an der berühmten Harvard University. Ziel seines Lebenswerkes war es, die Relevanz des christlichen Glaubens für die moderne Welt aufzuzeigen, oder - anders formuliert - das Verhältnis zwischen biblischer Offenbarung und moderner Wirklichkeit. Mit Hilfe seiner Methode der "Korrelation" (das "Aufeinanderbezogen-sein") untersuchte Tillich die Wechselbeziehung zwischen den Fragen des modernen Menschen und den Antworten der Bibel. So ist Gott für Tillich nur ein anderes Wort für "die Tiefe" meines Lebens, oder das, "was mich unbedingt angeht". Mit derartigen Gottesdefinitionen versuchte er, das Wort "Gott" für den säkularen Menschen des 20. Jahrhunderts neu zu erschließen.

2.2.1. Christologie und Soteriologie

Nach Tillich ist Jesus Christus der essentielle, d.h. mit dem "Sein selbst" (= Gott) geeinte Mensch, der dennoch an der Existenz des von Gott und sich selbst entfremdeten Menschen (d.h. an den Bedingungen des Menschen in einer gefallenen Welt) teilhat. Mit diesem Paradox des Gottmenschen, der "wahrer" (essentieller, d.h. Mensch, so wie er sein soll) und "wirklicher" (existentieller, d.h. Mensch, so wie er ist) Mensch zugleich ist, hat Tillich den "sinnlosen" Begriff der Inkarnation (Menschwerdung) ersetzt.

Christi Werk zielt darauf, die Entfremdung (= Sündenfall) im Sinne des Übergangs vom essentiellen zum existentiellen Sein rückgängig zu machen. Durch die Jünger wird das Neue Sein mit dem Sein Jesu als dem Gekreuzigten gleichgesetzt[39]. "Das Neue Sein [bei Paulus: die neue Kreatur des Christen] ist das essentielle Sein unter den Bedingungen der Existenz, das Sein, in dem die Kluft zwischen Essenz und Existenz überwunden ist"[40].

Erlösung geschieht zunächst durch Offenbarung als der "ekstatische[n] [d.h. aus sich herausgehenden] Manifestation des Seinsgrundes [= Gottes] in Ereignissen, Personen und Gegenstän-

---

[39] Vgl. P. Tillich, Systematische Theologie II, Berlin ^{8}1984, 129.

[40] ST II, 130.

den"[41], d.h. nicht allein in Christus, sondern beispielsweise auch in anderen Religionen und Ideologien. Christus ist lediglich das Kriterium für wahre und falsche Offenbarung.

Das Sein Christi geht bei Tillich völlig im Werk Christi auf: "Christologie [die Lehre von der Person Christi] ist eine Funktion der Soteriologie [die Lehre vom Werk Christi]. Das Problem der Soteriologie schafft die christologische Frage und weist in die Richtung, in der die christologische Antwort gegeben werden muß. Denn es ist die Funktion des Christus, das Neue Sein zu bringen und damit die Erlösung vom alten Sein, nämlich von Entfremdung und Selbstzerstörung."[42] So kommt Christus die Aufgabe zu, dem Menschen seine Entfremdung zu enthüllen und ihn damit auf sein eigentliches Sein zu verweisen.

Indem die Person im Werk aufgeht, können nach Tillich Irrwege vermieden werden: Etwa der, "daß das Werk der Wiederversöhnung mit Gott als eine Art priesterlicher Technik verstanden wurde, die von Jesus bis zum Opfer seiner selbst ausgeübt worden war"; oder auch "viele halbmechanistische Mißverständnisse in der Erlösungslehre"[43]. Es versteht sich von selbst, daß aus diesem Grund ein Strafleiden Christi, eine Versöhnung Gottes durch den Kreuzestod abgelehnt werden.

Die durch das Neue Sein erschlossene Erlösung darf nicht exklusiv verstanden werden: Alle Menschen nehmen ansatzweise an der Erlösung durch das Neue Sein teil. Völlig erlöst sind aber auch die Christen nicht; dies steht unter dem Vorbehalt des Symbols der kosmischen Erlösung. Außerdem finden sich überall erlösende Kräfte; das Neue Sein ist lediglich das Erkenntnisprinzip und Kriterium für diese erlösenden Kräfte.

Erlösung als Heilung überwindet den Zwiespalt zwischen Mensch und Gott, Mensch und Welt und Mensch in sich selbst. Christus ist der Mittler, aber nicht in der Art eines "Halbgottes", einer dritten Realität zwischen Gott und Mensch. Dieses Mittlers würde sich Gott dann bedienen, wenn er versöhnt werden müßte. Demgegenüber ist

---

41 ST II, 180.

42 ST II, 163. Die Fragen um Erlösung und Versöhnung im engeren Sinne finden sich auf 17 Seiten am Ende von Band II der "Systematischen Theologie" unter der Überschrift: "Das Neue Sein in Jesus als dem Christus als die Macht der Erlösung".

43 ST II, 178.

Gott in Ewigkeit versöhnt und will, daß der Mensch mit ihm versöhnt werde. Er bleibt der Handelnde, auch durch den Mittler.

2.2.2. "Versöhnungstheorien"

Die Versöhnung umfaßt nach Tillich göttliches Handeln (objektive Seite) und menschliche Antwort (subjektive Seite): Göttliches Handeln überwindet die Entfremdung, menschliche Schuld wird beseitigt. Der Mensch muß umgekehrt dieses Angebot der Versöhnung annehmen, nur dann ist es wirksam.

Eine radikal objektive Versöhnungstheorie stellt das Christus-Victor-Modell dar. Weil es - etwa in der Fassung bei Origenes - jedoch jede menschliche Erfahrung ausschließt, wird es für Tillich zum "kosmischen Drama" bzw. "Komödie" zwischen Gott, dem betrogenen Satan und Christus.

Anselms Leistung charakterisiert Tillich folgendermaßen: Die im Bild des gekreuzigten Christus manifeste Liebe weckt im Menschen antwortende Liebe. Aber: "Die verletzte Gerechtigkeit kann nicht durch die bloße Botschaft von der göttlichen Liebe wiederhergestellt werden."[44] Dies wird von der Tiefenpsychologie bestätigt: Der Patient muß vor der Heilung "durch die Qual der existentiellen Einsicht in sein Sein hindurch[...]gehen"[45]. Weil Anselm diese psychologische Situation berücksichtigt hat, kam seine Lehre zu durchschlagendem Erfolg. Der Gläubige ist sich bewußt, daß er selbst unendliche Strafe verdient hätte und daß er durch Christi stellvertretendes Leiden von Schuld und Strafe befreit wird. Indem die Psychoanalyse die Bedeutung des Schuldgefühls entdeckt hat, läßt sich Anselms Wirkung nachvollziehen: "Ein System von Symbolen, das dem einzelnen den Mut gibt, sich selbst anzunehmen, obwohl es ihm bewußt ist, daß er unannehmbar ist, hat alle Chancen, selbst angenommen zu werden."[46] Was bei Anselm völlig fehlt, ist die subjektive Seite, d.h. der Einbezug des Menschen in das Versöhnungsgeschehen. Diese wird dann angemessen berücksichtigt, wenn "Stellvertretung" durch "Partizipation" (Anteilnahme) ersetzt wird und damit objektive und subjektive Seite der Versöhnung ausgeglichen werden.

---

[44] ST II, 185.

[45] Ebd.

[46] ST II, 186.

2.2.3. Prinzipien für eine künftige Lehre von der Versöhnung

2.2.3.1. "Versöhnung ist ein Werk Gottes und Gottes allein."[47] Gott ist dabei nicht von Christus abhängig; dieser gibt lediglich das versöhnende Handeln Gottes an den Menschen weiter. Es kann also nicht von einem Sühnetod Christi am Kreuz gesprochen werden.

2.2.3.2. "Es besteht kein Widerspruch zwischen Gottes versöhnender Liebe und Gottes vergeltender Gerechtigkeit."[48] Gott muß den "selbstzerstörerischen Folgen existentieller Entfremdung ihren Lauf"[49] lassen, will er nicht aufhören, Gott zu sein. Aus Liebe wehrt Gott den Mächten, die sich gegen die Liebe stellen. Deshalb widerspricht die Gerechtigkeit der göttlichen Liebe nicht.

2.2.3.3. "Die göttliche Vergebung der Schuld und das Erlassen der Bestrafung bedeuten nicht, daß Gott die Realität und Tiefe der Entfremdung übersieht"[50] - wie etwa im Liberalismus. Gottes Vergebung kann nicht von der zwischenmenschlichen Vergebung her erklärt werden. Weil durch die „Losreißung von Gott“ die Weltordnung verletzt wurde, liegt Gottes Vergebung auf einer anderen Ebene.

2.2.3.4. "Gottes versöhnendes Handeln muß verstanden werden als seine Teilnahme an der existentiellen Entfremdung und ihren selbstzerstörerischen Folgen."[51] Gott kann diese Folgen nicht aufheben, aber doch auf sich nehmen. Damit gibt er dem Leiden einen anderen Sinn.

2.2.3.5. "Im Kreuz des Christus wird die göttliche Teilnahme an der existentiellen Entfremdung manifest."[52] Diese Teilnahme ist nicht die einzige am Leiden in der Welt, aber ihr Kriterium für alle anderen Manifestationen dieser Teilnahme. Allerdings: "Das Kreuz ist nicht die Ursache, sondern die wirksame Manifestation davon, daß Gott die

47 ST II, 187.
48 Ebd.
49 Ebd.
50 Ebd.
51 ST II, 188.
52 Ebd.

Folgen der menschliche Schuld auf sich nimmt."[53] Das heißt: Gott nimmt auf vielerlei Weise am Leiden der Welt teil, in spezieller Weise jedoch am Kreuz. Hier wird wirksam erkennbar: Gott schafft in der Weise Versöhnung, daß er am Leiden als Konsequenz menschlicher Schuld teilnimmt.

2.2.3.6. "Durch die Teilnahme am Neuen Sein, das das Sein Jesu als des Christus ist, hat der Mensch teil am versöhnenden Handeln Gottes."[54] Er partizipiert am Leiden Gottes bzw. Christi; dieses Leiden ist aber "kein Ersatz für das Leiden des Geschöpfes"[55]. Daher ist der Begriff "stellvertretend" sehr irreführend und somit zu vermeiden. Denn jeder Mensch ist in dieses Geschehen einbezogen, indem er selbst am Leiden teilnimmt. Zugleich wird der Mensch einbezogen in einen Prozeß der Verwandlung von der Selbstzerstörung hin zu ihrer Überwindung.

2.2.4. Fazit

Die wesentliche Frage an die Konzeption von Tillich lautet: Kann Jesus Christus uns erlösen, wenn er lediglich ein mit Gott besonders geeinter Mensch, nicht aber Gott selbst ist?[56] Tillich bemüht sich zwar, die traditionellen Ausdrucksformen für das Versöhnungsgeschehen aufzunehmen und neu zu deuten, letztlich aber bleibt der Mensch mit sich und seiner Schuld allein: Der Mensch wird in das Leiden Gottes einbezogen; er soll durch sein eigenes Leiden an der Überwindung der Entfremdung teilnehmen. Christus weist den Menschen auf die göttliche Liebe hin, ohne daß er selbst am Versöhnungswerk Anteil hat. Rechtfertigung soll verstanden werden als Selbstannahme, obwohl wir erkennen, daß wir unannehmbar sind. Da die Rechtfertigung abgekoppelt wird von unserem Offenbarwerden vor Gott im Jüngsten Gericht, bezieht sie sich auf eine rein innermenschliche Ebene. Diese ausschließlich anthropologische Dimension wird dann z.B. auf die Seelsorge übertragen: Versöhnung heißt: ich kann mich als Unannehmbarer von Gott angenommen wissen. Das Augenmerk richtet sich dadurch zwangsläufig auf das, was sich im

53 ST II, 189.
54 Ebd.
55 Ebd.
56 H.G. Pöhlmann, Art. „Tillich, Paul“, ELThG 3, 2008.

Menschen verändert: auf den Prozeß der tatsächlichen Umwandlung von der Entfremdung ins Neue Sein.

2.3. Wolfhart Pannenberg

Pannenberg wurde 1928 in Stettin geboren. Er studierte u.a. bei K. Barth. 1958 wurde Pannenberg Professor für Systematische Theologie in Wuppertal, 1961 wurde er nach Mainz und 1968 nach München berufen, wo er bis zur Emeritierung lehrte. Bekannt wurde Pannenberg zunächst durch den Aufsatzband "Offenbarung als Geschichte", den er mit anderen Theologen ("Heidelberger Kreis") 1961 veröffentlichte. Darin wird hervorgehoben, daß sich Gott in den geschichtlichen Ereignissen insgesamt und umfassend offenbare, gipfelnd in der Auferstehung Christi als dem endgültigen Selbsterweis Gottes. Damit verbunden ist Pannenbergs Distanz zu einer Theologie des Wortes Gottes, die sich auf die Autorität der Wortoffenbarung beruft.

2.3.1. Der Ansatz der Versöhnungslehre

In Teil II seiner "Systematischen Theologie"[57] beschäftigt sich W. Pannenberg ausführlich mit dem Thema „Die Versöhnung der Welt durch Jesus Christus“.

Den Ausgangspunkt dafür bildet die Differenzierung zwischen Heil bei Jesus, bei Paulus und nach Paulus. Danach ist der Inbegriff des Heils bei Jesus die Teilhabe an der kommenden Gottesherrschaft, die bereits in der Mahlgemeinschaft Jesu konkret wird. Nach Ostern ergibt sich insofern eine Veränderung, als die Überwindung des Todes zum Inhalt des Heils hinzutritt: "Das Leben aus der Auferstehung der Toten ist das Leben in der Gemeinschaft mit Gott durch seinen Geist"[58]. Obwohl das Heil schon gegenwärtig anbricht, ist es gegen alle innerweltlichen Realisierungsversuche streng eschatologisch zu fassen.

Vor dem Hintergrund jüdischer Zukunftserwartungen deutet Paulus das Heil als Rettung aus dem Endgericht[59]. Der gegenwärtige Zustand wird demgegenüber als Rechtfertigung oder Frieden mit Gott be-

57 Göttingen 1991, 441-511.

58 Pannenberg, a.a.O., 442.

59 "Das Heil ist gebunden an den Freispruch im künftigen Gericht, und der ist vermittelt durch das in der Vergangenheit Ereignis gewordene Heilsgeschehen des Todes und der Auferstehung Jesu Christi." (Pannenberg, a.a.O., 444).

zeichnet. Somit hält Pannenberg bei Paulus folgende Stufen auseinander: Die (vergangene) Versöhnung mit Gott, die durch den Tod des Sohnes erfolgte, die (gegenwärtige) Rechtfertigung im Glauben und die (zukünftige) Rettung aus dem Gericht, als Teilhabe am göttlichen Leben, als Heil.[60]
In nachpaulinischer Zeit (für Pannenberg stehen dafür der Epheserbrief und die Pastoralbriefe) habe sich die „Vorstellung [sic!] von der Teilhabe am eschatologischen Heil auf die Gegenwart hin“ verschoben[61], allerdings bleibe sie bezogen auf die Vollendung; als solche stehe sie Jesus näher als Paulus. Das neue Leben im Geist (Tit 3,4ff) tritt in den Mittelpunkt.

2.3.2. Der "Begriff der Versöhnung" in der theologischen Tradition.

Pannenberg sieht die kirchliche Tradition - angefangen von Irenäus, Tertullian und Augustin - im Gegensatz zum paulinischen Verständnis von Versöhnung: Während bei Paulus Gott das Subjekt der Versöhnung ist (2Kor 5,18f.), entstand die "Vorstellung, daß Gott durch den Gehorsam des Sohnes bzw. durch das Opfer seines Lebens am Kreuz mit der Menschheit versöhnt werden mußte, nachdem er zuvor durch die Sünde Adams beleidigt worden war."[62]
Erst dank der Aufklärungstheologie sei die ursprüngliche Meinung von Paulus wieder deutlich geworden: "Nicht Gott muß versöhnt werden, sondern die Welt ist durch Gott in Christus versöhnt worden ..." Diese Theologie kann es sich geradezu als "Verdienst" zuschreiben, "daß sie nach der kritischen Zerstörung der Satisfaktionslehre der Richtung der paulinischen Versöhnungsaussagen auf die Welt, auf die zu versöhnenden Menschen hin wieder Geltung verschafft hat." Versöhnung ist jetzt wieder "als Auswirkung der sich gegen alle Widerstände der Gottesfeindschaft der Menschen durchsetzenden Liebe Gottes gedacht"[63]. Allerdings kritisiert Pannenberg, daß die Bedeutung des Todes Jesu für die Versöhnung dabei nicht angemessen gewürdigt wurde (z.B. bei Abaelard wie auch bei Schleiermacher und vor allem bei Ritschl).

---

[60] Vgl. ebd.
[61] Pannenberg, a.a.O., 445.
[62] Pannenberg, a.a.O., 447.
[63] Pannenberg, a.a.O., 451f.

Er stimmt Martin Kähler in der Formulierung der „eigentlichen Frage“ zu: „Hat Christus bloß irrige Ansichten über eine unwandelbare Sachlage berichtigt, oder ist er der Begründer einer veränderten Sachlage?"[64]
Daraus ergibt sich: „Sühne [sc. durch den Tod Jesu Christi] hebt das Vergehen mit seiner Schuldverhaftung und deren Folgen auf.“[65] Sühne tritt somit an die Stelle von Strafe (hier fallen die Tatfolgen auf den Täter zurück) oder Bußleistung: Die bösen Folgen einer Tat werden aus der Welt geschafft.[66] Pannenberg unterscheidet deutlich zwischen der göttlichen Tat der Versöhnung im Tod Christi und der im Glaubenden stattfindenden Aussöhnung mit Gott. In Abgrenzung von Barth, der streng zwischen der abgeschlossenen, da letztlich ungeschichtlichen (weil vor der Zeit vorherbestimmend stattgefundenen) Versöhnung am Kreuz, und der unabgeschlossenen Botschaft der Versöhnung trennt, übernimmt er von Kähler die biblische Unterscheidung zwischen Versöhnung am Kreuz und Zueignung der Versöhnung durch die Verkündigung. Christus übt eine "bürgende Vertretung"[67] aus, die auf künftige Rezeption durch die Glaubenden im Sinne des Gehorsams angelegt ist. "Wie auf das Versöhnungsangebot der einen Seite die andere eingehen muß, damit Versöhnung zustande kommt, so bedarf auch die im stellvertretenden Tode Christi begründete Sühne der individuellen Aneignung durch Bekenntnis, Taufe und Glaube jedes einzelnen."[68] Das heißt, Christi Heilwerk soll im Glauben empfangen werden.
Entgegen der Anselmschen Stellvertretung im exklusiven Sinne (der Vertretene muß selbst nichts mehr tun) vertritt Pannenberg eine Verbindung von exklusiver und inklusiver Stellvertretung: Jesus stirbt als Unschuldiger anstelle der Sünder (exklusives Moment); gleichzeitig repräsentiert er (nicht nur am Kreuz, sondern in seinem gesamten Leben) die Menschheit: mit dem Tod Jesu verbunden (durch die Taufe)

---

64 Kähler, Zur Lehre von der Versöhnung , Gütersloh ²1937, 337; vgl. Pannenberg, a.a.O., 455.

65 Pannenberg, a.a.O., 456.

66 Vgl. Pannenberg, a.a.O. 456. Er zweifelt Geses Deutung als "Existenzstellvertretung", die zwischen "personaler und sachlicher Abgeltung einer Schuld" unterscheidet, als "fraglich" an. (Ebd.).

67 Kähler, Die Wissenschaft der christlichen Lehre etc., Leipzig ³1905 (Nachdr. Waltrop 1994) § 428 (S. 369); vgl. Pannenberg, a.a.O., 460.

68 Pannenberg, a.a.O., 474.

kann nun "jeder Mensch sein eigenes Leben leben und seiner besonderen Berufung folgen"[69] (inklusives Moment).

2.3.3. Evangelium - unabhängig vom Gesetz.

Pannenberg beschließt das Kapitel über die Versöhnung und damit auch seinen zweiten Band mit einer Darlegung "des Evangeliums". Der "ursprüngliche Inhalt des Evangeliums" ist "der Anbruch der Gottesherrschaft"[70]. Nach Ostern wird Jesus selbst zum Inhalt des Evangeliums; in ihm offenbart sich die Gerechtigkeit als Bundestreue des Schöpfers. Dies findet sein Zentrum im Versöhnungstod Christi. Dabei ist die Verkündigung des Evangeliums nicht nur Bekanntmachung der vergangenen Heilstat, sondern selbst Heilsgeschehen[71]. Dieses hängt "mit der Gegenwart der Zukunft Gottes im Auftreten Jesu und mit der Mitteilung dieser eschatologischen Heilsgegenwart durch den Geist zusammen"[72]. Daher ist das Evangelium unabhängig von der Geltung des Gesetzes; es darf nicht als "Korrelat" zum Gesetz verstanden werden, da es sonst eingeengt wird auf den Zuspruch der Sündenvergebung. Dieses Gegenüber lehnt Pannenberg nachdrücklich ab. Das eigentliche "Heilsgut" ist die Teilhabe an der Gottesherrschaft; aus ihr "folgt" Sündenvergebung und Liebesgebot. "Aber das Heil des Gottesreiches, wie es in den Mahlfeiern Jesu seine Darstellung fand, auf die Sündenvergebung einzuschränken, ist der Botschaft Jesu nicht angemessen und nur aus der Perspektive mittelalterlicher Bußfrömmigkeit verständlich."[73] Das Evangelium ist sowohl der Kirche als auch der Schrift vorgeordnet. Daraus erwächst die „Freiheit des Glaubens und seine [...] Unmittelbarkeit zu Gott gegenüber aller menschlichen Autorität, auch gegenüber der Kirche und ihren Amtsträgern". Da auch die Schriftaussagen vom Evangelium her zu beurteilen sind, wird "keineswegs die Freiheit des eigenen Urteils über den Inhalt des Schriftzeugnisses und über dessen Wahrheit ein[geschränkt] ... Denn nur in der freien Erkenntnis und Anerkennt-

---

69 Pannenberg, a.a.O., 482.

70 Pannenberg, a.a.O., 503.

71 Pannenberg stimmt E. Schlink zu, der sich gegen die "Verschiebung von einem effektiven zu einem noetischen Verständnis des Evangeliums und der Sakramente" bei Barth wendet (Ökumenische Dogmatik, Göttingen ^{2}1985, 426).

72 Pannenberg, a.a.O., 506.

73 Pannenberg, a.a.O., 508.

nis der Wahrheit Gottes in der Geschichte Jesu kann die darin begründete Versöhnung Gottes mit der Welt zum Ziele kommen."[74] Damit wird jedoch das Urteil des einzelnen Menschen zum Maßstab der Schriftauslegung erhoben; an der eigenständigen Annahme der Versöhnungsbotschaft durch den jeweiligen Menschen muß sich letztlich die Wahrheit des Evangeliums erweisen.

2.3.4. Fazit

Pannenberg bemüht sich einerseits um eine Wiedergewinnung der biblischen Versöhnungslehre. Andererseits lehnt er zugleich eine von der Alten Kirche bis zur altprotestantischen Orthodoxie reichende Deutungslinie ab: die der Satisfaktion. Der Zorn Gottes über die Sünde und die Versöhnung Gottes durch das Opfer des Sohnes haben nach Pannenberg keinen Anhalt in der Schrift. Zentralstelle ist auch für ihn 2.Kor 5,18f. Pannenberg versteht Sühne als Geschehen von Gott her, durch das die menschliche Schuld und deren unheilvolle Folgen aufgehoben werden. Die Verkündigung des Evangeliums ruft zur Aneignung dieses Geschehens durch den einzelnen Menschen im Glauben.

Pannenberg lehnt die Konzentration des Heils auf den Zuspruch der Sündenvergebung, wie ihn die Reformation ins Zentrum gerückt hatte, ab. Das Heil zielt - angefangen bei Jesus - auf die Teilhabe an der Gottesherrschaft, in die die Sündenvergebung bereits eingeschlossen ist. Hatte Luther als Thema der Theologie "den sündigen und verlorenen Menschen und den diesen Menschen rechtfertigenden und rettenden Gott" bezeichnet, so tritt hier an dessen Stelle die "freie Anerkenntnis" der göttlichen Wahrheit durch den Menschen als Ziel der Versöhnung.

3. Die aktuelle Diskussion um die Versöhnung

Die Diskussion um den Tod Jesu Christi am Kreuz zur Versöhnung der Welt füllt gegenwärtig die Leserbriefspalten.[75] Dies ist an sich

---

[74] Pannenberg, a.a.O., 511.

[75] Ein Vortrag von Frau E. Moltmann-Wendel über das Abendmahl ("Abendmahl - Hingabe an das Leben" in: Amt für Information der Evangelischen Landeskirche in Württemberg, Abendmahl in der Diskussion, 1996, 3-9) hat z.B. im Evang. Gemeindeblatt für Württemberg einen höchst zwiespältigen Widerhall gefunden (Nr. 14 vom 7.4.1996, 10). Ähnlich widersprüchlich waren die Reaktionen auf einen

schon bemerkenswert, wenn man bedenkt, daß dieses Geschehen, immer wieder als "erledigt" betrachtet wurde. Indirekt wird dadurch erkennbar, daß an dieser Stelle für viele Christen das Zentrum des Heils und des Glaubens berührt wird.

Dabei findet das statt, was in der Geschichte der christlichen Kirche stets stattgefunden hat: die überkommene (biblische und reformatorische) Deutung des Kreuzesgeschehens wird vehement abgelehnt. An ihre Stelle tritt eine Neudeutung, die tatsächlich eine radikale Umdeutung darstellt.

Auffällig ist, daß solche Umdeutungen in der Regel mit den persönlichen "Schwierigkeiten" des jeweiligen Autors einsetzen: Der Sühnetod - so wird behauptet - zeichne ein anderes Bild von Gott, als Jesus es uns vom himmlischen Vater gemalt hat: "Jesus hat Gott als den unendlich liebenden und unendlich gütigen Vater verkündet ... Jesus hat die Vergebung und Liebe Gottes grundlos und bedingungslos ohne jeden Vorgriff und ohne jeden Verweis auf seinen Tod als Sühnetod ... zugesprochen und in seinen Mahlgemeinschaften und Heilungen zugeeignet."[76]

Wer demgegenüber davon spricht, daß Jesus zur Versöhnung der Welt gestorben sei, der mache aus Gott eine gespaltene Gestalt: "Der liebende Gott, für den Jesus sich verbürgt hat, muß ein Opfer grausamster Gewalt fordern, damit seine Liebe zu uns Sündern wirksam werden kann."[77] Gott soll also unendlich liebend und zugleich unendlich grausam und gewalttätig sein - das ist nicht möglich.

Um so urteilen zu können, bedarf es grundlegender Veränderungen. Die wichtigste betrifft den Umgang mit der Bibel. Aus Teilen der ersten drei Evangelien wird ein Jesusbild konstruiert, das uns Jesus als den Lehrer des Gottesreiches, den Bruder der Menschen, den Prediger der Liebe zeichnen soll. Bewußt ausgeschieden ist Jesu Wort, daß der Menschensohn zum Dienen gekommen ist, "damit er sein Leben hingebe zum Lösegeld für Viele", oder der Hinweis des Täufers auf das "Lamm Gottes, das die Sünden der Welt wegträgt." Grundsätzlich kritisiert wird das, was Paulus von Versöhnung zu sagen weiß. Au-

---

Aufsatz von J. Vollmer, "Zur Deutung des Todes Jesu", im Deutschen Pfarrerblatt (DtPfrBl 97 (1997), 119-122 und die Ausführungen von R. Scheffbuch, J.-D. Reuß, C. Petersen u.a. in DtPfrBl 97 [1997], 283-294).

76 Vollmer, a.a.O., 120.

77 Vollmer, ebd.

ßerdem fällt damit auch das Zentrum des reformatorischen Zeugnisses von Jesus Christus hin: "Christus kennen heißt, das Kreuz Christi kennen" (Luther).

Indem Christus als Opferlamm abgelehnt wird, beschränkt sich seine Funktion auf die des Vorbildes. Sünde wird entsprechend als innerweltliche Größe verstanden (ungerechte soziale Verhältnisse, Unterdrückung von Schwarzen, von Indianern, von Frauen). Befreiung geschieht dadurch, daß das Vorbild des Lebens, Leidens und Sterbens Christi zum Kampf gegen die jeweils als Sünde erkannten Strukturen dienen soll. Aus seinem Leiden wird Kraft für den eigenen Kampf geschöpft. Heil entsteht dadurch, daß der lateinamerikanische Großgrundbesitzer von seinem Streben nach Macht und Geld befreit wird und er seinen Besitz mit den Ärmsten teilt. Die Unterdrückten gewinnen Anteil am Heil, indem sie gerechten Lohn für ihre Arbeit, menschenwürdige Wohnungen, Ausbildungsmöglichkeiten für ihre Kinder erhalten. Dadurch verwirklicht sich anbruchsweise das Reich Gottes, bis die ganze Welt von Gottes Heil erreicht und somit befreit wird und in Harmonie existieren kann.

Übersehen wird in diesen Konzeptionen, daß die Sünde tiefer angesiedelt ist als lediglich in ungerechten Strukturen, selbst wenn das Leiden unter solchen Verhältnissen himmelschreiend ist. Nur wenn Sünde als Rebellion gegen Gott erkannt wird, von der alle Menschen ungeachtet ihrer Lebensverhältnisse befallen sind, tut sich der Weg zum Heil im eigentlichen Sinne des Wortes auf. Dann aber genügt zur Beseitigung der Sünde keine menschliche Anstrengung, da sie ja selbst von der Sünde infiziert ist. Es bedarf des Gottmenschen Jesus Christus, der ohne Sünde war und um unseretwillen zur Sünde gemacht wurde.

Ohne die Versöhnung durch Christus würden wir Menschen mit unserer Not von Sünde und Schuld allein bleiben. Weil aber der Kreuzestod tatsächlich die Versöhnung für die Sünden der Welt war und bleibt, darum wird die größte Not, die Gottferne, durchbrochen, und wir erhalten Zugang zu "Leben und Seligkeit", die Gott uns dadurch schenkt.

4. Eckpunkte für eine biblisch-reformatorische Verantwortung der Versöhnung

Die im Zuge der Aufklärungstheologie eingeleitete Umdeutung des Versöhnungsgeschehens ist bis zum heutigen Tage wirksam. Dies betrifft insbesondere die Veränderung im Gottesbegriff, in dem Gottes Wesen ausschließlich als Liebe bestimmt wird[78]. Zum zweiten berührt es die anthropologische Fundamentalaussage von der sittlichen Unvertretbarkeit des Menschen. Dadurch wird die Stellvertretung durch Christus zu einem Geschehen, das lediglich die vorweggenommene Darstellung eines Vorgangs ist, in den der Glaubende nun aber selbst einzutreten hat, um ihn für sich persönlich gültig werden zu lassen. Drittens ist die Relativierung der biblischen Geschichte zugunsten einer überzeitlichen religiösen "Idee" zu nennen.

Demgegenüber ist angesichts des biblisch-reformatorischen Befundes festzuhalten:

1. Gott ist Subjekt und Objekt der Versöhnung. Das Besondere des neutestamentlichen Versöhnungsgeschehens besteht darin, daß Gott nicht nur der Sühne Ermöglichende und Eröffnende ist, sondern zugleich auch in Christus der Sühnende ist. Was neuzeitlich als selbstverständlich vorausgesetzt wird - Gott als Subjekt der Sühne - ist das eigentliche Wunder! Somit ist von Genugtuung (*satisfactio*) in dem Sinne zu sprechen, daß Gott in Christus der Genugtuende (*satisfactor*) ist und der dreieinige Gott der, dem Genugtuung getan wird (*satisfactus*).
2. Gott ist der Liebende und der Heilige. Dabei ist sein Zorn nicht die zwangsläufige Kehrseite seiner Liebe, sondern die unabdingbare Reaktion seiner Heiligkeit gegenüber der Sünde. Erneut besteht das Besondere des neutestamentlichen Versöhnungsgeschehens darin, daß Gott nicht nur der Strafende (da der Heilige) ist, sondern im Geschehen des Kreuzes zugleich seine unbegreifliche und unüberbietbare Liebe offenbart. Was neuzeitlich als selbstverständlich vorausgesetzt wird - Gott als die Liebe - ist demgegenüber das eigentliche Wunder! Dem entspricht, daß Gesetz und Evangelium als die beiden Redeweisen dieses einen Gottes bleibend auseinandergehalten werden müssen, daß dann aber auch tatsächlich mit der

---

[78] So pointiert neuerdings auch W. Härle (Dogmatik, Berlin u.a. 1995, 236 passim).

Sündenvergebung nicht weniger als "Leben und Seligkeit", d.h. umfassendes Heil, vermittelt wird.

3. Was dem modernen Menschen unmöglich erscheint - daß er in seinem ethischen Handeln, insbesondere in seiner Schuld, vertreten werden kann -, das tat Gott (vgl. Röm 8,3). Der "fröhliche Wechsel" (Luther) ist nur aus diesem Grund fröhlich. Dabei leidet es keinen Zweifel, daß der solchermaßen Befreite nun seinem Herrn mit guten Werken und im Leiden nachfolgt (inklusiv); dies aber ist erst dadurch möglich, daß seine Schuld weggetragen wurde (exklusiv: Joh 1,29).
4. Entschieden zu wehren ist aller Auflösung der Versöhnungs*wirklichkeit*, die am Kreuz erworben und in Wort und Sakrament von Gott selbst durch seine Boten wirksam ausgeteilt wird, in ein innermenschlich-subjektives Versöhnungs*bewußtsein*, das sich allenfalls noch auf die Entledigung von Schuldgefühlen bezieht. Diese können ebensogut durch die Psychologie entfernt werden, indem z.B. die solche Gefühle bedingenden ethischen Normen für erledigt erklärt werden.
5. Somit zielt das Versöhnungsgeschehen auf das "Wort von der Versöhnung". Dieses erschließt - als Gesetz und Evangelium - Selbsterkenntnis, Sündenerkenntnis und Christuserkenntnis in einem. Es wird ausgerichtet unter der Verheißung, daß sich dabei das Wunder vollzieht: aus einem Feind wird ein Versöhnter. Gleichzeitig bleibt Gottes Versöhnung ein Geheimnis, dessen "Logik" wir zwar andeutungsweise nachvollziehen, dessen Grund wir aber nicht ausloten können.
6. Das „Wort von der Versöhnung“ zielt auf das eschatologische Offenbarwerden des Versöhnungsgeschehens im Jüngsten Gericht. Was hier und heute im Glauben wahr ist, wird dann vor dem gesamten Kosmos als Wahrheit des göttlichen Heils enthüllt. Leben aus der Versöhnung Christi ist immer Leben im Horizont des Jüngsten Tages.

Die Predigt von der Sühne

von Wolfgang Becker

1. Einleitung

Die gegenwärtige theologische Infragestellung der traditionellen Versöhnungslehre hat eine tiefgehende Verunsicherung auch im Blick auf die Verkündigung ausgelöst. Wenn die Predigt jedoch an die Perikopenordnung z.B. für den Karfreitag gebunden bleibt, kann sie dem „Wort vom Kreuz“ (1Kor 1,18) nicht ausweichen.[1]
Nachdem das bisher Erarbeitete die geistesgeschichtlichen Wurzeln dieser theologischen Verunsicherung aufzeigen und biblisch-reformatorische Einsichten festhalten bzw. wiedergewinnen wollte, stellt sich abschließend nun auch wieder die Frage nach einer angemessenen Verkündigung. Dazu sind zunächst die wichtigsten Ergebnisse der vorausgehenden Beiträge zusammenzufassen. Anschließend sollen Widerstände unserer Zeit gegen den biblischen Gehalt aufgezeigt werden, mit denen die Predigt von der „Sühne“ - als einem Kernbegriff des biblischen Versöhnungsgeschehens - zu rechnen hat. Abschließend sind in einem dritten Teil homiletische Grundlagen und Konsequenzen zu bedenken.
Der bisherige Arbeitsgang ging vom Thema „Sühne“ aus, um dann notwendigerweise den weiteren theologiegeschichtlichen Horizont der Versöhnungslehre zu umgreifen. Dieser Beitrag wird sich darum bemühen, wieder zu dem etwas engeren Komplex der Sühne zurückzukehren, um sich in der Fülle der anstehenden Probleme nicht zu verlieren.

---

1 Theo Sorg, Peter Stuhlmacher, Das Wort vom Kreuz. Zur Predigt am Karfreitag, Stuttgart 1996, 7,11. Eine ähnliche Analyse trifft Gerhard Barth (Der Tod Jesu Christi im Verständnis des Neuen Testaments, Neukirchen-Vluyn 1992, 1). Vgl. aber bereits: Adolf Schlatter, Die Rechtfertigungslehre in Predigt und Seelsorge, Evangelisches Kirchenblatt von Württemberg 65 (1904) 337-340. 346-349: 337f.

2. Biblisch-reformatorische Grundlagen der Predigt von der Sühne

1. Das heilvolle Verhältnis Gottes zu seinen menschlichen Geschöpfen ist durch die Sünde des Menschen zerstört.
2. Gottes Zorn über den schuldigen Menschen führt zu dessen zeitlichem und ewigem Tod mit allen Konsequenzen für seine irdische Existenz.
3. Damit ist der Mensch als Ganzer zum verlorenen Sünder geworden und von sich aus nicht in der Lage, den Zorn Gottes abzuwälzen und so dem Gericht Gottes zu entgehen.
4. Gott in seiner Liebe gewährt dem Menschen die Möglichkeit, durch eine Ersatzgabe das gestörte Verhältnis wieder in Ordnung zu bringen.
5. Diese Ersatzgabe besteht in einem Opfer, das stellvertretend für den schuldigen Menschen dessen Sünde trägt, an Stelle des Menschen vom Zorn Gottes getroffen in den Tod geschickt wird und so das Strafgericht vom Menschen abwendet, womit insgesamt Vergebung der Sünden erwirkt ist, so daß der Mensch nun mit Gott versöhnt leben kann.
6. Dieses Sühnopfer bestand durch Gottes Ordnung zur Zeit des Alten Bundes für Israel vorläufig in einem Tier, das im Neuen Bund - in der Erfüllung prophetischer Verheißungen - durch das endgültige, unwiederholbare und für alle Menschen geltendene Opfer Jesu Christi aufgenommen und abgelöst wird.
7. Damit gehört „Sühne" zu den zentralen Begriffen, mit denen die Bibel das Heilsgeschehen beschreibt. Sie bildet den Kern der Rede von Rechtfertigung und Versöhnung.
8. Die heilvolle Wirkung des stellvertretenden Sühneleidens Jesu wird dem Menschen im Wort vom Kreuz und im *verbum visibile* (dt. „im sichtbaren Wort"), in den Sakramenten der Taufe und des Abendmahls, zugeeignet und von diesem im Glauben angeeignet.
9. Damit gewinnt die Predigt, die auch die Zeichenhandlungen der Sakramente begleitet, selbst eine soteriologische (= das Heil betreffende) Funktion. Diese erreicht sie nicht, indem sie die geschehene Sühne in irgendeiner Form zu wiederholen hätte, sondern indem sie in Gesetz und Evangelium den Zorn Gottes über Sünde und Sünder und die Gnade Gottes im Sühnetod des Sohnes

Gottes verkündigt. Indem Menschen unter dieser Verkündigung zum Glauben kommen, werden sie aus dem endzeitlichen Gericht Gottes gerettet.

10. Ziel und Wirkung der Predigt von der Sühne ist also der rettende Glaube des Sünders an Jesus Christus, der in einer Lebenshingabe Gestalt gewinnt.
11. Die Predigt von der Sühne trifft nun auf je zeitbedingte Vorverständnisse, die in unterschiedlicher Weise dazu in der Lage sind, das biblisch bezeugte Heilsgeschehen zu erfassen und für die eigene Zeit auszusagen.
12. Deshalb ist in jeder Zeit die Prüfung der Geister, die Ablehnung falscher und die Aufnahme hilfreicher menschlicher Vorverständnisse (Erwartungshaltun-gen, Lebenseinstellungen, Gottesvorstellungen) bzw. ihre „Taufe" vorzunehmen.
13. Die Entwicklung in der Kirchengeschichte stellt dafür modellhafte Beispiele vor Augen. Dabei wird erkennbar, daß verschiedene Akzente möglich sind, wenn die biblische Grundlinie nicht verlassen wird und es zu keiner verzerrenden Einseitigkeit kommt.
14. Die Predigt, die bei allen wesentlichen biblischen Aussagen auf den Widerspruch bzw. das Unverständnis des sündigen Menschen trifft und insofern immer auf das Wirken des Heiligen Geistes als Hermeneuten (und Glaubensschöpfer) angewiesen ist, wird in doppelter Weise mit diesem Gegenüber umgehen: Zum einen wird sie sich bemühen, an hilfreiche Vorgaben anzuknüpfen bzw. falsche Haltungen aufzudecken und mit allen zur Verfügung stehen Mitteln (argumentativ, beispielhaft, etc.) zu überwinden (vgl. Apg 17). Zum anderen wird sie immer an einem je verschiedenen Punkt zu einer explizit zeugnishaften Rede, die aus der eigenen Betroffenheit des Predigers heraus auf die Gegenwart des gekreuzigten und auferstanden Christus verweist und zum rettenden Glauben an ihn einlädt.

3. Gegenwärtige Widerstände gegen eine Predigt von der Sühne[2]

3.1. Philosophisch reflektierte Widerstände der Moderne

Wie in den Beiträgen von Hille und Hahn vorgestellt, geht es vor allem um folgende Grundlinien:

1. Der sittliche Mensch ist unvertretbar, so daß eine personale Stellvertretung nicht denkbar ist.[3]
2. Der Mensch wird von Gott nicht über das von ihm erreichbare Maß hinaus gefordert, so daß die Radikalität der Sünde mit ihrer Todesfolge im Gericht Gottes als Ungerechtigkeit Gottes erscheinen muß.
3. Gott ist unwandelbar. Er ändert sich nicht, so daß eine Versöhnung Gottes ausgeschlossen ist.
4. Gott ist prinzipiell Liebe, so daß die Vorstellung eines zornigen Gottes, wenn nicht ganz aufgehoben, so doch höchstens als Ausdruck seiner Liebe zu verstehen ist.
5. Damit ersetzen emotionale Kategorien (wie z.B. Liebe) in der Beschreibung des Verhältnisses von Gott und Mensch das bisher juristische Grundgerüst (Strafe, Versöhnung, Wiedergutmachung, Stellvertretung).
6. In ähnlicher Weise tritt dann das Versöhnungsbewußtsein im Rahmen einer ethisch gedeuteten Subjektivität an die Stelle der objektiven Versöhnungswirklichkeit.
7. Den Hintergrund dafür bildet die Ausbildung der Vernunfteinsicht als alleingültigem Maßstab der Erkenntnis.
8. Entsprechend wird Jesus als moralisch vorbildlich lebender Mensch erkannt, so daß sein Sterben bestenfalls noch eine moralische Qualität bekommt, aber keine soteriologische Dimension mehr hat.

---

[2] Die z.T. mit erheblichem emotionalen Gewicht vorgetragenen Widersprüche aus dem Bereich des Feminismus bzw. der „Feministischen Theologie" müssen hier unberücksichtigt bleiben (vgl. hierzu den Beitrag von Eberhard Hahn).

[3] Vgl. Klaus Haacker (Zur Sinngebung des Todes Jesu, ThBeitr 28 (1997) 24-33: 31f), der hier auf die Diskussion um Dorothee Sölle verweist (Stellvertretung. Ein Kapitel nach dem „Tode Gottes", Stuttgart 1965).

3.2. (Religions-)soziologisch erhobene Widerstände der „Post-moderne"[4]

Die wiederholt von Heinzpeter Hempelmann vorgetragenen Kennzeichen der Postmoderne sollen hier im Blick auf ihre Widerständigkeit gegenüber einer Sühnepredigt ausgewertet werden.[5]

1. *Der Tod Gottes und der Triumph der Individualität.* Weil Gott nicht mehr als Gegenüber erkannt wird, sondern sich das Individuum selbst seine Normen setzt, treffen alle objektiven Aussagen auf prinzipiellen Widerspruch. Die christliche Predigt geht aber gerade davon aus, daß der Schöpfer sein Geschöpf verbindlich anredet. Was Gott in Gesetz und Evangelium, in Gericht und Gnade zu sagen hat, kann sich der Mensch nicht selbst sagen.
2. *Pluralismus als Weltanschauung: der Verlust der Wahrheit.* Wer mit einem überindividuellen Wahrheitsanspruch auftritt, gilt als intolerant. Alle sühnetheologischen Grundaussagen aber leben von der Grundeinsicht Gottes in das Leben ALLER Menschen und verkünden einen EXKLUSIVEN Heilsweg.[6]

---

4 Inwieweit ein eigenständiger Begriff der „Postmoderne" gerechtfertigt ist, kann hier nicht diskutiert werden. Vgl. mit weiteren Literaturangaben: Thorsten Dietz, Postmoderne, Konstruktivismus und Pluralismus. Herausforderungen für eine evangelikale Theologie im Pluralismus, in: Ichthys. Theologische Orientierung für Studium und Gemeinde Nr.21, Marburg 1995, 2-15.
Vgl. zum Ganzen: Os Guinness, Mission angesichts der modernen Welt, in: Horst Marquardt, Ulrich Parzany (Hg.), Evangelisation mit Leidenschaft. Bericht und Impulse vom II. Lausanner Kongress für Weltevangelisation in Manila, Neukirchen-Vluyn 1990, 156-167.

5 Christlicher Glaube im Horizont der Postmoderne, in: transparent 2/1996, 6f. (Hieraus wird im Folgenden zitiert). Eine ausführliche Version unter dem Titel: „Wir haben den Horizont weggewischt" (F. Nitzsche). Das Evangelium verkündigen unter den Bedingungen der Postmoderne, in: Das Evangelium in unserer pluralistischen Gesellschaft. Dokumentation einer internationalen theologischen Konsultation in Bad Urach vom 4.-8. Juli 1994, EMW-informationen 107, Hamburg 1995, 19-29.
Vgl. aber zur grundsätzlichen Kritik an den auch hier vorgetragenen soziologischen Einordnungen: Michael Welker, Kirche ohne Kurs. Aus Anlaß der EKD-Studie „Christsein gestalten", Neukirchen-Vluyn 1987, 39f u.ö.

6 Hier ist auch an das allgemeine Harmoniestreben zu erinnern, das jedem Streit um die Wahrheit aus dem Weg gehen will und sich nach einer Überwindung aller Gegensätze unter Verzicht auf Auseinandersetzung sehnt. Dem läuft eine biblisch verantwortete Rede von Gericht, Zorn, Verwerfung, exklusivem Heilsangebot und Entscheidung völlig zuwider.

3. *Religiöser Supermarkt.* Mit dem Verlust des weltanschaulichen Monopols der Kirche sieht sich der Einzelne einer Fülle von religiösen Angeboten gegenüber, die er nach seinem eigenen Empfinden zusammenstellen kann, ja muß. Stabile, eindeutige Glaubensverhältnisse als Antwort auf die Predigt von der Sühnetat Gottes werden also gesellschaftlich mindestens sehr erschwert. Unangenehme Einsichten z.B. in die Radikalität der Sünde oder den Zorn Gottes können unter postmodernen Umständen ohne erkennbaren Gewissensdruck oder intellektuelle Zweifel beseitigt und die Reste einer „Patchwork-Religiosität" zugeführt werden.
4. *Unübersichtlichkeit.* Der Zwang zur Selbstbestimmung führt zur Qual der Wahl und zur „Sorge, sich in seinem Entwurf verfehlt zu haben und nicht auf seine Kosten gekommen zu sein. Der einzelne und seine Sinnstiftungskompetenz sind überfordert."
5. *Fragmentierung der Gesellschaft.* Aus der Überforderung des Individuums mit seiner Orientierungslast kommt es zu kleinen, überschaubaren Gruppen, die a) den Horizont wieder stark verengen, und b) durch ihre Abgrenzung von anderen Gruppen kaum noch auf einem gemeinsamen Hintergrund angesprochen werden können. Der Prediger findet also eine Fülle von Individuen bzw. individualistischen Kleingruppen und Submilieus vor.
6. *Individualisierungsschub und Traditionsabbruch.* Mit dem weiteren Rückgang langfristiger sozialer Bindungen („Haus" => Großfamilie => Kleinfamilie => Singles) geht ein Traditionsabbruch einher, der auch biblische Grundkenntnisse und katechetische Minimalüberlieferungen verschwinden läßt, so daß die traditionellen biblischen Sühnebegriffe und ihre biblischen Hintergründe immer weniger bekannt sind.
7. *Postmoderne Mediengesellschaft.* Information gibt es vor allem als Entertainment, so daß a) auf Hintergründe verzichtet wird und b) eine Infragestellung - der Sache (z.B. des zeitgenössischen Denkens) oder des Zuschauers/Zuhörers (z.B. als Sünder vor Gott) - unwünscht ist. Eine Sühnepredigt kommt aber ohne beides nicht aus.

3.3. Spezielle Widerstände gegen einzelne Inhalte biblischer Sühnelehre

Klaus Haacker nennt folgende Verstehensprobleme und Abwehrreaktionen gegenüber einer Verkündigung des Todes Jesu:[7]

1. Eine Verkündigung, die „einen bestimmten Tod in den Mittelpunkt" rückt, „verstößt gegen die geheime Verabredung unserer Gesellschaft, den Tod zu tabuisieren" und das Sterben aus dem Alltag auszugrenzen. Haacker hält den dahinterstehen Traditionsabbruch für „gravierender als irgendein *gedankliches* Problem der Deutung des Todes Jesu." (25)
2. „Die Verdrängung des Versagens" (29) in einer Gesellschaft, die auf Spitzenleistung und Totalabsicherung ausgerichtet ist, verhindert die Auseinandersetzung mit der eigenen Schuld und antwortet auf eine Botschaft zu diesem Thema mit Verdrängung (30).
3. Weil das „menschliche[] Basiswissen" darüber fehlt, daß aufgrund einer „*Eigengesetzlichkeit*" des menschlichen Lebens „Untaten auf den Täter zurückfallen" (30), „reduziert sich die Bedrohlichkeit der Sünde auf ein von Gott willkürlich anberaumtes Endgericht" (31).
4. Der Mißbrauch des Opfergedankens vor allem im Dritten Reich und der anschließende weitgehende Verzicht auf diese Deutung des Todes Jesu in der durch die „existentiale Interpretation" R. Bultmanns geprägten kirchlichen Verkündigung (31), macht einen unbefangenen Zugang zu diesem biblischen Kernthema schwierig.

Exkurs: Zum Schuldverständnis der Gegenwart

Michael Beintker[8] stellt fest, daß Schuld den modernen Menschen erst dann betrifft, wenn sie ihm selbst zugefügt wird (219).[9] Das hat zur Folge, daß Schuld wesentlich *bei anderen* erkannt und öffentlich angeklagt wird, nachdem der göttliche

[7] Vgl. Anm. 3. Seitenangaben im Text. Kritische Rückfragen an einzelne Überlegungen Haackers unter 4.2.

[8] Schuld und Verstrickung in der Neuzeit, JBTh 9 (1994) 219-234. Seitenangaben folgen im Text.

[9] Beintker verweist hier auf Ebeling, der 1975 feststellte, daß es nach dem Verlust der Beichte auch keine Orte mehr gäbe, wo man Sünde aussprechen könne und von ihr losgesprochen werde (219). Hier wäre zu fragen, ob nicht die aktuellen Fernseh-Talkshows eine vergleichbare Rolle übernommen haben, allerdings nicht in der Rechtfertigung des Sünders, sondern in der Rechtfertigung der Sünde.

Richter verloren gegangen ist (227).[10] Beintker weist außerdem darauf hin, daß die moderne Suche nach Schuld in und durch ungerechte Verhältnisse zu einer „Depersonalisierung des Schuldverständnisses“ geführt hat (225). Die Auseinandersetzung mit dem DDR-Unrecht zeigt, wie schwer es ist, in einer Verflechtung dieser Lebensstrukturen Schuld in persönlicher Verantwortung zu übernehmen. (vgl. 221 und passim).

Mit dem oben bereits erwähnten Traditionsabbruch und dem darin eingeschlossenen Ende christlicher und bürgerlicher Konventionen geht aber eine neue Verrechtlichung unserer Gesellschaft einher[11], bei der Odo Marquard sogar von „Übertribunalisierung“ spricht.[12] Auch darin wird das Thema „Schuld“ in seiner bleibenden Aktualität erkennbar.

4. Lösungsversuche

4.1. Eine Vorbemerkung

Die stärkere Erlebnisorientierung des (post-)modernen Menschen[13] teilt insofern ein biblisch berechtigtes Anliegen, als es im Glauben nicht einfach um einen Akt des Verstandes, sondern des ganzen Lebens geht. Natürlich ist dabei das Verdrängen des Verlustes, des Schmerzes, des Sterbens, der Schuld, der Unsichtbarkeit Gottes (Hebr 11,1) usw. eine unhaltbare Entwicklung, gleichzeitig aber gewinnt das Lebenszeugnis des Christen im Alltag neu an berechtigter Qualität

10 Dabei werden - wiederum - die Medien zum neuen, universalen Gerichtshof.

11 Vgl. das Interview mit dem Bonner Staatsrechtler Josef Isensee, in: Die Welt, vom 30.6.1997, S.7: „Die Kulturrevolution von 1968 ... hat also den Zwang der Konventionen abgestreift und gegen den Zwang des Rechts eingetauscht... In dem Maße nämlich, in dem traditionelle Selbstverständlichkeiten abgebaut werden - Konventionen, Moralvorstellungen, Übereinstimmungen über das, was man tut -, werden Lücken aufgerissen. Das Bedürfnis bleibt, das Miteinander eingermaßen berechenbar zu gestalten und dafür auf stabilisierende Regeln zurückzugreifen. Mit dem Schrumpfen christlicher Moralvorstellungen und dem Absterben bürgerlicher Traditionen ist das Recht an deren Stelle getreten.“

12 Der angeklagte und der entlastete Mensch in der Philosophie des 18. Jahrhunderts, in: Ders., Abschied vom Prinzipiellen. Philosophische Studien, Stuttgart 1991, 39-66: 47.

13 Vgl. die Zusammenfassung bei Gerhard Schulze, Die Erlebnisgesellschaft. Kultursoziologie der Gegenwart, Frankfurt / New York [5]1995, 541ff und passim.

(1Thess 2,8).[14] Dabei besteht aber die Gefahr, daß das Leben der Christen nun ebenso unter den Zwang des Gesetzes zurückfällt, wie es beim (post-)modernen *homo faber* der Fall ist, wenn er seine Lebensgewißheit selbst herstellen muß. Um diesem Mißbrauch des Lebenszeugnisses zu begegnen, kommen wir am biblischen Verkündigungsauftrag nicht vorbei, der das *verbum externum* (das uns von außen treffenden Wort Gottes) ausdrücklich auf den Plan ruft.

Auch wenn hier primär über die Predigt im Sinne der Kanzelverkündigung nachzudenken ist, gelten die Überlegungen - z.T. im abgeleiteten Sinne - ebenso für andere Verkündigungsformen wie z.B. das missionarische Gespräch.[15]

4.2. Zur Analyse der Widerstände

Neben einer exegetischen und dogmatischen Auseinandersetzung mit den Hintergründen der dargestellten Widerstände, die großenteils in den vorangehenden Beiträgen erfolgt ist, ist auch ihre empirische Wahrnehmung zu reflektieren. Dabei sollen hier nicht die grundsätzlichen Theoreme beispielsweise einer soziologischen Weltsicht hinterfragt werden[16], - eine inhaltlich normsetzende Kraft ihrer Ergebnisse wird hier gar nicht vorausgesetzt[17] - sondern die Ausschließlichkeit und Einseitigkeit einiger ihrer Beobachtungen, damit das „Zielfeld" der Predigt möglichst genau bestimmt werden kann.[18]

---

14 1Thess 2,8: „Wir hatten Herzenlust an euch und waren bereit, euch nicht allein am Evangelium Gottes teil zu geben, sondern auch an unserem Leben; denn wir hatten euch lieb gewonnen." Vgl. Hempelmann, a.a.O., 7.

15 Am Rande sei darauf hingewiesen, daß hier im Kontext der Sühnepredigt homiletische Prinzipienfragen diskutiert werden, die auch andere biblische Themen betreffen und darum ausführlicher behandelt werden müßten, als es in diesem Beitrag geleistet werden kann.

16 Vgl. zum praktisch-theologischen Umgang mit dem Verhältnis von „Theologie und Empirie": Michael Herbst, Missionarischer Gemeindeaufbau in der Volkskirche, AzTh 76, Stuttgart [3]1993, 104ff.

17 Vgl. Eberhard Winkler, Praktische Theologie elementar. Ein Lehr- und Arbeitsbuch, Neukirchen-Vluyn 1997, 86. Anders z.B. die Positionen von Rudolf Bultmann, Gerhard Friedrich und Wolfgang Stegemann, die Gisela Kittel vorstellt (Die biblische Rede vom Sühnopfer Christi und ihre unsere Wirklichkeit erschließende Kraft. Eine didaktische Reflexion, JBTh 9 (1994) 285-313: 286).

18 Schlatter fordert eine genaue „Beobachtung des Hörers", weil die Rechtfertigungspredigt in der göttlichen Gnade wurzelt, die „den Hörer sucht und ihn selbst in seinem Lebensstand ergreift", damit sie nicht „eine lieblose Bezeugung der göttlichen

Wenn sich also neben den o.g. Widerständen auch Übereinstimmungen mit Inhalten und Strukturen der Sühne im Leben der gegenwärtigen Menschen finden, sind damit auch „Anknüpfungsmöglichkeiten" für ein verständliches Predigen genannt.[19]

4.2.1. Zur Wahrnehmung von Schuld und rechtlichen Strukturen

Weil im Zentrum der Sühne die Schuld und Sünde des Menschen und seine Befreiung von ihrer Macht und ihren Folgen steht, ist die Wahrnehmung von Schuld durch den Menschen der Gegenwart und der dahinter stehenden Rechtskategorien von besonderem Interesse.[20]

Wie schon der Exkurs zum „Schuldverständnis der Gegenwart" gezeigt hat, gehört es zwar zu den Kennzeichen unserer Zeit, daß Schuld im öffentlichen Bewußtsein kaum persönlich übernommen wird, aber doch die Auseinandersetzung mit Schuld zu den alltäglichen Themen gehört (DDR-Vergangenheit, Moralisierung der Politik, das große öffentliche Interesse an Strafprozessen), die moralische und juristische Kategorien voraussetzt. Bei allem Pessimismus im Blick auf einzelne ethische Grundüberzeugungen und einen schwindenen inhaltlichen Konsens ist das Thema „Schuld" weiter im Bewußtsein verankert.[21]

Wenn Haacker von der „Verdrängung des Versagens" spricht[22], dann erinnert er damit gleichzeitig daran, daß das Versagen - auch das eigene Versagen - weiterhin wahrgenommen wird, allerdings keine Möglichkeit eines sinnvollen Umgangs öffentlich bekannt ist, so daß

Liebe, eine kalte Verkündigung der Glut des göttlichen Erbarmens, eine Anbietung der Heilsgabe, die keinen Jemand braucht, dem sie dargeboten wird", bleibt (337).

19 Hempelmann (7) fordert, daß Christen „sprach- und argumentationsfähig werden". Vgl. Schlatters Bemühen, in: Schlatter, a.a.O., 338. Dies kann natürlich auch im bewußten (!) Widerspruch gegen den „Zeitgeist" geschehen.

20 Pohl (Vom Dolmetschen der Bedeutung des Kreuzestodes Jesu Christi, Christsein heute - Forum 92, Witten o.J., 7) weist darauf hin, daß in der Vielfalt der biblischen Bildbegriffe für das Sühnegeschehen fast immer rechtliche Strukturen im Hintergrund stehen: Familienrecht (Loskauf, Adoption); Völkerrecht (Freikauf eines Volkes); Kriegsrecht (Versöhnung und Friedensschluß), Zivilrecht (Freispruch, Gerechterklärung), Handelsrecht (Nichtanrechnung von Schuld), Sakralrecht (Sühne, etc).

21 Wenn hier von Schuldbewußtsein die Rede ist, geht es nicht um die Reduktion realer Schuld auf eine Bewußtseinskategorie, sondern um die bewußte Wahrnehmung der menschlichen Schuldhaftigkeit. Vgl. Kittel, a.a.O., 313.

22 Haacker, a.a.O., 29.

das Verdrängen als einzige Lebensperspektive erscheint. Die Vergebung durch Sühne im Sinne von Schuldbeseitigung bietet hier einen anderen, auch menschlich erleichternden Weg, mit echter Schuld und ihren Folgen umzugehen.[23]
Adolf Pohl[24] unterscheidet darum zwischen dem philosophischen und denkerischen „Oberstübchen“ des Menschen und seiner „Wohn-Etage“: Oben steht der pure Individualismus, der nur sich selbst Gesetz ist und keine verbindliche Gemeinschaft mehr kennt, die erst die Rechtsgemeinschaft ermöglicht. Unten aber zeigt sich das sensible Rechtsempfinden des Menschen von heute. Wenn das Ziel der Predigt nun nicht einfach die Vernunft, die Intellektualität des Menschen ist, sondern sein Gewissen[25], dann zeigen die genannten Phänomene bleibend offene Fragen, die vom Sühnethema aufgegriffen werden.

Gleichzeitig ist hier aber theologisch noch etwas tiefer zu blicken. Wenn der Mensch von Röm 2,15 her ein Gewissen hat, dann ist das Problem der Schuldverdrängung nicht einfach eine kulturell bedingte Frage der (Post-)Moderne, sondern ein Grundproblem des Menschen (1Mo 3,12f). Schlatter formuliert darum zutreffend: „Wir wollen kein böses Gewissen, darum leugnen wir es. Wir stehen vor der Schuld ratlos; darum weg mit dem Recht. Wir können uns vom Fleischestrieb nicht lösen und haben für unser Leben keinen anderen Inhalt als den Egoismus; darum leugnen wir die Pflicht.“[26]
Der Mensch wird als Mensch erst ernstgenommen, wenn er - im Unterschied zum Tier - in seinem Sein unter dem Gesetz erkannt wird,

---

23 Haacker erinnert an die alltägliche Situation des Verkehrsunfalls, in der menschliche Schuld irreversibel erkennbar ist (30). Kittel fragt nach dem Umgang mit Schuld bei RAF-Mitgliedern, die aussteigen wollen, Wehrmachtssoldaten, die in ihrem Gewissen geplagt werden, jugendlichen Brandstiftern, die ihre Tat nicht wieder gut machen können (307). Vgl. hierzu auch Schlatter, a.a.O., 346.
Es fragt sich, ob z.B. die Diskussionen um die „Vergangenheitsbewältigung“ jeweils ohne ein realistisches Angebot an Versöhnung und Vergebung sinnvoll zu führen sind, denn - so stellt Gisela Kittel fest (312) - wir können uns nicht nur im Zeichen der Selbstanklage unserer Geschichte stellen!

24 Pohl, a.a.O., 10-12.

25 Vgl. zur Gewissenorientierung der Predigt: Wilhelm Busch, Wir lassen die Gewissen in Ruhe, Licht und Leben 67 (1956) 164-166, zuletzt in: Ders., Was bremst denn da? Aufsätze für ein unverkrampftes Christsein, Neukirchen-Vluyn 1996, 28-35.

26 Schlatter, a.a.O., 346.

d.h. in seiner Schuldfähigkeit und Schuldverhaftung.[27] Wenn dies aber von Gott her gilt (!), dann „haben wir im Verkehr mit allen daran festzuhalten, daß das Gewissen erweckbar ist“[28] und also auf Schuld und Sünde in der Radikalität der Trennung von Gott wirkungsvoll anzusprechen ist.[29]

Wo der Hörer in einer schriftgegründeten Predigt mit der Unheilsgeschichte des Menschen und den Heilstaten Gottes konfrontiert wird, da begegnet er der Wirklichkeit seiner Sünde und seines Heils, an dem der Glaube entsteht.[30] Damit ist die Predigt jenseits aller Überlegungen zum Schuld- und Rechtsbewußtsein der Gegenwart begründet, ohne auf die aufgewiesenen „Hilfslinien“ zu verzichten.

Nachdem vor allem die philosophische Diskussion der Moderne stark die Individualität von Schuld betont hat, zeigt sich in der Gegenwart ein Trend, Schuld als Schuldverstrickung zu beschreiben. Angefangen von der Diskussion um die Greuel des Nationalsozialismus bis hin zur Auseinandersetzung um das Unrecht der DDR-Diktatur ist dem Menschen die Realität der überpersönlichen Macht von Unrecht und Schuld und seine eigene Verführbarkeit leichter erkennbar.[31] Auch wenn dies vordergründig dazu benutzt wird, um die eigene Verantwortung wegzuschieben, so kann der Prediger doch damit an die biblische Einsicht in die Unentrinnbarkeit der Sünde anknüpfen (Röm 3,22f).

Entsprechend greift Ulrich Parzany in seinen Predigten den Begriff „Auschwitz“ als Synonym für die Schuld des Dritten Reiches und die Schuldverstrickung der Menschheit immer wieder auf.[32] Ähnlich

---

27 Ebd.

28 Ebd.

29 Vgl. die Frage, die der Jugendpfarrer Wilhelm Busch jungen, antikirchlichen und entwurzelten Bergleuten in einem Wohnheim stellt: „Sind Sie, wie Sie sein sollten?“ (Man muß doch darüber sprechen. Kleine Erzählungen. Zweite Folge, Stuttgart [23]1994, 82f).

30 Vgl. Schlatter, a.a.O., 347. Damit wird dann auch die deutlichste Grenze überwunden, die das Selbstbewußtsein des Menschen der Gegenwart von einer biblischen Sicht des Menschen trennt: die Erkenntnis der Sünde, die hinter allen menschlichen und zwischenmenschlichen Schuldproblemen die Sünde als Trennung von Gott entdeckt!

31 Kittel, a.a.O., 312.

32 Zuletzt in: Leben mit neuem Programm. Sieben Schritte in die richtige Richtung, Moers 1996, 34.

spielt in Theo Sorgs Karfreitagspredigten die Globalisierung von Schuld und ihre Unentrinnbarkeit für die Hörer eine zentrale Rolle.[33]

4.2.2. Zum Traditionsabbruch

In der sicher weitgehend zutreffenden Analyse z.B. von Sorg/Stuhlmacher, daß der Mensch der Gegenwart mit alten rituellen Vorstellungen wie Blutopfer, Sühnemal, Lösegeld, Existenzstellvertretung und Opferterminologie nichts mehr anfangen kann, weil sie in seiner alltäglichen Realität keinen Haftpunkt haben[34], sind doch einige Präzisierungen vorzunehmen.

Wie Michael Nüchtern in einer Gegenwartsanalyse zeigt,[35] sind viele religiöse Fragen und Themen zwar aus ihrer kirchlichen Bindung ausgewandert, aber nicht einfach aus unserer Welt verschwunden, sondern sehr häufig in die Konsumwelt eingegangen. Ihre dortige Wirkung läßt sich erstens nur als Religionsersatz deuten[36], zweitens nur darauf zurückführen, daß ihre Sprache und ihre Gestalt auch als „religiös" - und meistens als biblisch - erkannt wird[37] und drittens, daß die grundlegenden Lebensfragen durch den Wegfall einer christlichen Bindung nicht gleichzeitig verschwunden sind.[38] Für Nüchtern folgt daraus u.a., daß die moderne Form „sakraler Säkularität" „nicht einfach durch rationale Aufklärung" entlarvt und in ihren schöpfungsgemäßen Ort zurückzubringen ist, „sondern durch die 'Gleichnisse vom Himmelreich'".[39] Er fordert eine selbstbewußte kirchliche „Spiritualität", die theologisch verantwortet ist und durchaus dem religiösen Bedürfnis des Menschen entspricht.

Vielleicht läßt sich dieser Zusammenhang auch mit den Teilnehmerzahlen beim Abendmahl belegen, die allem Widerspruch aus Theolo-

---

33 Sorg/Stuhlmacher, a.a.O., 59.91. u.ö.

34 Sorg/Stuhlmacher, a.a.O., 7.

35 Sakrale Säkularität. Die Weihe des Profanen, in: Materialdienst der EZW 60 (1997) 97-106.

36 A.a.O. 103, mit dem Hinweis, das dies nicht unbedingt die Absicht der Produzenten und Händler sein muß.

37 Vgl. die diversen Beispiele, die Nüchtern vorstellt (passim).

38 Nüchtern beruft sich auf Norbert Bolz, der vom „Wertevakuum" spricht (a.a.O., 99 mit Anm.4)

39 A.a.O. 105.

genmund von der Unhaltbarkeit der bisherigen Abendmahlstheologie und -praxis zum Trotz auf ein hohes Niveau gestiegen sind.[40]

Damit ist eine Linie aufgezeigt, die wir oben von Schlatter aufgenommen haben und unten weiter verfolgen wollen: biblische Sachverhalte dürfen auch in ihrer biblischen Sprache zu Wort kommen, nicht nur um ihrer Identität willen, sondern auch um für den modernen Menschen überhaupt erkennbar zu sein!

In diesem Zusammenhang weist Kittel darauf hin, daß es immer wieder auch Überraschungen gibt, in welcher Massivität biblische Begriffe und Themen wieder im allgemeinen Sprachgebrauch auftauchen. Sie erinnert an den Begriff der Schöpfung oder - aus den achtziger Jahren - das Bewußtsein vom nahenden Welt-ende.[41]

4.2.3. Zur Selbstbestimmung des Menschen

In vielen Analysen der Gegenwart wird aufgrund von Umfrageergebnissen betont, daß der (post-)moderne Mensch keine fremde Autorität über sich zulasse, sondern sein Leben selbstbestimme.[42] Abgesehen davon, daß diese Selbsteinschätzung weitgehend illusionär sein dürfte, weil einfach nur andere Autoritäten die alte Stelle eingenommen haben (z.B. aus der Konsum- und Medienwelt), erlebt der Mensch der Gegenwart darin aber keine wirkliche Selbstgewißheit. Die Bedrohtheit der Welt als Ganzer und der eigenen Privatsphäre, die Widersprüche des Fortschritts und die Unlösbarkeit intimer wie globaler Konflikte u.a. machen deutlich: der Mensch scheitert am Versuch, sich grundlegend selbst zu bestimmen.[43]

---

40 Vgl. dazu, nicht unkritisch: Gerhard Blail, Das Abendmahl. Eine Einführung und Orientierung, Stuttgart 1989, 5. Auf dem Hintergrund des unter 4.1. erwähnten Lebenszeugnisses der Christen gewinnt die Frage nach der gelebten Spiritualität angesichts von Sünde und Vergebung noch eine weitere Dimension. Die gepredigte Vergebung der Schuld kann um so leichter den gemeindlichen Umgang mit (offenkundigen) Sündern bestimmen, wo es Orte - wie die Beichte - gibt, an denen Sünde benannt, bekannt und die Vergebung zugesagt wird. In einem Klima von Anbetung, Sieg und Lobpreis wird dieser Zusammenhang leicht vernachlässigt; vgl. Sorg/Stuhlmacher, a.a.O., 8.

41 Kittel, a.a.O., 287f.

42 Vgl. Heiner Barz, Postmoderne Religion. Die junge Generation in den Alten Bundesländern, Jugend und Religion 2, Opladen 1992, 115.

43 Vgl. Kittel, a.a.O., 300f.

Jörg Baur weist zu Recht darauf hin, daß damit aber eine Grundfrage der reformatorischen Rechtfertigungsfrage gestellt ist, denn Luther „scheiterte an dem exemplarischen neuzeitlichen Vorgang der Selbstherstellung des Menschen", nicht an einem überholten mittelalterlichen Problem in der Gotteslehre o.ä.[44]
Auch deshalb sind die oben dargestellten reformatorischen Grundlagen der Soteriologie bleibend aktuell.

4.2.4. Zum Todesverständnis der Gegenwart

Ähnlich wie im Zusammenhang der Schuld- und Versagensverdrängung ist auch hier daran zu erinnern, daß Verdrängung ja gerade nicht bedeutet, daß das Thema sinnvoll gelöst wäre oder sich von selbst erledigt hätte. Vordergründige Widerstände korrellieren darum mit hintergründiger Zustimmung bzw. Offenheit für den Themenbereich.
Wenn Haacker anmerkt, daß gegenläufig zum Tabu-Thema „Sterben und Tod" das Töten aber medienomnipräsent sei[45], dann verdient diese Beobachtung noch eine Ergänzung. In den allermeisten Spielfilmen sind die ethischen Kategorien des Todes nämlich weiterhin traditionell bestimmt: Der Tod des Bösen ist gerecht, der Tod des Guten vom Bösen verursacht, häufig sogar als Helden- bzw. Märtyrertod.
Damit sind aber wesentliche Kategorien für eine Predigt von der Sühne in vielfältiger Weise in der Gegenwart (medien-)präsent.[46]

4.2.5. Die biblische Sicht des Menschen angesichts der Sühnepredigt

Alle Überlegungen zur Situation des Menschen und seinen Verständnismöglichkeiten für eine Predigt der Sühne stehen aber ganz grundsätzlich vor der Schwierigkeit, daß „die Deutung des Todes Jesu als Opfertod für die Welt [...] alles andere als selbstverständlich [ist]"[47] und - selbst für seine Jünger - auch nie war.[48] Zwar läßt er sich aus dem Alten Testament schlüssig erweisen. Aber bereits die Tatsache,

---

[44] Jörg Baur, Ratlos vor dem Erde - Die Reformation: Last und Chance, in: Ders., Einsicht und Glaube. Bd.2. Aufsätze, Göttingen 1994, 9-20: 19.

[45] Haacker, a.a.O., 25, Anm. 1.

[46] Vgl. Michael Welker, der als Ersatz für die nachlassende Traditionslenkung in unserer Gesellschaft gerade nicht die Freiheit des Individuums erkennt, sondern andere „kulturelle Außensteuerungen" wie vor allem die „massenmediale Wirklichkeitserfahrung" (26f).

[47] Pohl, a.a.O., 2.

[48] Haacker, a.a.O., 26f.

daß er nicht als einzige denkmögliche Folge des Handelns Gottes zu beweisen ist, zeigt nicht nur die Kontingenz des göttlichen Heilshandelns, das Wunder seiner Gnade, sondern auch die prinzipielle Unableitbarkeit aus menschlichen Erwartungen und Voreinstellungen. Erst die Wirklichkeit des göttlichen Handelns zeigt auch ihre Möglichkeit auf.[49]

Paulus schreibt in 1Kor 1,18: „Die Predigt vom Kreuz ist eine Torheit denen, die verloren werden", und in V.23: „Wir aber predigen den gekreuzigten Christus, den Juden ein Ärgernis, den Griechen eine Torheit." Dieser Skandal des Kreuzes kann durch keine Technik in der Predigt überwunden werden und ist darum auch vom Prediger nicht selbst zu verantworten.[50] Weil aber die Weisheit Gottes in diesem Geschehen weiser ist als alle menschliche Weisheit (1Kor 1,21), darum erweist sich die Predigt vom Kreuz als Gottes Sühnehandeln als mächtiger als alle menschlichen Widerstände und führt zum rettenden Glauben.[51]

4.3. Eine Lösung durch Wiedergewinn des Tun-Ergehen-Zusammenhangs

Für Klaus Haacker stehen im Hintergrund der biblischen Deutungen des Todes Jesu allgemein menschliche Gesetzmäßigkeiten. Erst wenn sie für den moderen Menschen wiedergewonnen werden, kann er den Tod Jesu angemessen verstehen. Dazu gehören für Haacker vor allem zwei Regeln:

1. Der Tun-Ergehen-Zusammenhang, der bedeutet, daß die Folgen einer bösen Tat auf den Täter zurückfallen (30). Entsprechend ist der Mensch der Macht der Sünde ausgeliefert, die seinen Tod automatisch nach sich zieht. Erst wenn diese Einsicht beim Hörer wieder geweckt wird, kann er begreifen, daß beim Tod Jesu nicht einfach ein blutrünstiger Gott am Werk ist, sondern daß Gott einen so hohen Preis zahlen mußte, um die Sünder dieser Unheilsmacht zu entreißen (31). Haacker

---

[49] Pohl, a.a.O., 2.

[50] Stuhlmacher, a.a.O., 12.

[51] Stuhlmacher (ebd.) erinnert an Luthers Erklärung zum 3. Artikel im KlKat, nach dem Gott durch das Evangelium, d.h. hier die Predigt des Evangeliums vom sühnenden Sterben und Auferstehen Jesu in der Wirkung des Heiligen Geistes zum Glauben beruft (vgl. Albrecht Peters, Kommentar zu Luthers Katechismen. Band 2: Der Glaube - Das Apostolikum, hg. von Gottfried Seebaß, Göttingen 1991, 199).

nennt zwei Beispiele, in denen auch heute noch ein Tun-Ergehen-Zusammenhang im allgemeinen Bewußtsein vorhanden ist: a) im beruflichen Konkurrenzkampf kommt es vor, daß ein Mensch später mit denselben Mittel zurückgesetzt wird, die er selbst anfänglich anderen gegenüber angewandt hatte; und b) wo ein Mann eine Freundschaft pflegt, die für seine Ehefrau bedrohlich ist (gemeint ist wohl „Fremdgehen“), trifft ihn später dieselbe Lage mit umgekehrten Vorzeichen (30).
2. „Die Überzeugung, daß das unverdiente Leiden eines Unschuldigen nicht nur - wie jedes Unrecht - ein Gericht nach sich zieht, sondern auch zur Quelle von Segen werden kann.“ (32) Auch diese Gesetzmäßigkeit steht nach Haacker hinter der Vorstellung, daß Jesus für unser Heil gestorben ist. Allerdings ist sie „nicht in demselben Maße allgemein-menschlich“ (32), wie der oben genannte Tun-Ergehen-Zusammenhang. Trotzdem sieht er in der jüdisch-christlichen Tradition z.B. der „Fürbitte eines sterbenden Märtyrers“ (32) die gleiche Grundüberzeugung wirken.

Sofern es sich bei diesen Beobachtungen um „Analogien“ handelt, die „sich am schon Bekannten und Näherliegenden gebildet haben“ (32) und so das Verständnis erleichtern, erscheint dieser Zugangsweg partiell seine Berechtigung zu haben.
Gerade im Bereich der modernen Theodizeefrage zeigt sich jedoch bereits auf der Ebene religiöser Erwartungen, daß hier stärker vom Prinzip der ausgleichenden Gerechtigkeit her gedacht wird, d.h. daß tatsächlich eine überpersönliche Macht („Gott“) belohnt oder straft. Das aber ist bereits mehr als eine Eigengesetzlichkeit der Schuld, die Haacker als Zwischenstufe zum Verstehen einbauen möchte.
Vollends problematisch wird sein Ansatz dann, wenn bereits die biblischen Deutungen des Todes Jesu von solchen anthropologisch-kosmologischen Gesetzmäßigkeiten abhängig sein sollen (30, 32).[52] Dies hätte für die Gotteslehre[53] und die Soteriologie schwerwiegende Konsequenzen. Haacker selbst bleibt hier unklar, da er an anderer

[52] Diese religionsgeschichtliche Behauptung ist nicht unumstritten, denn mindestens im Alten Testament läßt sich nicht erkennen, daß der Tun-Ergehen-Zusammenhang so dargestellt wird, als würde er innerweltlich ungebrochen funktionieren. (vgl. die Klage über das Glück der Gottlosen in Ps.73)

[53] Wie steht es um die Freiheit Gottes angesichts kosmischer Gesetze?

Stelle nur von der Verständlichkeit des Todes Jesu spricht[54], die ohne diese Gesetze nicht zu erreichen sei, aber nicht davon, daß von ihnen auch die Heilsaneignung abhängig sei (vgl. 32).

4.4. Eine Lösung durch doppelseitige Erschließung von Wirklichkeit

Gisela Kittel geht zunächst davon aus, daß es hermeneutisch keine Möglichkeit gibt (288), auf die biblische Sprachgestalt vom Sühnopfer Christi zu verzichten, ohne auch ihren Inhalt zu verlieren (290).[55] Für sie gibt es „keine andere Alternative als die, die Sprache der Bibel neu zu lernen," sie in unsere Wirklichkeit zurückzuholen (289). Wer sich nur nach dem richtet, was ankommt, produziert neue Sprachlosigkeit und einen weiteren inhaltlichen Abbau (290).

Ihre Lösung gewinnt Kittel nun im Rückgriff auf die hermeneutischen Überlegungen von Ernst Fuchs („hermeneutischer Zirkel"), Wolfgang Klafki („doppelseitige Erschließung") und Ingo Baldermann („dialogischer Charakter") (291). Sie versteht die biblischen Texte als angemessene Reaktion auf konkrete menschliche Erfahrungen, so daß sie

1. biblische Situationsanalyse betreibt, dann
2. nach ähnlichen Situationen heute fragt, bevor sie
3. die biblische Problembearbeitung analysiert und von da aus
4. Hilfestellungen aus dem Text für die Gegenwart erhebt. (292f)[56],

[54] „Ohne eine Wiedergewinnung dieser Denkstruktur läßt sich die Botschaft... nicht in ihrer inneren Stimmigkeit nachvollziehen." (30f)

[55] Darin folgt ihr Stuhlmacher (ausdrücklich a.a.O., 46): „Die Sprache, die für Jesus recht und gut war, um seine Jünger über den Sinn des Kreuzestodes zu belehren, und die Terminologie (... der biblischen Zeugen...) dürfen moderne Interpreten ... nicht für untauglich erklären, wenn sie sich selbst und den Gemeinden klarmachen sollen, was es mit dem Geschehen auf Golgatha auf sich hat." (34) „Der Sachverhalt des Kreuzesgeschehens ist uns nur *in* der Sprachgestalt des neutestamentlichen Zeugnisses zugänglich." (38)
Vgl. dazu Luther: „Denn es gar ferlich ist von Gottis sachen anders reden odder mit andern worten, denn Gott selbs braucht." (WA 15,43,12f)

[56] Vgl. die homiletischen Überlegungen von Ernst Lange (Zur Aufgabe christlicher Rede, in: Ders., Predigen als Beruf, hg. v. R. Schloz, Stuttgart [1]1976; München [2]1982, 52-67: 64) und neuerdings aus der Willow Creek Community Church in Chicago (vgl. dazu Martin Robinson, Kirche für Entkirchlichte. Lernen von Willow Creek, Wuppertal/Wittenberg 1995, 95ff).

so daß es zu einer doppelten Bewegung kommt: die eigene Betroffenheit erschließt sich den Text, der darauf reagiert - und: die fremde Glaubenswelt erschließt auch mich wieder (291).

Sofern hiermit die Heilsvermittlung zu einer bloßen Frage des Verstehens wird, statt zu einer Wirkung des Heiligen Geistes, wäre dieser Lösung deutlich zu widersprechen. Nicht die Analogie der Situationen, die der Hermeneut entdeckt oder gar herstellt, schafft die Verbindung des Sünders zum (in diesem und durch diesen Text) redenden Gott.
Wenn damit ein didaktischer bzw. homiletischer Annäherungsweg beschrieben wird, hat er seine Berechtigung. Dabei ist jedoch zu bedenken, daß sich der Prediger nicht in eine fatale Abhängigkeit von einer erst zu rekonstruierenden Situation hinter dem Text begibt. Gottes Handeln in der Geschichte ist kontingent, unwiederholbar, und nicht immer aus einer menschlichen Bedürfnislage zu rekonstruieren. Es könnte dann zu dem Fehlschluß kommen, daß die biblischen Inhalte der Sühnepredigt, die sich nicht auf eine solche anthropologische Grundfrage beziehen lassen, irrelevant und nicht zu predigen wären.
Die Kontinuität zwischen den biblischen Texten (zur Sühne) und der Gegenwart liegt nicht primär und ausschließlich in der menschlichen Erfahrung, sondern in der Geistes-Gegenwart des in der Geschichte handelnden Gottes.[57] Der Situationsvergleich zwischen Bibeltext und Gegenwart darf darum nicht zu einer Enthistorisierung der (biblischen und gegenwärtigen) Wirklichkeit führen.
Insgesamt macht Kittel Mut, die eigenen Denkkategorien und Verstehensmöglichkeiten nicht als letzte Grenze zu akzeptieren, sondern auf „die erschließende Kraft biblischer Sprache“ zu vertrauen“ (291).
Diese Linie wird im folgenden Lösungsvorschlag intensiv weiterverfolgt:

---

[57] Vgl. den Zusammenhang von 1Joh 1,1-4 mit 1Joh 4,2. Hier wird der Geist Gottes als derjenige beschrieben, der das Bekenntnis zu Jesus Christus wirkt, der ins Fleisch gekommen ist, in sichtbare, anfaßbare Gestalt. Damit wird sowohl die geschichtliche Einmaligkeit und Konkretheit von Gottes Heilshandeln festgehalten, wie auch die Tatsache, daß der Geist Gottes der Urheber des *aktuellen* Zeugnisses von Werk und Person Jesu Christi ist.

4.5. Eine Lösung durch erzählende Identifikation - die Hineinnahme in das biblische Denken und Geschehen

Wer nicht von den Verfahren und Ergebnissen historisch-kritischer Forschung abhängig ist, kann nun in größerer Freiheit dem Vorschlag Rudolf Bohrens folgen, die Predigt von der Sühne durch das Nacherzählen der biblischen Leidensgeschichte zu gestalten.[58] Damit entspricht die Predigt auch formal dem Charakter der Bibel, die selbst von Geschichte berichtet[59] und durch deutendes Erzählen predigt (vgl. Joh 20, 30f oder die Abendmahltexte Lk 22,19; 1Kor 11,24f[60]).

Auf dem Hintergrund des oben mehrfach erwähnten Traditionsverlustes ist es nötig - und mindestens im Kontext der Gemeindepredigt auch möglich -, Zusammenhänge des Kreuzestodes Jesu aufzuzeigen.[61] Dadurch wird das Sühnegeschehen in seiner göttlichen Heilsordnung nachvollziehbar und der Hörer selbst in den Weg der Heilsgeschichte mit hineingenommen. Adolf Pohl denkt dabei an einen dreifachen Zusammenhang des Kreuzestodes Jesu:

1. mit dem ganzen Leben Jesu, z.B. Mt 8,17 (3)
2. mit seiner Auferstehung, z.B. Röm 4,25 (3f)[62]
3. mit der alttestamentlichen Vorgeschichte, z.B. Jes 53 (4)[63].

Eine solche biblisch nacherzählende Predigt hat den Vorteil, daß sie das einmalige Geschehen der göttlichen Heilsgeschichte bis hin zum Kreuz ernster nehmen kann als alle vergleichenden Beispiele.[64] So weist Rolf Scheffbuch darauf hin, daß das beliebte Beispiel von Ma-

---

[58] Predigtlehre, München ^{3}1974, 173-176; vgl. Stuhlmacher, a.a.O., 16; vgl. Pohl, a.a.O., 5f.

[59] Vgl. Bohren, a.a.O., 170.

[60] Vgl. dazu Stuhlmacher, a.a.O., 41. Vgl. zum Ganzen: Rolf Scheffbuch, Jesus Christus als Gekreuzigter vor Augen gemalt. Anregungen zu anschaulicher Verkündigung der Mitte des Christusglaubens, Neuhausen 1997, 15.

[61] Pohl, a.a.O., 2. Hierzu bieten sich besonders die Gottesdienste und Andachten in der Passionszeit an. Vgl. Winkler, a.a.O., 98.

[62] Vgl. dazu Haacker, der vehement die Predigt des Todes Jesu in das Licht der Auferstehung gesetzt sehen will, wie es dem Erkenntnisweg der ersten Jünger entspricht (a.a.O., 27-29)!

[63] Vgl. Scheffbuch, a.a.O., 23-31.

[64] Scheffbuchs Büchlein bringt eine Fülle an brauchbaren Vergleichen und Beispielen, mit denen er an Jesu eigene Bilder aus der Schöpfung anknüpft, z.B. Samenkorn (Joh 12,24) oder der Hirte für die Schafe (Joh 10,11) (a.a.O., 17f).

ximilian Kolbe sicher stellvertretendes Leiden sichtbar macht[65], aber nicht das Sterben des einzig Gerechten für die Gottlosen.[66] Am Beispiel von Wilhelm Busch zeigt er eine Entwicklung auf, die von einer Predigt mit Vergleichen zu einer solchen Predigt führt, die den Hörer erzählend mit unter das Kreuz nimmt.[67] Eine stark von Assoziationen und Vergleichen geprägte Predigt steht überdies in der Gefahr, den Tatsachencharakter des Kreuzes und seiner Sühnewirkung zugunsten einer bloß metaphorischen, symbolischen Qualität zu verlieren.[68]

Der Charakter als erzählende Predigt kann außerdem die pädagogisch nachvollziehbare Identifikation des Hörers mit dem dargestellten Geschehen erleichtern[69] und kommt dem erlebnishungrigen und bildgewöhnten Menschen der Gegenwart entgegen.

Eine den biblischen Sachverhalt schlicht erzählende Predigt würde damit ernstmachen, daß a) die Bibel selbst einen die Wirklichkeit erschließenden Charakter hat und b) die Verstehensfrage nicht ohne die Willensfrage zu lösen ist, wie Schlatter bei allem Respekt vor der intellektuellen Not einfordert.[70] Hier ist noch einmal daran zu erinnern, daß der Skandal des Kreuzes durch die Predigt nicht verstellt werden kann und darf.[71]

---

65 Sorg spricht von einem Gleichnis, wenn er Kolbes Geschichte in seiner Predigt über Jes.52,13-53,12 zum Thema Stellvertretung verwendet (Sorg/Stuhlmacher, a.a.O., 98f).

66 Scheffbuch, a.a.O., 14f.

67 A.a.O. 52f.

68 Vgl. a.a.O., 20.

69 Winkler, a.a.O., 98. Vgl. zur Bedeutung des Erzählens: Ingo Baldermann, Einführung in die Biblische Didaktik, Darmstadt 1996, 91ff.

70 Schlatter, a.a.O., 338.

71 Heinzpeter Hempelmann, Missionarische Verkündigung zwischen Verbindlichkeit und Freiheit, ThBeitr 25 (1994) 285-303: 293.

4.6. Eine Lösung durch bekräftigende Zusage[72] - Zwei Beispiele

4.6.1. Ulrich Parzany

Parzany hat in seinen Leipziger ProChrist Predigten aus dem Jahr 1995 immer wieder den Tod Jesu thematisiert. Dabei kommt der Begriff Sühne (wohl) nicht vor, dafür aber die ebenfalls traditionellen Begriffe und Zusammenhänge von Schuld, Vergebung, Schuldabnahme, Gericht Gottes und Todesurteil.[73] In einer jeweils aktuellen Themenstellung (Supermarkt der Religionen, Vergangenheitsbereinigung, Leben und Tod, Selbstwert, Geborgenheit, Beziehungen, Hoffnung) kommt Parzany so auf die zentrale biblische Botschaft zu sprechen. Vom Kreuz her gewinnt er dann Kategorien für die Anrede seiner Hörer: „An der Kreuzigung des Jesus Christus können wir ablesen, wie Gott unser Verhalten beurteilt." (34) „Die ausgebreiteten Arme des gekreuzigten Jesus sind die Vaterarme, die uns umfangen wollen." (50) „Gott will dich. Er liebt dich. Das hat er am Kreuz bewiesen. Er hat sich auf seine Liebeserklärung festnageln lassen." (56) Dabei ist erkennbar, daß Parzany - der in seinen Evangelisationspredigten auch jeweils einen anderen Bibeltext als Grundwort auslegt - weniger als Busch die Kreuzigungsszene selbst erzählend beschreibt.[74]

4.6.2. Theo Sorg

Auch die thematisch wieder näher an der Predigt von der Sühne liegenden Karfreitagspredigten Sorgs nehmen alle wichtigen Merkmale der klassischen Versöhnungslehre auf: Christus hat unser Leidens- und Todesschicksal auf sich genommen; der selige Tausch; Jesus wurde Schuld aufgeladen, er hat sie übernommen und ist daran gestorben; Gott legt dem Sohn als Sündenbock die Sünde der Menschen

[72] Die reformatorische Theologie gebraucht dafür die Fachbegriffe „assertorisch" bzw. „Promissio".

[73] So in der Predigt mit dem Titel: „Im Blick auf die Vergangenheit: Leben mit neuem Programm", in: Parzany, a.a.O., 24f. An anderer Stelle nimmt er auch den Begriff der Stellvertretung auf (67).

[74] Vgl. das sehr anschauliche Beispiel der Karfreitagspredigt Buschs von 1961, das Scheffbuch wiedergibt (57ff).

auf[75]; Jesu Sühnetod schafft die Brücke zu Gott; Jesus will den Sünder von der Sünde lösen, freisprechen; der einzig Sündlose gibt sich als Lösegeld für die Vielen; etc. Während Sorg in der Beschreibung der menschlichen Schuld und Schuldverfangenheit die Stärken einer Erzählpredigt nutzt, wird die eigentliche Versöhnung in eher lehrhafter, assertorischer Weise so dargestellt, daß in knappen Strichen das Wesentliche des Kreuzesgeschehens zu Wort kommt.

5. Ergebnis

Die Predigt von der Sühne steht damit vor mehreren verantwortbaren Gestaltungsmöglichkeiten:

1. Sie ist argumentativ, wenn sie erklärt, warum was wie für wen nötig war.
   a) Dabei können die Argumente innerbiblisch gewonnen sein. Dann bewegen sie sich innerhalb der Linie, die Gott selbst gezogen hat und zeigen ihre innere Logik auf;
   b) oder die Argumente suchen Gründe, die nicht schon mit der Sache selbst gegeben sind, sondern „innerweltlich" hinter ihr liegen. Soweit diese Linien aus der Offenbarung erkennbar sind, bewegt sich die Predigt im verantwortbaren Rahmen, sonst nicht.
2. Sie ist vergleichend, wenn sie die Inhalte der Sühne mit der gegenwärtigen Wirklichkeit so in Beziehung setzt, daß Bilder u.ä. oder die menschliche Lebenswirklichkeit als Anknüpfung dienen.
3. Sie ist erzählend, wenn sie das biblische Geschehen - interpretierend und aktualisierend - nacherzählt.
4. Sie ist assertorisch, wenn sie die Inhalte der Sühne unmittelbar in das Leben der Hörer hineinspricht.

---

[75] Damit unterscheidet sich Sorg interessanterweise von der Vorstellung inkludierender Sühne bei Stuhlmacher, in: Sorg/Stuhlmacher, a.a.O., 22ff.

Zusammenfassung

1. Sühne ist gesamtbiblisch ein Geschenk Gottes an den gefallenen Menschen, durch das er vor dem Verdammungsurteil Gottes bewahrt wird. Während dieses Geschenk im Alten Bund noch auf bestimmte Fälle von Sünde und vor allem auf das Volk Israel begrenzt und an bestimmte Opfergaben geknüpft ist, bekommt es durch den Kreuzestod Jesu universale Gültigkeit.
2. Sühne vollzieht sich gesamtbiblisch durch die Übertragung menschlicher Schuld und Sünde auf ein stellvertretendes Opfer. Während es sich alttestamentlich (mit Ausnahme von Jes 53!) durchweg um Opfertiere handelt, sieht das Neue Testament in Jesu Kreuzestod das „ein für allemal" und „für die vielen" gültige Opfer, das zwar in seiner Bedeutung von den sühnenden Tieropfern her verstanden werden muß, diese aber überbietet und an ein heilsgeschichtliches Ende bringt.
3. Sühne ist gesamtbiblisch stets beides: ein Gerichts- und ein Heilsgeschehen. Ein Gerichts- bzw. Strafgeschehen ist es insofern, als sich im stellvertretenden Tod des Opfertieres bzw. im stellvertretenden Tod Jesu das Gericht Gottes über menschliche Sünde und Schuld vollzieht. Ein Heilsgeschehen ist es deshalb, weil durch dieses stellvertretende Sühneopfer für den Sünder zeitliches und ewiges Leben vor Gott eröffnet wird.
4. Stifter und Empfänger der Sühne ist gesamtbiblisch immer Gott selbst. Es ist der dreieinige Gott, der Sühneopfer gibt und empfängt. Von Gott unabhängige und seiner Macht entzogene „Schicksalsmächte" und „Wirkzusammenhänge" haben im Zusammenhang des Sühnegeschehens keinen biblischen Anhaltspunkt. „Sünde" ist immer und überall Sünde und Rebellion gegen Gott. Deshalb hat auch das von ihm gestiftete Sühneopfer immer ihn zum Adressaten.
5. Von dieser Einsicht her muß die seit der grundlegenden Umorientierung der Theologie in der Aufklärungszeit aufgekommene, z.T. radikale Kritik an der Satisfaktionslehre (d.h. Lehre von der Wiedergutmachung der Verletzung der Ehre Gottes) des Anselm von Canterbury neu überdacht werden. Anselms Entwurf läßt bestimmte, unaufgebbare Konturen einer biblischen Versöhnungsleh-

re scharf hervortreten, insofern er die Ungeheuerlichkeit der Sünde als Empörung gegen Gottes guten Willen und umfassende Herrschaft verdeutlicht, ebenso wie die ausweglose Situation des verschuldeten und voll verantwortlichen Menschen; weiter die eiserne Notwendigkeit eines angemessenen Schuldausgleichs und das Wunder der rettenden Stellvertretung durch den Gott-Menschen Jesus. Gott schafft Versöhnung, indem er selbst für seine Ehre und sein Recht eintritt. Diese Anschauung ist von den Reformatoren zurecht nicht beiseite gesetzt, sondern biblisch nachgeprüft und gelehrt worden.

6. Die im Zuge der Aufklärungstheologie eingeleitete Umdeutung des Versöhnungsgeschehens stellt eine sachliche Preisgabe der biblisch-reformatorischen Versöhnungs- und Rechtfertigungslehre dar. Sowohl das *„solus Christus“* („allein Christus“) als auch das *„sola gratia“* („allein aus Gnade“) werden dabei in Frage gestellt. Konkret läßt sich diese Preisgabe an folgenden Punkten benennen: a) Gott wird auf ein „Prinzip der Liebe“ reduziert; b) die Möglichkeit der Stellvertretung für Schuld wird abgelehnt, wodurch das Kreuz lediglich einen vorbildhaften Sinn bekommt; c) die biblische Heilsgeschichte verliert ihre Bedeutung zugunsten einer zeitlosen religiösen „Idee“. Entscheidend ist nicht mehr, was in Raum und Zeit geschieht, sondern die vom jeweiligen Geschehen abzulösende „Bedeutung“.
7. Entgegen dem modernen Verzicht auf eine ausdrückliche Verkündigung des biblischen Sühnegeschehens muß gerade diese in der Mitte der Predigt stehen, will die Gemeinde nicht ihr Zentrum aufgeben. Dabei kann es auch nicht darum gehen, dem modernen Denken dieses „fremde“ Geschehen intellektuell akzeptabel und logisch „eingängig“ zu machen. Das Kreuz bleibt immer ein „Ärgernis“. Vielmehr geht es in der Verkündigung darum, moderne Mißverständnisse als ein von Gott und deshalb auch dem Sühnegeschehen „entfremdetes“ Denken zu entlarven. Zu einem glaubenden Hören der biblischen Sühnebotschaft kommt es nicht durch eine Umdeutung der Sühnebotschaft, sondern durch Umkehr und Veränderung des Denkens (Röm 12,2). Diese kann da geschehen, wo im Vertrauen auf die Wirkung des Heiligen Geistes die Predigt ihre Hörer in die biblische Sprache hineinführt.